TROMMELSTEIN
VERLAG

Christian Rogg

Die Stimme

und die Blume
des Lebens

TROMMELSTEIN
VERLAG

Bibliografische Information der Deutschen Nationalbibliothek: Die Deutsche Nationalbibliothek verzeichnet diese Publikation in der Deutschen Nationalbibliografie; detaillierte bibliografische Daten sind im Internet über http//dnb.dnb.de abrufbar.

Copyright © 2016 TrommelStein Verlag

3. Auflage 2017

Gestaltung & Satz: Christian Rogg
Lektorat: Martina Maichen &
S.KOntext: Susanne Kossack
Druck und Bindung: Frick Kreativbüro &
Druckerei e.K., D-86381 Krumbach
Printed in Germany

TrommelStein Verlag • Eberhardtweg 18 1/2
D-87700 Memmingen
Infos: www.trommelstein.de
Email: an-die-stimme@web.de

ISBN: 978-3-00055-327-1

Inhalt

Die Reise beginnt 7

Dem Symbol auf der Spur 35

Was wir tun können 45

Das Wissen entfaltet sich weiter 93

Die Kreise überschneiden sich 99

Und plötzlich ist alles da 107

Das Symbol ist unter euch 115

Ein liebender Vater 125

Ein blaues Wunder 135

Die Reise geht zu Ende 141

Anhang *165*

Anmerkungen *166*

Nachwort *168*

Über den Autor *184*

Gedanken/Zitate *188*

Widmung *205*

Daumenkino *(ab Seite 8):*

**Die Entstehung der
Blume des Lebens** ▶

   ...

Von ganzem Herzen an alle Menschen:

Auch ich bin nur ein ›Mensch‹, wie Sie. Diese Geschichte ist mir lediglich so ›durchgegeben‹ worden.
Ich beanspruche also nicht ES, also ›die Wahrheit‹, zu wissen, ich beanspruche gar nichts.
Ich liebe alle Menschen – Jeden! Ich respektiere jeden Glauben und jede Religion. Jeder darf denken und glauben was er will.

Gleichgültig was ein Mensch jemals getan hat,
tief im Kern ist **JEDER Mensch**
EIN WUNDERBARER MENSCH!

In bedingungsloser Liebe
Christian

Die Reise beginnt

Hallo und herzlich willkommen im »Buch des Lebens«!
Schön, dass Sie dieses Büchlein lesen möchten.
Ich wünsche Ihnen sehr viel Spaß und hoffe, dass es Ihnen
weiterhelfen kann, ›Ihre‹ Wahrheit zu finden!

(Eine Empfehlung: Lesen Sie bitte das gesamte Büchlein. Nur im Gesamten erfassen Sie die Information des Büchleins. Nur, wenn Sie alles lesen, versteht Ihr ›Verstand‹, was Ihr ›Herz‹ schon immer wusste.)

Wir beginnen mit einer Geschichte, beziehungsweise mitten im Leben: Andreas war vor ungefähr einer halben Stunde ins Auto gestiegen und ist nun auf dem Weg nach Hause. Er war den ganzen Tag in einer Druckerei bei der Arbeit gewesen und hörte nun während der Heimfahrt Radio. Dort lief gerade durch Zufall ein kurzer Beitrag über Heilpraktiker und Andreas erinnerte sich daran, dass er eigentlich auch mal Heilpraktiker werden wollte, und zwar Tierheilpraktiker. Doch sein Vater meinte immer, damit könne man doch kein Geld verdienen, und Heilpraktiker seien sowieso nur ›Scharlatane‹. »Das ist alles nur Hokuspokus!«, hat er immer gesagt. Und so lies Andreas den Wunsch damals los und kam, nach einer Ausbildung zum

Bürokaufmann, schließlich zu der Druckerei, in der er heute arbeitete. Da ihm diese Tätigkeit doch mehr Spaß macht als im Büro.

Andreas stellte jetzt einen anderen Sender ein, da ihm diese Erinnerungen an seinen früheren Berufswunsch gerade irgendwie aufs Gemüt schlugen. Er versuchte schnell, andere Gedanken zu finden, erinnerte sich dran, dass er heute Morgen in den Nachrichten gehört hatte, dass es morgen regnen solle, und fand, dass es deshalb ein guter Nachmittag sei, um zuhause noch schnell den Rasen zu mähen. Und dann dachte er darüber nach, was es heute Abend wohl zum Essen gäbe, da seine Frau gestern meinte: »Ich werde mal etwas Neues ausprobieren.«

Doch genau in dem Moment hörte Andreas einen lauten Knall; ein Reifen war geplatzt. Sein Wagen kam ins Schlingern, überschlug sich und krachte gegen einen Baum. Andreas war sofort tot.

Genau zur selben Zeit als Andreas noch auf der Straße fuhr, saß John in den USA auf dem Küchenstuhl und las die Zeitung. Er hatte sich ein Glas Orangensaft eingeschenkt und sich ein Brot belegt. Als er gerade vom Brot abbiss, bemerkte er ein starkes Stechen in der Brust. Genau dasselbe Stechen, das er schon öfter in den letzten Wochen gespürt hatte und weswegen er demnächst einmal beim Arzt vorbei schauen wollte. Doch seine Arbeit als Broker an der Wall Street lies ihm kaum Zeit dafür. Denn dort stand er ständig unter extremer Anspannung und hohem Druck, da die sehr große Verantwortung auf seinen Schultern lastete, dass der Kurs doch bitte das ›tun‹ solle, worauf er gesetzt hatte.

Diesmal jedoch war das Stechen im Brustbereich sehr heftig! Und er bekam plötzlich auch kaum noch Luft. Panik machte sich in ihm breit. John wollte zu seinem Handy greifen und den Notarzt rufen. Das lag jedoch in seinem Arbeitszimmer, da er heute mal seine Ruhe haben wollte. Wenigstens einmal nicht erreichbar sein wollte.

Er stand vorsichtig auf und schleppte sich langsam ins Arbeitszimmer. Trotz des einsetzenden Schwindels und der zunehmenden Schwäche, erreichte er gerade noch sein Handy. Er schaltete es ein und drückte die Notruftaste, doch bevor die Stimme am anderen Ende der Leitung nach seinem Namen fragen konnte, sackte er zusammen und fiel zu Boden. Als wenige Minuten später die Rettungskräfte eintrafen, war John bereits an einem Herzinfarkt gestorben.

Und genau in dem Moment, als John sich noch ein Glas Orangensaft eingeschenkt hatte, stand Rayhan im Irak gerade an einer Hauswand. Er hielt ein Sturmgewehr in der Hand und, mit einem staubigen Tuch vermummt, schrie er seinen Kameraden zu: »Da hinten sind sie! Lasst uns von der anderen Seite an die Bastarde ranschleichen!«

Rayhan war ein sehr mutiger Mann. Er hatte bei seinem Vater gearbeitet und wollte das Geschäft eines Tages übernehmen. Vor einigen Jahren hatte er miterleben müssen, wie seine Eltern bei einem Raketeneinschlag ums Leben kamen und das komplette Gebäude dem Erdboden gleich gemacht wurde. Rayhan hatte an diesem Tag unerwartet seinen Onkel zum Bahnhof gefahren und war deswegen gerade nicht im Geschäft gewesen. Er hatte großes Glück gehabt!

Doch nach diesem furchtbaren Erlebnis brach für Rayhan die Welt zusammen und er suchte Halt und Perspektive bei Freunden und Verwandten. Er fand großen Halt bei einer Gruppe sehr religiöser aber auch sehr konservativer Menschen. Bis dahin war Rayhan ein friedlicher Mann gewesen und verabscheute jegliche Gewalt, doch die Menschen dort teilten mit ihm die Auffassung, dass es von den Amerikanern nicht richtig gewesen war, anzugreifen. Die Erinnerung an diesen Tag, an dem sich sein Leben von einer Sekunde auf die andere komplett veränderte, an dem, durch einen so genannten ›Kollateralschaden‹ seine komplette Zukunft zerstört wurde, machte ihn immer wieder sehr traurig, sehr verzweifelt und dadurch am Ende sehr hasserfüllt. Und diesen Hass gegen ›die‹, die seine komplette Zukunft zerstört und seine Familie aus seinem Leben gerissen hatten, schürte diese Gruppe immer weiter an. Immer wieder redeten sie auf ihn ein, dass er hier nichts Schlechtes tue, wenn er im ›Namen Gottes‹ kämpfe. So kam es, dass Rayhan, der eigentlich jegliche Gewalt ablehnte, sich diesen ›Freunden‹ anschloss, um in den ›Heiligen Krieg‹ zu ziehen.

Seine Kameraden nickten Rayhan kurz zu und schlichen dann vorsichtig in die entgegengesetzte Richtung des Gebäudes. Rayhan blieb an Ort und Stelle stehen, damit er eingreifen konnte, falls der ›Feind‹, ›die Ungläubigen‹, wie sie von allen genannt wurden, fliehen wollte. Er hatte aber nicht bemerkt, dass ein feindlicher Scharfschütze in einem Nachbargebäude durch sein Schreien auf ihn aufmerksam geworden war und ihn aus einem offenen Fenster hinter einem zerfetzten Vorhang, bereits ins Visier genommen hatte. Er wartete noch auf den besten Moment, um Rayhan sicher zu treffen, und drückte ab. Rayhan hörte noch, wie seine Kameraden das Feuer eröffneten, dann spürte er einen kurzen Schmerz im Herz und sank zu Boden. Rayhan war sofort tot.

Alle drei Männer, Rayhan, Andreas und John, waren zwar gerade gestorben, doch sie sahen weiterhin all das, was an dem Ort, an dem sie gerade noch waren, geschah. Andreas sah einen anderen Autofahrer, der anhielt und aufgeregt den Notruf wählte. John sah die Rettungssanitäter, die eintrafen und versuchten, ihn wiederzubeleben während er am Boden lag und Rayhan sah, wie der Scharfschütze am Fenster sich aufrichtete und die Faust zum Himmel reckte. Doch allen drei erging es gleich. Die Szenerie um sie herum wurde immer schwieriger, wahrzunehmen, alles entfernte sich mehr und mehr von Ihnen, so, als ob sie von irgendetwas angehoben und davon gezogen würden. Die Stimmen und Geräusche wurden immer leiser und gedämpfter und alle drei Männer sahen den Ort des Geschehens aus einer stetig größer werdenden Entfernung. Es war, als würden sie einfach davonschweben und sie konnten nichts dagegen tun. Und irgendwie war, trotz des sehr aufgeregten Treibens, an den Orten, an denen sie gestorben waren jetzt ein geheimnisvoller Frieden, ja, ein ›Loslassen‹ und eine tiefe Stille. Nein, keine ›Grabesstille‹ sondern eine ›lebendige‹ Stille.

»Willkommen, schön, dass Ihr da seid!«, sprach plötzlich eine sehr freundliche und dunkle Stimme. Alle drei erschraken und sahen sich erstaunt um, woher die Stimme kam und warum sie ›Ihr‹ sagte. Doch im selben Moment verstanden sie es, da nun jeder den Anderen neben sich stehen sah.

Die drei Männer sahen sich so, wie sie gestorben waren und John und Andreas waren sehr über Rayhans Gewandung, seine Kampfuniform, verwundert, aber auch Rayhan war sehr überrascht, einen Deutschen und einen Amerikaner an seiner Seite zu sehen, da ja gerade die Amerikaner mit Unterstützung der Deutschen seine Zukunft zerstört hatten.

»Nun, ich sehe schon, Ihr habt Vieles bei Weitem noch überhaupt nicht verstanden, doch das ist leider meist der Fall, wenn Menschen vor mich treten. Ihr habt leider alles vergessen, was ich Euch schon sehr oft gesagt habe, obwohl Ihr ›es‹ eigentlich in Euch tragt.«

»Nun gut«, sprach die Stimme weiter, »ich werde Euch zeigen, von was ich rede, denn ›trockene‹ Theorie ist etwas ganz anderes als ›lebendige‹ Praxis, oder?« Und alle drei dachten, da sei eine Spur von Humor am Ende zu hören gewesen. »Wir müssen jetzt anfangen, ›Ihr drei Helden‹, denn in wenigen Augenblicken treffen schon die Nächsten hier ein. Ja, das geht den ganzen Tag, äh die ganze Zeit, äh, immer so!«, fuhr die Stimme fort, und wieder dachten die drei, einen gewissen Humor herausgehört zu haben. Die Stimme war sehr betont und kräftig, aber gleichzeitig sehr sanft, mit einer Art Leichtigkeit und irgendwie mit einer Prise versteckter Heiterkeit. Das hatte bisher auch alle drei davon abgehalten, sich gegenseitig verbal anzugreifen, da Rayhan einen großen Hass auf seine ›Feinde‹ hatte und John und Andreas diese ›Kämpfer‹, wie Rayhan einer war, verteufelten. Sie konnten einfach nicht verstehen, wie Menschen solche Gräueltaten verrichten konnten.

Die Stimme hatte diese Anspannung natürlich längst bemerkt, denn sie hatte sich genau aus diesem Grunde diese drei Männer ausgesucht. Halt, nein, die Stimme hatte die drei Männer nicht ›heute‹ sterben lassen, aber sie wusste, dass alle drei sich so in ihrem Leben verhalten hatten, dass sie ›heute‹ zu ihr kommen würden. Auch hatte die Stimme es arrangiert, dass sie sich dann ›heute‹ hier treffen würden.

Doch nun sagte die Stimme in einem sanften, aber dennoch ernsten, Ton: »Stopp, Ihr Lieben!

Hört auf, Euch gegenseitig etwas vorzuwerfen, und hört mir jetzt bitte zu!«

Das waren schöne Worte, ging es den Dreien durch den Kopf. Zuerst ›Ihr Lieben‹ und dann auch noch ›bitte‹! Also ließen sie von ihren Gedanken ab und hörten der Stimme zu. Nicht zuletzt auch deswegen, weil die Stimme sehr sanft und sehr liebevoll geklungen hatte. Nicht so, wie auf der ›Erde‹ bei den Eltern oder bei Freunden, die ›Stopp!‹ oder dergleichen riefen. Das war stets sehr betont und streng gewesen und lies einem keine andere Wahl.

»Am besten fangen wir mit Dir an, Rayhan«, verkündete die Stimme, »nicht, weil Du ›schlechter‹ warst in Deinem Leben, nein, weil es so einen schönen ›roten Faden‹ gibt, wie Ihr immer sagt.« Wieder war eine Art von Humor herauszuhören, als ob die Stimme alles nicht so ernst ›sehen‹ würde. Eine Art Gelassenheit, die ältere Menschen zeigen, wenn der Enkel das erste mal Liebeskummer hat und für ihn die ganze Welt zusammenbricht.

»Nun Rayhan, sieh mal bitte hierher! Aber bitte auch Du John und Du Andreas! Was ist das?«, fragte die Stimme. Die drei Männer starrten auf ein Symbol aus vielen Kreisen, das plötzlich, wie von einem Beamer projiziert, auf den weißen Schwaden, die in dem Raum waberten, in dem sie standen, erschien. Bisher hatte keiner von ihnen überhaupt auch nur einen Gedanken daran verschwendet, wie es in dem ›Raum‹, in dem sie die ganze Zeit standen, eigentlich aussieht und wo sie überhaupt sind. Viel zu sehr waren sie mit dem Konflikt ›Wir sind (eigentlich) Feinde!‹ beschäftigt.

»Nun, was siehst Du Rayhan?«, fragte die Stimme erneut. »Ich sehe ein Symbol aus vielen Kreisen, die von einem weiteren Kreis begrenzt sind. So etwas habe ich noch nie gesehen! Hm, und wenn ich es länger betrachte, weiß ich gar nicht, wo der eine Kreis beginnt und der andere wieder aufhört, und ich sehe nicht, wo und wie genau sie sich alle überschneiden. Aber ich finde es ist ein sehr schönes Symbol, o Herr«, erklärte Rayhan. Das ›o Herr‹ war ihm plötzlich so herausgerutscht, wobei ihm im selben Moment der Gedanke durch den Kopf schoss, dass das niemals ›Gott‹ sein kann, denn dann dürften die beiden ›Ungläubigen‹ nicht hier ›abhängen‹. Und außerdem, grübelte Rayhan weiter, wo sind hier die Belohnungen, die ich zu erwarten habe, die vielen schöne Dinge, die doch auf mich gewartet haben? Aber vielleicht kommen die ja etwas später und die Ungläubigen haben vielleicht doch abgeschworen und sind zum einzigen wahrhaftigen Glauben konvertiert.

»Nicht abschweifen Rayhan!«, forderte die Stimme ihn sanft aber dennoch betont auf. »Und lass das ›oh Herr‹ bitte sein, wir reden hier einfach mal so, wie man ›unter Männern‹ redet, wie Ihr zu sagen pflegt. Doch wenn mir einer einen Namen geben will, um mich anzusprechen, dann nennt mich doch einfach Gott, Höhere Energie, Universum, oder wie Ihr auch immer das nennt, an das Ihr glaubt.

Damit komme ich vorerst mal klar«, sagte die Stimme. Abermals war auch hier ein gewisser Humor in der Stimme zu hören und alle drei meinten, am Ende sogar noch so etwas wie ein Lachen gehört zu haben.

»Nun Rayhan,« sprach die Stimme weiter, »da hast Du schon sehr Vieles richtig erkannt. Doch da Du das Symbol noch nie gesehen hast, werde ich es Dir nun erklären.«

John erhob plötzlich seine Hand und reckte den Finger nach oben, wie er es als kleiner Junge in der Schule gelernt hatte, noch bevor er dies eigentlich tun wollte, war sein Finger schon empor gestreckt. Er wunderte sich, warum er seinen Finger nach oben streckte, war es doch schon so lange her, dass er in der Schule gesessen und dies getan hatte. Doch er konnte nicht anders! Aus irgendeinem Grund wollte er nicht einfach nur seine Meinung kundtun, sondern die Stimme erst um Erlaubnis fragen. »Schön John!«, bemerkte die Stimme, »Danke, dass Du mir oder Rayhan nicht in's Wort gefallen bist! Das fängt ja wirklich schon sehr gut an! Danke John und in diesem Zuge gleich an alle, es wäre schön, wenn wir uns weiter auf diese Art und Weise unterhalten könnten. Ihr werdet sehen, dass das schon ein großer Schritt in die richtige Richtung unserer ›Reise‹ sein wird.« Diesmal war eine gewisse Freude in der Stimme nicht zu überhören. »Also John, erzähle uns bitte, was Du uns gerade mitteilen wolltest«, forderte die Stimme John sanft auf. »Ich habe das Symbol schon einmal gesehen!« rief John, wie ein aufgeregter Schuljunge mit zittriger Stimme, und wieder wunderte er sich über sein Verhalten, warum er das denn nicht völlig normal, seinem Alter entsprechend, gesagt hatte, sondern damit richtig herausgeplatzt war. »Ja, ich habe das schon einmal gesehen«, fiepte John weiter, »meine Freundin trägt an ihrer Halskette einen Schmuckanhänger in dieser Form, und sie hat auch einen Glasuntersetzer, in den dieses Symbol eingraviert wurde. Sie stellt auf diesen Untersetzer immer einen Krug mit Wasser, in dem auch noch verschiedene bunte Edelsteine liegen und wenn sie etwas trinken möchte, gießt sie sich aus diesem Krug Wasser ein. Sie meinte immer, dass dieses Symbol das Wasser irgendwie ›positiv aufladen‹ und der Anhänger an ihrer Kette sie ›beschützen‹ würde. Ich glaube, sie hat erzählt, man nennt das Symbol irgendetwas wie ›Blume und Leben‹ oder so, doch ich hielt bisher nichts von solchen ›esoterischen‹ Dingen, da man da nichts ›greifen‹ oder fassen kann, und beweisen lässt sich da schon gar nichts. Manchmal habe ich schon von ihrem Steine-Blumen-Wasser getrunken, weil ich neugierig war und testen wollte, was denn dann mit mir passiert, aber ich habe nie etwas bemerkt. Ich ließ ihr jedoch diesen ›Glauben‹, da sie mich schließlich zu nichts gezwungen hatte, aber ich habe ihr schon gesagt, dass ich das für ›Blödsinn‹ halte und ich lieber ein Glas Wasser oder Saft ohne die ›Kraft der Blume‹ trinke.«

»Danke John«, antwortete die Stimme freundlich. »Schön, dass Du so ehrlich bist!« Und als John dies gehört hatte, wunderte er sich selbst darüber, wie ›offen‹ er gewesen war, denn es war gar nicht seine Art, so frei von der Leber weg, sehr persönliche Dinge zu erzählen. John war eher jemand, der nach außen hin als *der* freundliche und korrekte Kollege, Nachbar, Freund und Sohn galt, aber er erlaubte niemandem, in ihn hineinzuschauen oder sein tiefstes Inneres freizulegen und in sein Herz vorzudringen. Und ja, dieses Gefühl, dieses Bewusstsein, dass er so ein ›Doppelleben‹ führte, war ihm bis genau vor einer Sekunde gar nicht so richtig bewusst gewesen.

John war erneut verwundert über sich, und als er gerade noch darüber nachgrübelte, was denn nur in ihn gefahren war, hob er erneut seine Hand, ohne dass er es bewusst beabsichtigte. Wie fremdgesteuert zeigte er an, wie ein kleiner Schuljunge mit der Hand nach oben und sehr unruhig gestikulierend, dass er unbedingt noch etwas sagen wollte. Dabei hatte keiner der anderen beiden oder die Stimme das Wort ergriffen. Irgendetwas war hier im Raum oder geschehen, dass er sich, wie er fand, ›kindisch‹ verhielt.

Da hob auch Rayhan plötzlich die Hand und war ebenfalls selbst davon überrascht, denn solche ›Kindereien‹ hatte er sich schon längst abgewöhnt. Er war jetzt ein harter Glaubenskrieger und da sprechen die Waffen! Doch Rayhan hatte nicht einfach losgeschrien, so wie er es die letzten Jahre stets tat, wenn er etwas zu sagen hatte oder etwas wollte, nein, auch er hatte sich, wie ein kleiner Junge, gemeldet und gewartet.

»Toll Rayhan, ich wusste, dass Du es nicht vergessen hast!«, sprudelte es aus der Stimme mit einer Art Begeisterung heraus. Aber genau konnte man es nie ausmachen, welche Emotionen sich in der Stimme gerade ausdrückten. Diese Stimme war irgendwie gar nicht richtig greifbar, irgendwie da, aber irgendwie auch nicht. Alle drei vernahmen zwar ganz eindeutig eine Stimme, jedoch hätten sie alle drei bezeugt, dass es irgendwie keine Stimme war, eher ein Gefühl. Ja, allen dreien ging das Gleiche durch den Kopf: Komisch, ich höre diese Stimme, aber irgendwie höre ich sie nicht, sondern ich ›fühle‹ diese Stimme. Aber das geht doch gar nicht? Eine Stimme fühlen?

Doch es war so und im Zuge der Geschehnisse im Raum, nahmen alle drei Männer diesen inneren Konflikt gar nicht so war, sondern waren vielmehr über ihre eigenen sonderbaren Verhaltensweisen überrascht. Und es ging weiter mit den sonderbaren Dingen. Andreas, der bisher nur alles sehr ungläubig beobachtet hatte, kam nun plötzlich auf eine, für ihn total ›verrückte‹, Idee. Ohne dass er etwas dagegen tun konnte, hatte sich auch sein Arm, voller Sehnsucht etwas sagen zu wollen, gen Himmel gestreckt.

»Langsam, liebe Kinder, ganz langsam, einer nach dem anderen!«, flüsterte die Stimme beruhigend.

Hat die Stimme gerade *Kind* gesagt? Aber ich bin doch ein erwachsener Mann, meine Kindheit ist schon lange her, ging es John, Rayhan und Andreas durch den Kopf. Doch irgendwie hat die Stimme ja recht, irgendwie verhalten wir uns hier wie Schulkinder.

»Andreas, was möchtest Du uns sagen? Doch bevor Du sprichst, möchte ich Dich John und auch Dich Rayhan fragen, ob es für Euch in Ordnung ist, dass Andreas als Erster spricht, denn eigentlich war John der Erste, der sich meldete und Du Rayhan dann der Zweite und Andreas erst der Dritte. Also Ihr Beiden, ist das für Euch okay?«, fragte die Stimme ganz sanft. John war innerlich schon stinksauer, dass er nicht aufgerufen wurde und er hasste es, wenn man ihn übersah! Er wurde schon als Kind von seine Eltern oft ›übersehen‹, da sie beide arbeiten gingen. Mutter war Krankenschwester und Vater war Banker. Sie waren sehr vermögend, doch auch dies änderte nichts daran, dass John nicht gesehen wurde, und das war es, was er wollte! Dass Papa sich für *ihn* Zeit nahm, *ihn* nach seinen Hobbys fragte, mal mit seinem eigenen Sohn Fußball spielte … Nein beide Elternteile waren vollkommen in ihre Arbeit vernarrt und sahen nicht, dass sie John keine Aufmerksamkeit schenkten. John war viel bei seiner Oma gewesen, doch die war schon sehr alt und konnte wirklich nicht mehr mit ihm herumtollen, geschweige denn Fußball spielen. Sie hatte sehr früh ihren Mann verloren, damals, im Vietnamkrieg. Das Einzige, was Oma wirklich aufmerksam tat, war mit ihrem Enkel John immer und immer wieder ihr Fotoalbum zu wälzen, der guten alten Zeit nachzutrauern und dem kleinen John immer wieder zu erzählen, was geschehen war, wie schön es mit ihrem Mann war, als er noch lebte, und wie traurig danach. Johns Ohren schmerzten sogar manchmal, schon bevor ihn seine Eltern wieder einmal mehr zu Oma brachten. Ja fast täglich war er bei Oma.

»John, ist es für Dich in Ordnung?«, riss ihn die Stimme aus seinen Gedanken. Am liebsten wollte John in voller Lautstärke heraus brüllen: »Nein, das ist alles andere als okay! Wenn der da die ganze Zeit gar nichts sagt … und nun als Erstes drankommt … und ich mir hier den Arm abwedel … und ich nicht mal weiß, wieso ich überhaupt warte …!« Doch als er gerade ansetzen wollte, sagte er, ohne dass er es ändern konnte, völlig ruhig und gelassen: »Ja, das geht für mich in Ordnung! Ich freue mich darauf, zu hören, was Andreas zu sagen hat!«

John spürte, wie sich ein ungewohntes, warmes Gefühl in ihm breitmachte, und es störte ihn seltsamerweise überhaupt nicht, noch etwas zu warten. Was war nur in ihn gefahren? Innerlich kochte er und war fassungslos darüber, was er gerade gesagt hatte! Hatte er gerade wirklich ›in Ordnung‹ und ›ich freue mich darauf‹ gesagt? Hatte er das wirklich gesagt? – Er, ein ›Weichspüler!?‹ – Er, einer derjenigen, der andere dafür hasste, dass sie stets so super freundlich, so superesomäßig immer sagten: »Ach Du, das ist doch gar kein Problem … Peace, Licht und Liebe« und dergleichen? So hatte er sich noch nie gegenüber jemandem verhalten!

»Danke Dir, John!«, fuhr die Stimme voller Sanftmut und Wertschätzung fort: »Und was ist mit Dir Rayhan, ist es auch für Dich in Ordnung?« Auch in Rayhan hatte sich bereits ein innerer Kampf abgespielt. Er hatte sich schon allerlei Argumente zurechtgelegt, warum es für ihn alles andere als in Ordnung ginge! Dass er niemals einem ›Ungläubigen‹ den Vortritt ließe. Und es wäre doch nun endlich an der Zeit, zu seinen Belohnungen, die ihn im Himmel erwarten sollten, geführt zu werden und zu seinen gefallenen Kameraden, damit sie gemeinsam den Triumph, für ›Gott‹ gekämpft zu haben und im Kampf als Märtyrer gefallen zu sein, feiern könnten! Ach ja, und er hasste es bis auf den Tod, wenn ihn jemand so freundlich ansprach, denn auch die Amerikaner und Deutschen versprachen Freiheit und Friede. Pah, ihre ›Freundlichkeit‹ hatte den Tod über seine Familie gebracht! Für Rayhan gab es keine Menschen, denen man trauen konnte und den ›Freundlichen‹ schon gleich gar nicht! Je direkter, je härter man ihm gegenüber trat, desto klarer war ihm, ob er jemanden trauen konnte, oder nicht. Nur die ›Harten‹ sind die wahren Freunde!

Rayhan wollte gerade genervt losschreien, doch auch ihm kam es völlig anders über die Lippen: »Andreas, gerne will ich hören, was Du zu sagen hast. Ich hatte zwar gerade das große Bedürfnis, mich zu melden, um dem unglaublich großen Gefühl Ausdruck zu verleihen, dass John mich sehr stark an meinen großen Bruder erinnert und ich nicht weiß, warum. Doch nein, ich fühle, dass es richtig ist, dass Du zuerst reden solltest.«

Rayhan kochte innerlich nach dieser ›Gefühlsduselei‹, wie er dachte. Und *was* bitte, hatte er da gerade selbst gesagt? ›Ich fühle‹? Er hatte schon lange nichts mehr gefühlt! Gefühle sind nur ›Irreführungen des Bösen‹! Nein, er fühlt nicht, sondern er *weiß!* Er plant, denkt und tut es. Fühlen tun nur die, die Angst davor haben, zu kämpfen! Er wollte am liebsten brüllen: »Hört endlich auf mit der Quacksalberei und dem Sinnieren, dem Totinterpretieren von irgendwelchem ›Kreisgedöns‹! Schaut, was wir Euch zu sagen haben, und erkennt auf einem Blick, um was es geht: Es gibt nur einen Gott! – Ja, so ist es! Und nun bringt mich endlich zu meiner Belohnung!«

Doch ja, er hatte es selbst genauso gesagt und irgendwie machte sich auch in ihm ein ungewohntes, warmes Gefühl breit, das ihm ›sagte‹, dass es *so* sogar besser war, als wenn er das ausgesprochen hätte, was er sich vorgenommen hatte.

»Nun, dann sprich Andreas, was möchtest Du uns mitteilen«, forderte die Stimme Andreas auf und er ergriff das Wort: »Ich wollte sagen, dass ich so ein eigenartiges Gefühl habe. Rayhan erinnert mich an meinen großen Bruder und nun finde ich es interessant, dass Rayhan in John seinen großen Bruder erkennen mag, oder richtig ausgedrückt, der ihn an seinen Bruder erinnert.«

»Nein, nein Andreas, das ist nicht eigenartig, ganz im Gegenteil! Da hast Du etwas sehr Interessantes gesagt«, erwiderte die Stimme. »Du sagtest, dass er in ihm seinen Bruder erkennen mag, das ist wirklich interessant. Doch dazu später noch mehr.«

Auch Andreas hatte eigentlich vorgehabt, nachdem er gesagt hatte, dass Rayhan ihn seltsamerweise an seinen großen Bruder erinnere, noch hinzuzufügen, dass er sich nicht von so einem Mörder vorschreiben lässt, ob er vor ihm reden darf! In Andreas' Kopf überschlugen sich die Gedanken: Nein so ein ›Krieger‹, der im Namen Gottes sogar Kinder tötet, muss natürlich als Erster reden. Ich möchte nicht, dass er sich einen

›Zacken aus seiner Krone bricht‹, denn wehrlose Frauen, Kinder und unschuldige, andersdenkende Menschen zu töten, ist keine Heldentat, sondern einfach nur barbarisch, und von solch einem Menschen brauche ich
keine Almosen. Solch ein Mensch ist für mich leider kein Mensch mehr.
So etwas verstehe ich nicht. Ich verstehe, dass man sich in Fanatismus verlieren kann, doch wenn es um's Morden geht, dann muss man doch ›auf-
wachen‹. Egal in welchem Namen, Mord ist Mord. Wie kann ein Mensch,
womöglich selbst Vater, ein Kind, eine Mutter töten?

»So, wie ich sehe, kommt Ihr ja wunderbar miteinander klar!«,
sprach die Stimme mit sehr viel »Ironie«, wie es den drei Männern auf
jeden Fall vorkam. Denn innerlich kochten sie, weil sie Dinge gesagt
hatten, die sie eigentlich nicht hätten sagen wollen. Doch alle drei be-
schlich so ein Gefühl, dass sie sich tatsächlich irgendwie leiden konnten. Natürlich versuchten die Männer, dieses total ›verrückte‹ Gefühl
zu verdrängen, da jeder für den anderen mehr oder weniger ein rotes
Tuch war. Aber sie konnten nicht bestreiten, dass das Gefühl so sanft
war, so umschmeichelnd und irgendwie sehr schön! Ja, es war irgendwie schöner, zu fühlen, dass man sich auf eine Art leiden konnte, als
ständig gegen den Anderen zu sein. Es ist entspannend, es ist erfreu-
end, es ist einfach viel schöner! Das dachten alle drei zur selben Zeit.

Auch John war für Andreas ein ›rotes Tuch‹, denn Andreas hatte vor
ein paar Jahren seine kompletten Ersparnisse verloren, die er für ein
Haus angelegt hatte. Er war kein großer Fachmann auf dem Gebiet der
Geldanlage, sondern hatte einem guten Freund vertraut, der einmal
Banker gewesen war und der hatte, wie viele Andere auch, die große
Bankenkrise nicht für möglich gehalten, mit Andreas' Geld hoch gepo-
kert und dann alles verloren.

Jetzt mag Andreas keine Banker mehr. Für ihn sind das keine Menschen, sondern ›Zahlen‹, wie er sie gerne nannte. Er sagte immer, denen gehe es doch immer nur um Zahlen!

Bei dem Gedanken, dass er in John überhaupt einen Banker sah,
wunderte sich Andreas. John trug Freizeitkleidung, eine Short, ein weißes T-Shirt und Flip-Flops! Wie kam er denn darauf, dass John Banker

war? Gleichzeitig wusste er es einfach, irgendwie. Ja, er hätte darauf schwören können, dass es so ist und gleichzeitig konnte er es aber doch gar nicht wissen. Es war ebenso sonderbar wie, dass er plötzlich wusste, dass Rayhan, eigentlich, ein unglaublich netter Kerl ist! Ja, er hatte das Gefühl, dass Rayhan in sich ein grundguter, hilfsbereiter Kerl sei! Er hatte das Gefühl, dass er ihn gern umarmen wollen würde. Was? Umarmen? *Ich*!?, überschlugen sich Andreas' Gedanken: Ich habe noch nie einen Mann umarmt, mich hat noch nie jemand umarmt, außer höchstens, und auch das noch mit einigem emotionalen Abstand, meine Frau. Nicht einmal meine Eltern umarmten mich. Nicht einmal, wenn ich Geburtstag hatte. ›Handshake‹ und das war's. Und nun ›will‹ ich, einen Mann umarmen?! Einen Mann, der Menschen ermordet hat?! Ja ich sehe gerade, dass er ein Kind erschießt! Ja, ein Kind! Es ist ein mutiger Kämpfer der Gegenpartei, gekleidet in Uniform und Rayhan drückt ab! Nein, ich kann doch nicht solch einen Menschen umarmen!? Und wieso ›sehe‹ ich gerade eine ›Sequenz‹ aus Rayhans Leben? Ich bin doch nicht hellsichtig gewesen? Nein, ich will Rayhan nicht umarmen, doch ich habe das Gefühl, es tun zu ›wollen‹. Man, das ist doch total abgefahren hier! Apropos ›hier‹ wo bin ich hier eigentlich?

»Ihr seid bei mir!«, merkte die Stimme an, so als ob sie Andreas' Gedanken mitverfolgt hätte. »Und es freut mich, dass Ihr mehr und mehr *so* seid, wie Ihr in Wahrheit seid.« Alle drei schüttelten sich gleichzeitig, und dachten: »So bin ich niemals! Und so werde ich niemals sein!«

Da sagte die Stimme, als ob sie die Gedanken gelesen hätte: »So so, – so wollt Ihr also nie sein? Nun, dann ist doch aber die Frage gestattet, warum seid Ihr aber im Moment genau *so*, wie Ihr *niemals* sein wollt?«, und wieder war ein liebevolles Lachen zu vernehmen.

»Lasst uns später darüber sprechen, wie Ihr tatsächlich sein wollt oder nicht. Lasst uns nun zurückkehren zu dem Symbol, das ich Euch gezeigt hatte und lasst uns etwas schneller ›vorangehen‹ die Nächsten warten schon auf mich. Also, Rayhan, hier sehen Du und Deine ›Freunde‹ das Symbol, das manche von Euch Menschen kennen.«

Rayhan war das Wort ›Freunde‹ nicht entgangen und dachte: Freunde!? Das sind nicht meine Freunde! Das sind Feinde! Doch plötzlich erfasste Rayhan, wie auch die anderen beiden, ein unglaublich schönes

Gefühl. Wie es wäre, wenn es seine Freunde wären?! Ja, wenn er jetzt hier Freunde hätte! Ja, wirkliche Freunde! Denn bisher hatte er zwar Kameraden und den Anführer um sich gehabt, aber er fühlte das erste Mal, dass das keine Freunde waren. Nein, seine Kameraden waren zwar sehr nett und behandelten ihn gut, doch irgendetwas war nie so, wie gerade in diesem Moment und für eine Sekunde dachte er an Ahmed, seinen Freund aus der Kindheit. Den Nachbarjungen, mit dem er sehr viel Zeit verbracht und allerlei Unfug, aber auch Schönes, angestellt und mit dem er sehr viel Spaß gehabt hatte.

Mit ihm zusammen hatte er oft alles andere um sich herum vergessen und fast jedes Mal vergaß er auch die Zeit. Rayhans Mutter ermahnte ihn immer wieder, doch pünktlich zu sein, da sie sich sonst sorgte. Ja, mit Ahmed hatte er einen wahren Freund gehabt und nach solch einem Freund sehnte er sich schon lange! Ahmed war, kurz bevor die Amerikaner einmarschiert waren, mit seinen Eltern in eine andere Stadt geflohen und deswegen im schlimmsten Moment von Rayhans Leben, dem Tag, an dem die Rakete einschlug und er alles verlor, leider nicht da. Rayhan hatte Niemanden, er fühlte sich allein auf dieser Welt! Seine Eltern waren aufgrund ihrer sehr toleranten Lebensanschauung von Glaube und Frauenrechten, ja, von der ganzen Welt, sehr offen gewesen, aber seine Verwandten waren alle eher sehr streng und intolerant gegenüber anderen Kulturen, dem Glauben ...

Während Rayhan an Ahmed dachte und sich wünschte, dass er doch jetzt bei ihm sein solle, lief ihm zunächst eine einzelne dicke Träne übers Gesicht. Einen kurzen Augenblick später aber war der Damm gebrochen und er heulte ›Rotz und Wasser‹. Er hatte eigentlich schon die erste sich anbahnende Träne verbergen wollen und zu sich selbst gesagt: Nein, ein Gotteskrieger weint nicht! Doch die Gefühle waren so übermächtig gewesen, dass er die Tränen nicht hatte aufhalten können und zu Boden gesunken war, um einfach nur lautstark zu schluchzen und zu weinen.

Von den Tränen berührt, und bevor er selbst darüber nachdenken konnte, eilte Andreas zu Rayhan ›seinem großen Bruder‹ und umarmte ihn. Er hatte einfach das Gefühl, es tun zu müssen. Sein Verstand wehrte sich massiv und schickte ihm immer wieder ›Bilder‹, die er in den Medien gesehen hatte. Es durchfuhren ihn immer wieder grässliche Sequenzen aus Reportagen und Nachrichtensendungen über die Gräueltaten der ›Gotteskrieger‹, doch Andreas konnte nicht anders, er umarmte Rayhan und versuchte, ihn zu trösten. Und Andreas erinnerte sich, während er Rayhan umarmte, ihn drückte und ihm sanft auf die Schulter klopfte, an seinen eigenen Bruder.

Ja, plötzlich hatte Andreas einen bestimmten Moment aus seiner Kindheit, ganz klar vor Augen und es war für ihn, als erlebe er diesen Moment jetzt noch einmal:

Ich hatte mit meinem großer Bruder Martin, im Kinderzimmer herumgetollt. Es war Sonntag und Vater war nebenan im Wohnzimmer. Da er die ganze Woche arbeitete, lag er bei schlechtem Wetter sonntags auf der Couch und schlief oder sah irgendwelche Kriegsreportagen an. Wir wollten das nicht ansehen, doch Kindersendungen oder etwas anderes als das, was unser Vater nicht sehen wollte, war tabu. Auch unsere Mutter schaute nicht wirklich mit fern. Sie strickte nebenbei oder las eine Frauenzeitschrift. Wenn Vater nicht zuhause war, schaute Mutter völlig anderer Dinge an, doch wenn er da war, dann war er das ›Programm‹. Er war überhaupt das ›Programm‹ bei so ziemlich allen Dingen. Er bestimmte, was ›gut‹ und was ›blöd‹ war. Jeder der nicht seiner Meinung war, hatte sowieso keine Ahnung; für ihn waren so ziemlich alle Anderen ›blöd‹. Bei Gesprächen posaunte er sehr gerne lauthals seine Meinung heraus und diese verliefen dann immer in die Richtung: »Ich weiß alles, Ihr nichts!« Wenn man ihm widersprach oder ihn verbesserte, wurde er fuchsteufelswild, selbst wenn man völlig normal und sachlich argumentierte; aber gerade dann wurde er laut! Zunächst war er nur sehr laut und drohte, aber wenn man dann nicht ruhig war, züchtigte er einen mit Schlägen. Ja, das war seine Art, seine Meinung durchzusetzen und seine Ziele zu erreichen.

Vater hatte auch an diesem Sonntag auf der Couch gelegen.

Mein Bruder und ich spielten im Kinderzimmer, wir waren voll im Spiel von Grimassen, ich lachte lauthals und mein Bruder machte immer wieder neue und urkomische Gesichter. Es war herrlich! Wir beide waren so glücklich und es zerriss uns fast vor Lachen. Da stürmte plötzlich unsere Mutter zur Tür herein und schrie: »Ruhe! Seid leiser,

Vater will schlafen und wenn Ihr nicht leiser seid, dann wird Vater kommen und dann ›kracht‹ es!«. Wir zuckten zusammen und waren zunächst ruhig. Doch wie es bei Kindern so ist, steigt beim Spielen manchmal unbemerkt die Lautstärke. Doch das war nicht der Auslöser. Mein Bruder hatte sich aus Gewohnheit auf den alten Stuhl im Zimmer gesetzt, der schon länger nicht mehr ganz stabil war. Er wollte mit der Eisenbahn spielen, da dies leiser war. Mein Bruder spielte den Rangiermeister, also den, der die einzelnen Loks rangiert und dazu setze er sich auf diesen Stuhl, da er als ›Rangiermeister‹ immer darauf saß. Deswegen wurde der wackelige Stuhl auch nicht ausgetauscht. Als wir mitten im Spiel waren, gab es plötzlich ein kurzes Knackgeräusch, dann einen lauten Krach und mein Bruder verschwand unter dem Tisch und es polterte mächtig, als er am Boden ›aufschlug‹. Doch anstatt lauthals loszulachen, waren wir beide mucksmäuschenstill; aus Angst, Vater käme nun angebraust und würde, wie schon so oft, handgreiflich werden. Doch nichts geschah. Wir dachten beide, dass er das gehört haben musste! Das gäbe Ärger! Doch nichts geschah. Ich konnte mich nun nicht mehr zurückhalten und fing schallend an zu lachen, da es wirklich urkomisch war, wie mein Bruder plötzlich nach unten verschwunden war und noch immer auf den Trümmern des demolierten Stuhles lag. Mein Bruder fand es genauso lustig, doch versuchte er, mich gestikulierend mit dem Finger vor dem Mund zu beruhigen. Er sagte immer wieder »Andreas, ruhig! Pssst! Leiser!« Doch ich konnte einfach nicht mehr aufhören zu lachen. Da riss plötzlich jemand die Tür auf und Vater kam herein gestürmt. Er kochte vor Wut und schaute sehr böse. Er blickte sich kurz um, rannte dann auf meinen Bruder zu, packte ihn am Kragen und versohlte ihm den Hintern! Aber nicht nur ein Klaps, nein er schlug wie ein ›Verrückter‹ auf den Hintern meines Bruders. Martin weinte und schrie vor Schmerzen, da Vater wie ein Wahnsinniger auf ihn eindrosch. Er schlug und schlug und hörte gar nicht mehr auf. Martin schrie zu seiner Verteidigung: »Ich habe doch gar nichts getan!!!« Aber da schlug Vater nur noch heftiger zu und brüllte: »Bist Du wohl endlich ruhig!« Ich wollte meinem Bruder helfen und beteuerte unsere Unschuld, doch Vater war wie von Sinnen! Er keifte mich an: »Sei Du bloß ruhig, sonst kommst Du auch gleich dran!« Nach einer gefühlten Ewigkeit ließ er dann von meinem Bruder ab, stampfte zur Tür, drehte sich noch mal um und drohte uns mit geballter Faust: »Wenn ich noch *einmal* etwas höre, dann könnt Ihr was erleben!« Ich zitterte, nein, mich schüttelte es richtig vor Angst. Als Vater die Tür mit einem lauten Knall von außen zuschlug, kroch ich völlig schockiert zu meinem Bruder. Der lag am Boden und wimmerte vor Schmerzen. Er konnte sich gar nicht setzen, da sein Hintern so schmerzte. Das kannte ich sehr gut, denn leider war dies eine Zeit lang immer das Selbe. Oft wussten wir gar nicht, was man falsch gemacht hatte, da flog einem schon die Hand ins Gesicht oder man wurde übers Knie gelegt und versohlt.

Doch was in diesem Fall so furchtbar war, erinnerte sich Andreas, dass er selbst es gewesen war, der durch sein lautstarkes Lachen, seinen Bruder in diese Situation gebracht hatte. Ja, er hatte die Warnungen seines großen Bruders nicht befolgt und somit war er schuld an den Schmerzen seines Bruders. Es war so furchtbar, mit anzusehen, dass sein Bruder, mit dem er noch vor wenigen Augenblicken so viel Spaß und Freude hatte, mit dem er ›die ganze Welt vergaß‹ und einfach nur glücklich war, durch sein Fehlverhalten nun so leiden musste. Es zerriss ihm damals sein Herz, dass er dies seinem Bruder angetan hatte.

Jetzt in diesem Moment spürte Andreas wieder dieses Gefühl, diese tiefe Liebe zu seinem großen Bruder! Er hatte diesen Tag völlig verdrängt, doch nun erinnerte er sich wieder an eine so mächtige Liebe zu seinem Bruder und sein tiefstes Mitgefühl, als Martin wimmernd vor im lag und sich krümmte vor Schmerzen. Ja, in diesem Moment hier in diesem Raum ›bei Gott‹ erinnert er sich, dass er seinen Bruder immer schon so tief liebte, wie auch in dem Moment, nachdem sein Bruder so extrem geschlagen worden war. Er hatte dieses Gefühl komplett verloren, denn Martin war sehr früh von zu Hause ausgezogen, und hatte den Kontakt zu seinen Eltern abgebrochen, was ja irgendwie auch verständlich war. Doch somit verlor auch Andreas den Kontakt zu seinem geliebten Bruder, da die Eltern sich nicht bemüht hatten den Kontakt zu halten.

Ja, jetzt in diesem Augenblick, mit diesem Gefühl, erinnerte sich Andreas an dieses unbeschreiblich tiefe Gefühl von Liebe zu seinem Bruder und er umarmte Rayhan, einen Mann, der vielen Unrecht getan hatte. Doch Andreas konnte einfach nicht anders, als ihn zu umarmen und zu trösten.

Als Rayhan dann noch mehr zu schluchzen anfing und zu zittern begann, umarmte ihn Andreas noch fester und sagte ihm: »Es wird alles gut, mein großer Bruder! Es wird alles gut! – Das dürfen die nicht mit uns tun! – Ich beschütze Dich, mein Bruder! Ich beschütze Dich! Bitte bleib bei mir, mein großer Bruder! Du fehlst mir!« Jetzt konnte auch Andreas dem Druck seiner bereits gefüllten Tränendrüsen nicht mehr standhalten und auch ihm kullerten dicke Tränen übers Gesicht. Wie auch Rayhan zuvor, versuchte Andreas zunächst tapfer, seine Tränen zu unterdrücken, eben wie ›richtige Männer‹, da ja ›Männer‹ nicht weinen dürfen, weil sie sonst ›Memmen‹ sind. Doch das Gefühl der Liebe zu seinem ›verlorenen‹ Bruder übermannte ihn vollkommen und beide lagen sich in den Armen und weinten. Andreas umarmte Rayhan, seinen ›verlorenen Bruder‹, und Rayhan umarmte Andreas, seinen ›ehemaligen Feind‹, und es war ihnen beiden in diesem Moment völlig egal, wer oder wie der Andere ist. Es tat einfach nur gut, einen Menschen an seiner Seite zu haben, der einen tröstet. Und ja, es war auch für Rayhan wie damals, als Ahmed noch bei ihm war. Auch dieser hatte ihn getröstet, wenn er hingefallen war oder von anderen gehänselt wurde. Und Rayhan war ebenfalls für Ahmed da, wenn es Ahmed nicht gut ging. Ganz besonders, wenn der sehr strenge Vater von Ahmed ihn wieder einmal zu unrecht bestraft hatte. Am schlimmsten war damals für Ahmed, dass er nicht die Liebe seines Lebens heiraten durfte. Ja, die eine große Liebe, die tollste Frau, seine Traumfrau ..., sie hätte Ahmed so gerne geheiratet. Doch die Eltern hatten ihre Tochter jemand Anderem versprochen. Ahmeds Herz war damals gebrochen und er selber über Tage und Wochen untröstlich.

Rayhan merkte, dass Ahmed seit dieser Zeit nie mehr der ›selbe‹ Ahmed war, der er einmal gewesen war. Ja, für Ahmed traf es ganz klar zu, was diese Stimme vorhin gesagt hatte: Ahmed war nie mehr der gewesen, der er eigentlich war, also *der*, der er eigentlich ist.

Die Stimme wollte gerade etwas sagen, da rannte nun auch noch John, zu Rayhan. Und Rayhan dachte kurz: Jetzt kommt auch noch der ›Amerikaner‹, wenn das meine Kameraden sehen! Doch im selben Moment verschwand dieser Gedanke schon wieder und als auch John ihn umarmte, fühlte er sich noch geborgener und geliebter.

John wusste eigentlich auch nicht, warum er das starke Gefühl hatte, den ›Gotteskrieger‹ umarmen zu ›müssen‹ Er hatte sich zwar nicht so sehr mit solchen religiösen Gruppierungen beschäftigt und hatte kaum Infos, was da genau passierte, doch er wusste, dass die Taten solcher Gruppen mächtige Turbulenzen und unvorhersehbare Schwankungen an der Börse verursachen können. Deswegen mochte er diese ›Kämpfer‹ nicht. Er hatte zwar am Rande auch davon gehört, wie grausam sie sein sollten und verabscheute das, doch für ihn war dies weit weg. Aber die Börse war ihm ganz nah und er hasste das unkalkulierbare Risiko solcher Gruppen.

Doch als John Rayhan so am Boden sah, so schluchzend und zitternd, kam in John ein bekanntes Gefühl hoch. Er erinnerte sich ganz genau, alles war plötzlich wieder da! Es war furchtbar gewesen, sein armer kleiner Bruder! Ja, er hätte damals vielleicht gefasster reagieren können, doch für ihn war es ein ganz furchtbarer Moment gewesen.

Johns Eltern hatten ihm damals eine Reise nach Peru geschenkt, da er schon als kleiner Junge immer wieder von den Inkas plapperte und er, auch als er älter wurde, sich immer wieder nichts sehnlichster wünschte, als einmal dort gewesen zu sein. Einmal in das Land der Inka zu reisen, ja, das war sein größter Wunsch! Einmal vor den noch erhaltenen alten Inka-Mauern in der Stadt Cusco zu stehen und dann von dort aus die rund 2.400 Meter hoch gelegene legendäre Inka-Stadt Machu Picchu zu Fuß zu ›erobern‹. Das war sein großer Traum gewesen! Er hatte das schon längst vergessen und von dieser Begeisterung für diese Kultur blieb im Laufe der Zeit nichts außer einem Schrank voll mit Büchern und ein Album voller wunderbarer Fotos, das inzwischen aber mit anderen Büchern in irgendeiner Kiste im Keller vor sich hin staubte. Damals war er voller Tatendrang, sehr begeistert von dem Gedanken, auf den Spuren der Inkas Machu Picchu zu erkunden, doch seine Eltern und die trauernde Oma sahen den kleinen John nicht. Keiner nahm Johns Träume wahr, denn wer nimmt die Wünsche eines kleinen Kindes ernst, das mit Wörtern, die es eigentlich gar nicht hätte kennen können, wie beispielsweise ›Quipu‹, um sich warf und auch noch wusste, dass das die Bedeutung der Knotenschrift der Inka ist, oder auch das Wort ›Tocapu‹, das für bestimmte Muster in Textilien der Inka steht. Dinge, die John eigentlich gar nicht hätte wissen dürfen! Woher denn auch? Vater, Mutter und Oma waren so mit ihrem Leben beschäftigt, dass sie immer nur sagten: »Toll John, prima John, erzähl mehr John!« Doch in Wahrheit wollten sie nur, dass er vor sich hin redete, um, ohne besonders auf ihn aufpassen zu müssen, ihren eigenen Bedürfnissen nachgehen zu können. So forderten sie ihn auch auf, Bilder von seinen ›erfundenen Abenteuern‹ zu malen, damit er möglichst lange Zeit mit sich selbst beschäftigt war.

Ja, so traurig war das damals für mich, dachte John und bei diesem Gedanken, fühlte er erstmals, *wie* traurig das wirklich für ihn war, ja, wie furchtbar es eigentlich für ihn gewesen war, dass man sich einfach nicht um ihn kümmerte.

Und jetzt fiel ihm eben dieser Moment mit seinem kleinen Bruder wieder ein! Ja, John hatte tatsächlich einen kleinen Bruder, doch dass hatte er schon komplett verdrängt! Damals, kurz bevor er allein ›seine große Traumreise nach Peru‹ antrat, kam sein Bruder überraschend ins Krankenhaus. Eigentlich war der Kleine nicht mehr geplant gewesen, sodass John als Einzelkind aufwuchs. Aber wie das Leben manchmal so spielt, bekam er doch noch einen Bruder, den er sich schon so lange so sehr gewünscht hatte. Zwar spät, doch er war total glücklich über diesen kleinen Knirps! Tim war sein Name! Endlich hatte John jemanden, der sich mit ihm abgab. Okay, mit Tim war nicht wirklich viel anzufangen oder zu spielen, da John wegen des großen Altersunterschieds andere Interessen hatte und Babysitten nicht gerade zu seinen Lieblingsbeschäftigungen zählte. Doch er liebte Tim. Er erzählte ihm alles, auch die Dinge, die er über die Inkas wusste. John las Tim aus den

Büchern vor, obwohl der noch kein Wort verstand, und zeigte ihm die tollen Bilder aus seinem selbst gemachten Album. Obwohl Tim gerade mal sechs Monate alt war, quiekte er immer vor Freude, wenn ihm sein großer Bruder vorlas. Und schon nach kurzer Zeit schlief Tim immer sehr fest und ruhig ein, wenn John ihm von seiner ›Welt‹ erzählte.

An diesem besagten Tag, bevor John seine Reise antreten sollte, wurde Tim von seinen Eltern zunächst zur Untersuchung zum Arzt gebracht, da er hohes Fieber hatte. Dann ging auf einmal alles Schlag auf Schlag und Tim wurde direkt vom Hausarzt aus mit einem Rettungswagen in die Notaufnahme gebracht. Für den armen kleinen Tim war das furchtbar! Lauter fremde Menschen, die an ihm herumzerrten und Hektik und viel Lärm verbreiteten, sodass Tim nur noch weinte und schrie.

»Mutter war im Rettungswagen mitgefahren, der mit Blaulicht voraus raste und ich fuhr mit Vater im PKW hinterher. Bei der Klinik angekommen, stürmten wir in die Notaufnahme, um Tim und Mutter zu suchen. Als wir endlich, nach gefühlten Stunden des Suchens und Umherirrens in den vielen, schier endlosen Korridoren, Tim und Mutter erreichten, ging es ihm nur noch schlechter. Das Bild, wie Tim in dem Bettchen lag, Schläuche aus seinen kleinen Ärmchen und aus der Nase kamen, hatte sich mir ins Gehirn gebrannt. Die Ärzte hätten die Vermutung auf einen Herzfehler, Tim müsse operiert werden, gestand uns Mutter. Ich weiß noch, wie ich zu Tim blickte«, sprach John, mehr zu sich als zu den anderen beiden oder der Stimme. »Ich sah Tim an, der so schrecklich weinte. Unendlich viele Tränen kullerten über sein zartes Gesichtchen, dann trafen sich unsere Blicke und er schaute mich so durchdringend an, als ob er mich etwas fragen wollen würde, als ob er mich fragen wollte: ›John, was tun die mit mir? John lass mich bitte nicht allein! John, meinst Du es wird alles gut?‹ Ich wusste, dass Tim das noch nicht denken konnte, doch ich hatte das starke Gefühl, dass er mich das fragte!«

Und dieser eine Satz von Andreas zu Rayhan: ›Wir kriegen das hin, es wird alles gut!‹ dieser Satz lässt mich jetzt an diese Szene denken. Es war furchtbar! Diese Hilflosigkeit, der Schmerz, meinem armen kleinen Bruder nicht helfen zu können, war kaum zu ertragen.

Hin und her gerissen zwischen den Gedanken an meine Reise, die ich ja eigentlich morgen antreten sollte und von der ich schon so lange geträumt hatte und denen an meinen Bruder, der mich hier so dringend brauchte, wurde mir ganz schwindlig ... Tim brauchte mich hier so dringend! Was sollte ich tun? In dem Moment tauchten die Ärzte auf und gaben uns zu verstehen, dass Tim nun auf die Intensivstation verlegt werde, vorerst keiner mehr zu ihm dürfe und er am nächsten Morgen operiert werden solle. Diese Nachricht war schrecklich für mich. Ich beugte mich zu Tim über das Bett. Er blickte mich an und ich sagte innerlich zu ihm: ›Ich passe auf Dich auf Tim! Es wird alles gut werden, ich lasse Dich nicht allein, Tim.‹ Doch während ich das still zu ihm sagte, wusste ich, dass ich nicht auf ihn aufpassen würde. Die Reise konnte ich unmöglich absagen, alles war bereits bis ins kleinste Detail geplant, sogar ein Treffen mit einem Schamanen dort. Einfach alles.

Meine Eltern hatten zwar keinerlei Interesse, an dem, was ich wirklich dachte, doch wenn ich etwas Materielles haben wollte, dann haben sie mir diesen Wunsch erfüllt. An Luxus hat es mir nie gefehlt, aber an Liebe.« – An Liebe? – Hab ich das gerade wirklich gesagt? – Ja, an Liebe! Das ist das, was mir wirklich gefehlt hat, Liebe und Aufmerksamkeit.

»Tim wurde also auf die Intensivstation gebracht und ich hörte noch lange, wie er weinte und ich dachte noch länger darüber nach, ob ich mir das nur eingebildet hätte oder ob er wirklich zu mir ›gesagt‹ hatte: ›John, meinst Du, alles wird wieder gut?‹

Auf der Fahrt nach Hause grübelte ich immer wieder darüber nach. Mit meinen Eltern konnte ich über so etwas nicht reden, da sie solche ›Hirngespinste‹ komplett ablehnten. Mutter hat zwar immer wieder mal von eigenartigen Erlebnissen bei ihrer Arbeit als Krankenschwester erzählt, aber Vater meinte dann immer nur: ›Das lässt sich alles ganz rational erklären. Vieles bilden sich die Menschen oft nur ein und wenn man es sich lange genug einbildet, dann glaubt man es am Ende auch noch selbst. Alles unmöglich. Wie alles andere auch, das sind einfach nur Halluzinationen, Wahnvorstellungen oder der Placeboeffekt. Schatz, mach lieber den Fernseher lauter, damit ich die

Börsennachrichten hören kann, und beschäftige Dich lieber mit den wichtigen Dingen des Lebens.‹ Ja, so war mein Vater«, erinnerte sich John und zum ersten mal erkannte er, wie ›stur und egoistisch‹, ja man könnte sagen, in Wirklichkeit eigentlich sogar sehr dominant sein Vater gewesen war. Jetzt wundert es ihn auch nicht mehr, warum auch seine Mutter relativ ›kaltherzig‹ schien und desinteressiert an seinen ›Visionen‹ war. Ja, jetzt in diesem Moment, hier in diesem Raum, wo auch immer er hier eigentlich war, mit Rayhan, Andreas und ›der Stimme‹, hatte er das klare Gefühl, dass es ›Visionen‹ gewesen waren und dass er diese nach seiner Reise endgültig begraben hatte.

Und John erinnerte sich: »Ja, und von da an wollte ich nichts mehr von Peru wissen und begrub wirklich all meine Bilder, Fotos und Souvenirs von meiner Reise in einem großen Karton im Keller und dachte: ›Ja Vater, Du hattest recht, alles nur ›fauler Zauber und Hokuspokus‹ und für diesen Blödsinn habe ich meinen kleinen Bruder im Stich gelassen! Nie mehr werde ich an solch einen Schwachsinn glauben! Der Schamane hätte es wissen müssen!‹«

Da fiel es ihm wie Schuppen von den Augen, dass der Schamane tatsächlich zu ihm gesagt hatte: »John, Du musst stark sein, wenn Du heimkommst!« Doch so plötzlich, wie dieser kurze Gedanke auftauchte, ebenso plötzlich und schnell war er wieder weg.

Nur jetzt erinnerte sich John ganz klar an diesen Satz! Er konnte damals nur nichts damit anfangen. Viel zu viele Eindrücke fesselten ihn auf seiner Reise und ließen ihn somit die Bedeutung dieser Aussage nicht erkennen und leider rasch vergessen.

»Ja, meine lieben Kinder, umarmt Euch und vergesst, wer Ihr wart oder seid. Lasst Euch einfach fallen, ohne Euch dabei schlecht zu fühlen, ohne dabei überhaupt etwas zu denken. Genießt einen Moment das wunderbare Gefühl der Umarmung, das Gefühl von Liebe, bedingungsloser Liebe«, sagte die Stimme und schwieg dann eine Zeit lang.

John, Rayhan und Andreas umarmten sich, weinten, und lachten, immer abwechselnd. Sie gaben sich gegenseitig immer wieder einen liebevollen Klaps auf den Hinterkopf und packten sich gegenseitig fest an den Armen, an den Haaren und drückten sich immer wieder fest. Da waren so viele Gefühle von Trauer, Hass, Hoffnung und Verzweiflung, die sich nun alle ihren Weg bahnten. Doch keiner tat dem Anderen weh! Nein, jeder ging sehr behutsam mit dem Anderen um. Immer wieder hörte man »Martin!« oder ›Tim!« oder »Ahmed!« Und es war immer wieder ein: »Es tut mir leid, ich wollte Dich nicht allein lassen, wir kriegen das hin! Hörst Du, wir kriegen das wieder hin! Es wird alles gut!« zu hören.

Die Stimme lies den drei ›Kindern‹ jede Zeit der Welt, um diesen Moment in der ganzen Tiefe der Liebe so lange wie gewünscht zu erleben, und die drei Männer dachten gleichzeitig, sie hätten soeben eine Stimme vernommen, die gesagt hatte: »Na wenn ich es nicht schon vorher gewusst hätte, würde ich sagen, wir kommen besser voran als ich es mir dachte. So würden es die Menschen sagen.« Und alle drei waren sich ziemlich sicher, dass sie dann noch ein leises Lachen gehört hatten. Doch die Stimme hatte nichts gesagt. Aber vielleicht etwas »laut« gedacht?

Langsam, sich aus der Umarmung lösend, brummte John etwas betreten: »Es tut mir leid Rayhan, dass ich mich nicht mehr beherrschen konnte und Dich einfach umarmen musste.« »Warum denn John, es war sehr, sehr schön!«, entgegnete ihm Rayhan und auch Andreas entschuldigte sich bei Rayhan und John für die ungestüme Art: »Es tut mir leid, dass ich Euch beiden ›Jungs‹ innig umarmt habe, das kenne ich so gar nicht von mir!« Doch Rayhan winkte ab und sagte zu John und Andreas: »Ihr Amerikaner und Deutschen seid vielleicht gar nicht so falsch, wie ich es lange dachte, zumindest nicht Ihr Beiden!« Er grinste dabei über sein ganzes, verquollenes Gesicht, das aufgrund der vielen Tränen leuchtend rot und sehr stark angeschwollen war. John lachte und blubberte hervor: »Rayhan, so ein netter Kerl wie Du, wie konntest Du denn zu den ›Gotteskriegern‹ gehen? Du bist doch ein sensibler, netter Mensch?« Rayhan antwortete, gerührt von diesem Kompliment und ohne nachzudenken: »Das weiß ich auch nicht mein Freund!« Rayhan fragte sich im nächsten Moment: »Habe ich wirklich gerade gesagt: Das *weiß* ich nicht?« Lange Zeit wusste er ganz genau, warum er das tat und er wusste jeden Moment, was seine ›Mission‹ war, doch jetzt, in dem Moment, fiel ihm auf, dass er es irgendwie nicht mehr greifen konnte und er sich wirklich selbst fragte, warum er das getan hatte. Es kam ihm so vor, als hätte sich nicht dieser Rayhan, der hier nun mit seinen neuen Freunden scherzte, dafür entschieden, sondern ein ›anderer Rayhan‹ ein geschockter und enttäuschter Rayhan. Doch so richtig »greifen« konnte er es in diesem Augenblick nicht, es war einfach zu wenig präsent in diesem Moment. Die tiefe innere Freude und Geborgenheit und das Gefühl ›geliebt‹ zu werden, als der, der er *wirklich* ist, lies ihn den Gedanken nicht weiter verfolgen und er genoss es, sich ganz in das Gefühl der Liebe fallen zu lassen.

»Der Amerikaner, der Deutsche und der Gotteskrieger, sie alle haben den Kampf verloren! Sie haben den Kampf gegen die Liebe verloren! Das ist ein Grund zur Freude!«, schrie Andreas voller Begeisterung heraus und umarmte erneut innigst Rayhan und John.

John, Rayhan und Andreas umarmten sich noch eine ganze Weile und hatten zeitweise sogar eng umschlungen angefangen, zu wippen und zu tanzen. Es war für alle drei, als ob ein großer Staudamm plötzlich aufbricht und nach vielen Jahren alles heraus gespült wird, was sich da so im Laufe der Zeit angesammelt und vieles andere überflutet, ›unsichtbar‹, verdrängt, ja unbewusst gemacht hatte. Das Gefühl, dies alles auf einmal loslassen zu können und die ›vergrabenen Schätze‹ nun wieder zum Vorschein zu bringen, beförderte die drei Männer in einen fast schon ekstatischen Zustand der Glückseligkeit. Sie vergaßen alles um sich herum und alles, was jemals war. Sie waren wie ›Kinder‹, die sich einfach nur spürten und freuten.

Nachdem die Stimme spürte, dass ihre Kinder nun ausreichend lange in dem ›Gefühl der Liebe‹ gebadet hatten, sprach sie weiter: »Nun meine Freunde, jetzt habt Ihr einen kleinen Einblick in die Liebe bekommen. In die bedingungslose Liebe. Bewahrt Euch bitte dieses Gefühl; wir brauchen es später noch, beziehungsweise wird es Euch helfen, das nun Folgende besser zu verstehen.«

Nach einer kurzen Pause wendete sich die Stimme an John: »Ach, noch was John, schau bitte mal dort rüber.« Und im selben Moment erschien in einer Ecke des Raumes ein kleiner Lichtkreis. Zunächst nur sehr vage, doch dann immer intensiver und als der Kreis aus Licht eine sehr helle, aber trotzdem sehr angenehm anzusehende, Leuchtkraft hatte, tauchte langsam irgendetwas darin auf. Am Anfang waren nur Umrisse zu erkennen und es sah aus, wie eine Art Stuhl, aber nur kurze Augenblicke später erkannte man eindeutig die Silhouette eines kleinen Kindes. Dort im Lichtkreis lag ein kleines Baby in einer Kindertrage, einem Babysafe. Johns Augen fingen vor Freude an zu leuchten und er rief: »Tim!«

John, rannte sofort hinüber zu dem kleinen Baby und als er dort war, nahm er es liebevoll aus der Trage und schloss es fest in seine Arme! »Tim! Mein kleiner Bruder! Es ist so schön, Dich wieder zu sehen!«, freute sich John. Fest umschlungen hielt er seinen kleinen Bruder Tim im Arm, lief im Kreis und schaukelte ihn ganz sanft hin und her. Vor lauter Freude über das Wiedersehen, kullerten John dicke Tränen übers Gesicht und fielen auf die Wangen vom kleinen Tim. Tim gefiel dieses Auftropfen der Tränen auf seinen Bäckchen, da es lustig kitzelte und er fing an, zu glucksen und kichern und strahlte John noch mehr an, als er es eh schon getan hatte. John, schloss die Augen und genoss die Anwesenheit seines, von ihm schon sehr lange vermissten, kleinen Bruders. In diesem Augenblick vergaß er alles und tauchte einfach nur vollkommen in das Gefühl der Liebe zu Tim ein. Da ›hörte‹ er eine Stimme, die er aus seiner Kindheit kannte, riss die Augen auf und starrte Tim an. Dieser sah ihn ebenfalls an und John kam es wieder so vor, wie er es als Kind schon bei Tim ›gefühlt‹ hatte, dass Tim es war, der da zu ihm sprach: »John, ich danke Dir, dass ich Dein kleiner Bruder sein durfte! Wenn auch nur sehr kurz, so war es doch sehr, sehr schön!« John drückte Tim noch mehr an sich und legte dabei seinen Kopf vorsichtig auf Tims Kopf. »Und John, es war vollkommen in Ordnung, dass Du Deine große Traumreise angetreten hast! Du hättest nichts verändern können John! Alles war so in der Ordnung! Hörst Du John!? Alles war so in DER Ordnung! Bitte vergib Dir, denn ich habe es schon längst getan«, erklärte Tim seinem großen Bruder John liebevoll, auch ohne ein Wort zu ihm zu sagen. John sah Tim nach diesen Worten einfühlsam an und sagte: »Danke Dir Tim! Danke, dass Du mein kleiner Bruder warst! Und danke für Deine lieben Worte.« Dann gab er ihm einen sanften, kleinen Kuss auf die Wange. Tim strahlte darauf übers ganze Gesicht und John vernahm weitere Worte von Tim: »Ich muss jetzt wieder gehen John. Danke, für Deine Liebe zu mir!« Gleich nachdem Tim diese Worte an John geschickt hatte, erschien mehr und mehr ein weißes Licht, das Tim immer mehr einhüllte und in dem er allmählich verschwand und somit auch aus Johns Armen. Auf die selbe Weise verschwand der am Boden stehende Babysafe. Dann spürte John Tim nicht mehr in seinen Armen und lies sie langsam nach unten sinken, dabei rief er Tim noch hinterher: »Danke Tim! Ich liebe Dich mein kleiner Bruder!« Und er vernahm eindeutig noch die, aber immer leiser werdenden, Worte von Tim: »Ich Dich auch, John! Ich Dich auch! Und Peru ist richtig, John!« John starrte in die Richtung, aus der die Worte gekommen waren und war vollkommen in Gedanken an dieses wunderschöne Wiedersehen! Wie gebannt stand er da und sein Blick wandte sich nicht ab.

Nach einer Weile kam ihm der letzte Satz von Tim wieder in den Sinn und er fragte sich, *Peru ist richtig?* Warum hat er das gesagt? Was meint er damit?

»John, komm jetzt bitte wieder zu uns rüber. Tim geht es gut«, hallte in dem Moment die Stimme durch Johns Kopf. John blickte zu Rayhan und Andreas und ging langsam, aber immer noch über Tims letzten Satz nachdenkend, auf sie zu.

Dem Symbol auf der Spur

Als John wieder neben Rayhan und Andreas stand und diese ihm sacht auf die Schultern geklopft hatten, fuhr die Stimme fort: »So, meine Lieben, um noch mal auf das Symbol mit den Kreisen zurückzukommen ...« Und wie von Zauberhand erschien augenblicklich wieder das Symbol auf den weißen Schwaden, die die Männer umgaben. »Nun, was meint Ihr, wofür *all* die einzelnen Kreise stehen?«, fragte die Stimme betont, aber, wie bisher, ganz sanft. Andreas hob blitzschnell seinen Arm und war ganz erstaunt, dass er diesmal seinen Arm auch wirklich ganz bewusst selber gehoben hatte, im Gegensatz zu vorhin, als sein Arm wie ferngesteuert nach oben schnellte. Und nachdem er geduldig auf die Aufforderung der Stimme gewartet hatte, antwortete er: »Das könnten wir sein, ich meine, jeder einzelne Mensch! Ja, für jeden einzelnen Menschen könnte hier ein Kreis abgebildet sein!« Gleich nachdem er seine Gedanken ausgesprochen hatte, fing sich auch schon das ›lästige Rädchen‹ in seinem Kopf an zu drehen: Das sind doch dann viel zu wenig Kreise!? Und wie komme ich denn eigentlich auf so einen abstrakten Gedanken? In Kunsterziehung, in der

Schule, war ich ja nicht gerade der ›Held‹. Doch er hatte ein ganz klares Gefühl, das ihm sagte, dass es so sei. Er konnte sich das selbst nicht erklären, doch er fühlte es. Mehr und mehr hatte er ja hier gelernt, dass diese Ideen, die ihm kamen, diese Impulse, die er hier so spürte und die er auch damals als Kind gespürt hatte, mehr sind, als nur ›blöde Ideen‹. Ja, da gibt es eine ›Stimme‹ in ihm, die scheinbar einfach *weiß*! Vielmehr als ER eigentlich weiß und Andreas erinnerte sich, dass auch sein Vater wie auch Johns Vater, Hellsichtigkeit und Vorahnungen, die Andreas als Kind hatte, als ›Aberglauben‹ und ›Zufall‹ abtat. Denn als Kind hatte Andreas oftmals ein ›Bauchgefühl‹ für bestimmte Situationen und handelte dementsprechend einfach aus dem Bauch heraus. Zum Beispiel kam er einmal auf einem Volksfest mit ein paar Freunden an einer Losbude vorbei und sah dort ein riesengroßes buntes Sparschwein. Es war an sich nichts Besonderes, doch Andreas fand es absolut spitze! Er wollte es unbedingt haben und seine Freunde zogen ihn schon auf: »Das gewinnst Du doch nie! Da gibt es viel zu viele Lose! Kauf Dir eins, da kommst Du billiger weg.« Andreas gab nichts auf das Gespött seiner Freunde, ging ohne zu zögern auf den Losverkäufer zu und kaufte sich ein Los. Ja, nur *ein* Los! Und siehe da, er hatte ›Freie Auswahl‹ gezogen! Andreas hätte alles andere nehmen können, ein Fahrrad, einen Fernseher ..., doch er war weiterhin absolut auf ›sein‹ Sparschwein fixiert! Der freundliche Herr an der Losbude gab Andreas kopfschüttelnd, wonach er verlangte und dachte sich: so ein Dummkopf. Doch Andreas war überglücklich, als er ›seinen‹ Hauptgewinn endlich in Händen hielt. Für ihn war es nie in Frage gekommen, dass er es nicht gewinnen würde, für ihn war es einfach völlig normal. Er wollte nie irgendwelche großartigen Dinge, wie einen Sportwagen, eine Villa oder Ähnliches. Nein, es waren einfache Dinge, die ihn mit Glück erfüllten, die er sich dann aber von ganzem Herzen wünschte. Später, nachdem er seinen Führerschein hatte und einen PKW fuhr, war es für ihn einfach selbstverständlich, immer einen Parkplatz zu bekommen. Egal, wann und egal, wo er einen Parkplatz brauchte, er fand immer seinen Wunschparkplatz in optimaler Lage. Seine Freunde fuhren deswegen auch am liebsten bei ihm mit, anstatt bei den anderen Kameraden oder selbst zu fahren. Sie fanden nämlich so gut wie nie einen Parkplatz oder aber einen, bei dem sie stets weit laufen mussten. In seiner Clique war er immer ›der Glückspilz‹, aber wirklich daran glaubten seine Freunde nicht. Sie taten Andreas' Händchen mit seinen Wünschen immer als Zufall ab, sogar den Vorfall bei einer Verlosung in einer sehr beliebten Diskothek, als Andreas unbedingt den zweiten Preis gewinnen wollte. Alle wollten den Hauptpreis, eine riesige fünf Liter Flasche Rum. Doch Andreas hatte daran kein Interesse, auch nicht an dem dritten Preis, einem Getränkegutschein. Nein, er wollte unbedingt den zweiten Preis gewinnen: eine fahrbare Klappliege mit dem Logo des Rums. Wieder gab es für ihn keinen Zweifel daran, diesen tollen Preis zu gewinnen. Er füllte einen der Gewinncoupons aus, die beim Kauf eines Getränkes ausgegeben wurden und wartete auf die Verlosung. Seine Freunde wussten von seinem Wunschgewinn und als der DJ, nach einem kurzen Trommelwirbel, als glücklichen Gewinner der fahrbaren Klappliege, Andreas Namen vorlas, waren sie wieder einmal mehr als sprachlos und schüttelten nur ungläubig die Köpfe. Andreas aber freute sich einfach nur über seinen Traumgewinn, eine Liege der Rummarke, da er eine Leidenschaft für Designs und Marken hatte.

Doch mit der Zeit verlor Andreas diese ›Gabe‹, da er sich mehr und mehr an das hielt, was nicht nur sein Vater stets sagte, sondern fast alle Menschen: »Alles nur Zufall! Unmöglich! So etwas gibt es nicht!«

»Richtig Andreas!«, jubelte die Stimme, »Absolut richtig! Vertraue Deinem Gefühl!« Andreas fragte sich verwundert: Woher weiß die Stimme, dass ich an meinem Gefühl zweifle? Doch so wirklich wunderte es ihn nicht mehr, da er hier, ebenso wie die Stimme, schon öfter Dinge gewusst hatte, die er eigentlich gar nicht wissen konnte und Dinge getan hatte, die er sonst niemals tun würde. Und allein dieser seltsame Ort hier, mit dieser Stimme, von der er nicht einmal wusste, woher sie kam, war ja bereits mehr als unglaublich!

»Ja so ist es, jeder dieser Kreise symbolisiert einen von Euch, einen von Euch Menschen«, wiederholte die Stimme, »und die beiden äußeren Kreise stellen nur eine grafische Begrenzung dar, um das Symbol als Ganzes darstellen zu können. Wenn man es sich recht überlegt, müssten hier eigentlich fast unendlich viele Kreise aufgeführt sein, denn die Kreise symbolisieren nicht nur Euch Menschen, sondern auch gleichzeitig alles, jedes Detail, das Ihr aus Eurem Leben kennt oder auch nicht kennt. Dementsprechend würden die Kreise jeden Rahmen der Darstellung sprengen!«

Rayhan, John und Andreas hörten der Stimme ganz gespannt zu und fanden ihre Ausführungen über die Kreise auch logisch nachvollziehbar. Obwohl sie hier an diesem Ort ›gelernt‹«, besser gesagt, selbst erfahren hatten, dass manche Dinge auch einfach geschehen; scheinbar ›ohne jegliche Logik‹, also *anders* als es ihnen als Menschen bisher bekannt war.

Die Stimme fuhr in einem etwas gewichtigeren Ton fort: »Das besondere an diesem Symbol zeigt sich in den Möglichkeiten, die es zulässt. So ist es zum Beispiel unendlich fortführbar und jeder Kreis fügt sich absolut in das System ein. Außerdem überschneidet sich jeder Kreis genauso oft, wie jeder andere und egal, wie weit sich dieses Symbol ausbreitet und die einzelnen Kreise vom Zentrum entfernt sind, es gibt immer nur das eine Zentrum und jeder Kreis ist immer mit jedem anderen verbunden.«

Da hob Rayhan rasch die Hand und fragte die Stimme: »Wieso sind denn alle Kreise gleich? Gleich groß, gleich breit? Alle komplett gleich? Wir sind doch nicht alle gleich, jeder Mensch ist individuell und sieht völlig anders aus? Zudem gibt es Männer, Frauen, Kinder und alte Menschen?« Nachdem Rayhan diese Frage gestellt hatte, kam er sich vor wie ein ›dummer Schuljunge‹, da er schon eine Ahnung in sich trug, warum dies so sei, doch irgendetwas in ihm brachte ihn dazu, diese Frage zu stellen. Irgendwie wurde sein Gefühl, seine innere Ahnung nicht konkreter. Irgendetwas blockierte die ›innere Antwort‹.

»Das ist eine gute Frage, mein lieber Rayhan!«, antwortete die Stimme nun merklich ernster: »Auf diese Frage habe ich gewartet. Jetzt wird es richtig interessant für Euch und ich will es gerne erklären.« Nachdem die Stimme diese Worte ausgesprochen hatte, verschwand augenblicklich das Bild des Symbols und es erschien ein riesengroßes

Bild von Rayhan in den Schwaden. Rayhan war als Jugendlicher vor dem Ladengeschäft seiner Eltern zu sehen. Nach einem kurzen Moment verschwand das Foto wieder und ein anderes Bild aus Rayhans Leben erschien; wie bei einem Diavortrag wechselten nun die Bilder weiter. Verschiedenste Szenen und Momente aus Rayhans Leben wechselten im Takt.

Es waren Bilder, die Rayhan zum Teil als Fotos erkannte, die von ihm gemacht worden waren, und an die er sich gut erinnern konnte. Doch es gab auch ›Fotos‹, die er nicht kannte, von Momenten, bei denen mit Sicherheit keiner eine Kamera dabei gehabt oder fotografiert hatte! Es waren Bilder von Rayhans Geburt, von seinen Geburtstagsfeiern, von seinen Eltern, von Szenen aus der Schule, aus seinem Alltag ... Bilder der Freude, aber auch Bilder der Trauer. Einfach Bilder von allen wichtigen, bewegenden Momenten aus Rayhans Leben. Doch nach einer Reihe von Szenen aus Rayhans früherem Alltag, zeigte der Diavortrag nun Bilder aus jüngster Vergangenheit. Bilder, aus der Zeit, als Rayhan als ›heiliger Krieger‹ kämpfte. Anfangs noch fröhliche Momente mit Kameraden und Albereien. Doch mit der Zeit wurden die Sequenzen immer ernster und die Bilder immer düsterer und grausamer. Sie zeigten Zerstörung, Leid, Krieg und Tod. Folter, Qual und grausame Hinrichtungen. Und vor allem zeigten sie Szenen, die Rayhan noch nie gesehen hatte. Denn sie zeigten all das ganze Leid aus der Sicht der Anderen. Die ganze Tragweite wurde so sichtbar! Man sah wie die Menschen, fast ohnmächtig vor Schmerz über den Verlust ihrer Angehörigen, trauerten. Wie Mütter und Väter ihre toten Kinder in den Armen hielten und, unsagbar klagend und zu Gott schauend, voller Verzweiflung nur noch schrien! Man sah Frauen, die von Männern gegen ihren Willen verschleppt wurden und sich, aus Angst um ihr Leben, vergewaltigen ließen. Grausamste Bilder, die der Mensch selber so gar nicht sehen kann, da er nur die Szenen sieht, bei denen er direkt dabei ist und diese immer nur aus seinen Augen sieht. Doch hier erschienen Bilder aus unterschiedlichsten Perspektiven aller beteiligten Personen, zum Beispiel aus der Sicht eines Kindes oder eines Verwandten in einem anderen Land, der eine traurige oder grausame Nachricht erhält ... Und was das Ganze noch viel intensiver machte, es waren oftmals Bilder, die nicht von irgendeinem Menschen hätten gesehen werden können, sondern die ›irgendetwas‹ oder ›irgendjemand‹ festgehalten hatte. So sah man Dinge, die man nur hätte sehen können, wenn man als ›Geist‹ direkt daneben gestanden hätte.

Aus den Bildern wurden jetzt bewegte, ›lebendige‹ Bilder! Es erschienen nun Sequenzen mit jeglichen dazugehörigen Geräuschen! Schreie, Schüsse, Explosionen, Geheule, Atemgeräusche, Herzklopfen … Jede Szene hatte tausende von Geräusche, die einem so das Geschehen absolut bewusst machten. Der angehaltene Atem eines ›Feindes‹ und seine angstvollen Augen, kurz bevor er von den ›heiligen Kämpfern‹ entdeckt und erschossen wurde. Das Geräusch des Eindringens der Projektile in den Körper … Gefühle, Emotionen und Gedanken der Personen wurden ›sichtbar‹, spürbar. Alles, was die Menschen in diesen Momenten dachten, hofften befürchteten …, all das wurde wahrnehmbar, greifbar. Und es war absolut unerträglich!

»Oh mein Gott!«, stöhnte Rayhan. »Aufhören! Aufhören! Was habe ich nur getan! In meiner ›Blindheit‹ habe ich Frauen wie Eigentum behandelt! Ich habe sie einfach zu meinem Eigentum gemacht! Oh, mein Gott! Und ich habe aus falscher Motivation unzähligen Menschen unrecht getan! Ja, sie sogar getötet! Und auch all das Leid der, vor mir und meinen ebenfalls ›blinden‹ Kameraden, flüchtenden Menschen habe ich zu verantworten!« Rayhan erkannte mit Tränen in den Augen mehr und mehr das ganze Ausmaß seines unbewussten Handelns. Er brach zusammen. Langsam sank er zu Boden, kauerte sich zusammen und weinte und wimmerte. »Oh, mein Gott! In diesem großen Zusammenhang habe ich das noch nie gesehen!«, schrie Rayhan verzweifelt und war fassungslos. Seine Augen hatte er weit aufgerissen und auch sein Mund stand weit offen. Der Schock, den sein Handeln bei ihm verursachte stand ihm ins Gesicht geschrieben. Er konnte es einfach nicht fassen!!! Wie ›blind‹, wie verblendet war er nur gewesen??? Wie einseitig er dies alles gesehen hatte und wie leicht er sich von denen, die es auch nicht anders sehen konnten oder wollten, hatte überzeugen lassen und sich so in einen Irrtum verrannte. »Das ist, wie mit Scheuklappen behaupten zu wollen, man sehe alles! Wie ein ›Blinder‹, der einfach nicht erkennt, was er nicht sehen kann! Oh mein Gott!«, rief

Rayhan voller Verzweiflung. Er hielt die Hände vor sein Gesicht und stammelte immer und immer wieder: »Oh mein Gott, was habe ich nur getan! Wie konnte ich nur so blind sein! Ich war so stark davon überzeugt, dass ich, dass wir, das einzig Richtige tun! Deswegen sind wir auch so ›grausam‹ und ›kaltherzig‹! Wir sind so davon überzeugt, so verblendet, dass es nur noch diese eine Sichtweise für uns gibt! Oh mein Gott!!!«

Rayhan hatte sich gerade ein wenig beruhigt, da begann er erneut, zu schluchzen, dass es ihn schüttelte, und ein erneuerter Schwall Tränen rann über sein Gesicht. Es schien so, als würde er gar nicht mehr aufhören. Er hatte nun erkannt, was er wirklich getan hatte: gemordet! Ja, gequält, unterdrückt, gefoltert und getötet! Und er sah es das erste Mal ganz klar, ohne ›Legalisierung‹, ohne Verblendung. Er sah nun beispielsweise wirklich das unsagbare Leid, das er einer Mutter zugefügt hatte, deren Sohn er getötet hatte. Er sah, wie diese Mutter nur noch wehklagend vor dem Leichnam ihres toten Sohnes saß und noch Tage und Wochen in Trauer versank.

John und Andreas eilten zu Rayhan und wollten ihn trösten, doch Rayhan wehrte sie ab, stieß die Beiden weg und weigerte sich, von ihnen umarmt zu werden. Er schrie: »Nein, geht weg von mir, ich bin nicht würdig, dass irgendjemand mich anfasst. Ich bin so ein schrecklicher Mensch, ein ›Monster‹, ja ein so grauenhafter …, ich finde gar keine Worte dafür … « Er begann, noch mehr zu weinen und zu schluchzen, und wollte gar nicht mehr leben. Ja, immer wieder brüllte er aus Leibeskräften: »Ich ertrage das nicht, oh mein Gott, ich ertrage das nicht, oh mein Gott, ich habe es getan! Und ich kann es einfach nicht mehr rückgängig machen! Nein, verdammte Scheiße, ich kann es nicht mehr rückgängig machen!!! Was kann ich nur tun? Oh Gott, es bringt mich um! Oh Gott, bitte hilf mir, ich ertrage es einfach nicht! Ich hab es getan, all die Menschen ermordet, die Frauen gefoltert, gequält, die Kinder …, all die Menschen, denen nun Freunde, Familienmitglieder fehlen …, all die, die nun alles hinter sich lassen mussten …, oh mein Gott! Ich …, ich …, ja, ich kann mich gar nicht so beschimpfen, dass es ausreichend wäre! Ich will sterben …, ich will, dass es einfach nicht wahr ist …, einfach nicht stattgefunden hat! … Buuuuhh!!!!

Aaaaaaaaaaaaaah!!! Ich will, dass das einfach nicht stattgefunden hat, ja das wäre es, was mir helfen könnte ... doch es *hat* stattgefunden! Oh mein Gott! Unauslöschlich! Unwiderruflich!!! Es erschlägt mich ..., lasst mich jetzt bitte allein ...«

Die Stimme sagte: »Ja lasst Rayhan jetzt allein er braucht jetzt Zeit für sich. Zeit der Ruhe. Es ist für ihn nun die absolute Hölle. Und ja, eine Hölle ohne Ende, denn hier und jetzt wird ihm bewusst, ja *wirklich* bewusst, dass er es getan hat. Und dass es nicht mehr rückgängig zu machen ist. Die Menschen sind tot. Das Land ist zerstört. Die Flüchtenden sind hinweggezogen und werden wahrscheinlich nicht mehr zurückkehren. Weiteres Leid für noch lange Zeit wird sich daraus ergeben. Tausende haben Freunde und Familienmitglieder verloren! Sie werden ihr ganzes Leben ohne diese Menschen leben müssen. Allein die traumatischen Erlebnisse der Überlebenden haben Tausende, ja, Millionen Herzen ›zerfetzt‹! Komplett ein für alle Mal verletzt! Schockiert! Viele werden noch auf der Flucht sterben; und die, die den Flüchtenden helfen, werden Einbußen hinnehmen müssen, alles nur wegen Rayhan! Ja, es klingt hart, doch genau so hart ist es auch! Ja, er tat es in ›Trunkenheit‹, in völliger Verblendung, mit der absoluten Überzeugung, das Größte für Gott zu tun! Doch er hat dadurch das Schlimmste getan, was man tun kann! Was man *mir* antun kann!«

Nach einer kurzen Pause sagte die Stimme ernst: »Bitte versteht es nicht falsch. Rayhan tat es eigentlich nicht in böser Absicht! Er dachte wirklich, er tue das Richtige. So überzeugt an Gott zu glauben, dass man für ihn sogar Dinge tut, bei denen das eigene Herz einfach nur wegrennen möchte, ist sogar lobenswert! Doch leider konnte seine ›Treue‹ nicht von seinem Herzen korrigiert, in die richtigen ›Bahnen‹ gebracht, werden und er handelte falsch. An sich für etwas sehr Hehres! Etwas, was nur wenige Menschen so ernst nehmen! Was nur wenige Menschen wirklich bewusst tun, bewusst suchen! Doch aus einer positiven Motivation wurde eine verheerende Aktion! Aus etwas Hehrem wurde etwas Verheerendes! Aus dem Wunsch und dem Ziel, ›aufzusteigen‹ wurde der freie Fall in die absolut tiefsten Tiefen.«

Nach einer erneuten kurzen Pause, damit Rayhan es tief in sich eingehen lassen konnte, fügte die Stimme noch hinzu: »Die Einen sind absolut überzeugt und rufen: ›Wir töten im Namen Gottes!‹ und die Anderen schreien: ›Im Namen Gottes, wann hört Ihr endlich auf?!!!!!‹ Schon oft zogen Menschen, ganze Stämme im ›Namen Gottes‹ in den Krieg, doch ich sage Euch, sobald auch nur einer ›verbal‹ jemanden anderen angreift oder verletzt, geschweige denn tatsächlich Gewalt einsetzt oder gar tötet, ist Gott raus! – Gott tötet niemals! Weder für ›die Guten‹ noch ›die Schlechten‹! Sobald gekämpft wird, sind alle ›schlecht‹! Denn Kampf ist niemals Gott! Gott ist Liebe!

Stille kehrte ein, absolute Stille. Und die Stimme ließ im Raum leise eine nachdenkliche, traurige Melodie erklingen und auf dem ›Monitor‹ im Raum, also auf der genau genommen nicht vorhandenen Wand, erschienen Sequenzen über das Leid, das Kriege erschaffen. Es waren jedoch überwiegend Bilder und Geräusche *nach* Angriffen, *nach* Explosionen, und zwar immer von denen, die das Leid erfahren hatten. Für Rayhan war es fast unerträglich und er hielt sich immer wieder die Ohren zu, doch die Stimme bat Rayhan unablässig: »Rayhan, ich weiß, dass es furchtbar für Dich ist, aber verschließe nicht länger Deine Augen und Ohren, sondern sieh es Dir in seiner ganzen Tiefe an. Du hast mich vorher darum ›gebeten‹, Du willst, dass es nicht wahr sein solle, doch diese Bitte darf ich Dir nicht erfüllen. Aber wenn Du es wirklich in dich eingehen lässt und es Dir wirklich ansiehst, dann tust Du den einzig richtigen Schritt, um es ›wiedergutzumachen‹. Doch dazu werden ich Dir später mehr sagen. Spüre jetzt all die Schmerzen, die Du verursacht hast und spüre, wie sehr Dich das selbst schmerzt. Das ist der erste Schritt da raus. Nein, ich bin kein ›Sadist‹, wie Ihr das nennt, denn dann würdest Du Dich jetzt in Eurer ›Hölle‹ wiederfinden und unendliche Qualen erleiden, indem Du Dich für immer so fühltest, wie Du Dich jetzt gerade fühlst! Das wäre wirklich die Hölle! Doch, wenn das mein Plan wäre, hätte ich Dich längst dort hin geschickt und ich würde Dir gar nicht erklären und schrittweise aufzeigen, was Du getan, was Du verursacht hast; all die Bilder, das Symbol ..., all das hätte dann keinen Sinn.«

Rayhan bemühte sich daraufhin, sich zusammenzureißen, sich die Bilder anzusehen und sich auch nicht mehr die Ohren zuzuhalten, und die Stimme sagte lobend: »Toll Rayhan, toll! Wirklich großartig, ich wusste, dass Du es schaffen willst!«

Nach einer Weile voll von Gewalt und des Leidens die Rayhan durch und durch ging, ergriff die Stimme erneut das Wort: »Nun, ich habe *bewusst* nicht nur leise zu Rayhan gesprochen, sondern laut, damit auch Ihr es hört. Denn wisst Ihr, so wie es gerade Rayhan erging, so wird es sehr vielen von Euch Menschen ergehen! Könnt Ihr Euch das vorstellen?«

John und Andreas blickten sich überascht gegenseitig fragend an und entgegneten gemeinsam: »Was!? Nein, das können wir uns nicht wirklich vorstellen!? Wir sehen nicht, wo wir Menschen auch nur annähernd solch ein Leid angetan haben?«

»Ja, Ihr seht ebenfalls bei vielem ›den Wald vor lauter Bäumen‹ nicht, genauso wie Rayhan. Doch auch Ihr seid in sehr vielen Dingen ›blind‹ und absolut überzeugt, dass Ihr gute Menschen seid und gar nichts Böses tut. ›Natürlich‹ habt Ihr nicht getötet, nur wenige von Euch Menschen tun dies, doch Ihr habt auch sehr viel Leid und Ungerechtigkeit erschaffen, ohne es auch nur zu erahnen! Seht her, Andreas und John, aber auch Du Rayhan, nun will ich Euch das zeigen, was völlig verborgen, von fast allen Menschen täglich angerichtet wird. Und glaubt mir, alle hätten vorher die Hand dafür ins Feuer gelegt und gesagt: ›Nein ich bin ein guter Mensch und tue niemandem Leid an. Und alle, wirklich jeder Einzelne, hätte seine Hand dabei nicht nur verbrannt, sondern verloren!

Und ich sage Euch schon mal vorab, es sind nicht nur die gängigen, ja eigentlich ›legalisierten‹, offenen oder versteckten Gehässigkeiten oder Euer Verhalten gegenüber Menschen, wie Freunden, Kollegen oder wie oftmals Euren Eltern und die wiederum ihren Eltern und so fort ..., denen Ihr Dinge vorwerft, nein, es geht um unsichtbare ›Unterdrückung‹, unsichtbares Leid.

Was wir tun können

»Nun, John, wie ist das bei Dir so in deiner Beziehung gewesen?«, fragte dann die Stimme etwas ernster und betont. »Bei mir?«, stotterte John sehr überrascht. »Nein bei mir herrschte keine Unterdrückung. Meine Freundin durfte tun und denken, was sie wollte! Nein, ich unterdrückte Niemanden!«, fügte er etwas brüskiert und den Vorwurf weit von sich weisend hinzu. »So so John, Du unterdrücktest also niemanden«, erwiderte die Stimme und legte bewusst eine kurze Sprechpause ein. Dann fuhr sie fort: »Ich glaube Dir John, dass Du, ebenso wie viele andere Menschen, niemanden bewusst unterdrücken wolltest, doch auch Du hast es getan.« »Niemals!«, rief John empört, da es ihm in seinem Leben bisher sehr wichtig war, fair und gerecht zu handeln. »Doch John, und ich werde es Dir gerne aufzeigen, wenn Du möchtest«, widersprach die Stimme ganz sanft. John, stockte zunächst, doch von einem Gefühl in ihm angetrieben, sagte er etwas widerwillig: »Ich glaube nicht, dass es so ist, und ich bin mir sehr sicher, dass ich niemanden unterdrückte, doch ich will es mir einmal anhören. Denn auch Rayhan hätte es wohl nie für möglich gehalten, dass er sich irrt.

Zwar ist es für mich in seinem Fall offensichtlich, dass er unterdrückte, doch Du sagtest ja, es gehe um eine andere, noch unbewusstere Art der Unterdrückung, und das interessiert mich nun sehr. Obwohl ich es mir in keinster Weise vorstellen kann! Ich glaube, Du irrst Dich da!« »Prima John! Und lieben Dank dafür. So wie es Dir gerade ergangen ist, geht es unzähligen Menschen. Ja, sehr viele können es überhaupt nicht verstehen, dass sie ungerecht, unfair oder sogar unterdrückerisch handeln. Und wenn man sie darauf anspricht oder es ihnen aufzeigen möchte, ist die erste Reaktion Abwehr, da sie so sehr von sich überzeugt sind, sich so sicher sind, dass sie ›niemals‹ etwas ›Falsches‹ oder ›Schlechtes‹ tun! ›Die Anderen, ja, die schon ... aber nicht ich!‹, sagen sie dann sehr schnell. Und das ist zunächst auch nichts Verwerfliches, doch es führt dazu, dass sie sich selbst nie hinterfragen, den Anderen unterdrücken und es selber nicht bemerken! Der Unterdrückte nimmt es meist auch nicht bewusst wahr oder ›beißt auf Granit‹, wenn er es anspricht! Ja, er kann sagen, was er will, der ›Unterdrücker‹ ist sich so sicher, dass er das niemals tun würde und dass er auf keinen Fall so ist! Er verhält sich in vielen anderen Dingen absolut fair, hilfsbereit, zuvorkommend, rücksichtsvoll, liebevoll, vielleicht engagiert er sich sogar noch für Gerechtigkeit, Weltfrieden, Toleranz oder arbeitet ehrenamtlich ... Und genau aus diesem Grund, ist er sich sicher, dass er immer so ist. Du John hast auch so reagiert! Ja, genau so, mit dem entschiedenen Gedanken und der Aussage: ›Ich nicht! Nein, niemals!‹«, erklärte die Stimme.

Nach einer kurzen Gedankenpause für die drei Männer, sagte die Stimme eindringlich: »Dieser Punkt ist sehr, sehr wichtig! Wenn Ihr das verstanden habt und annehmen könnt; zulassen könnt, dass Ihr tatsächlich Dinge überseht, weil Ihr so sehr von Euch überzeugt seid, dann habt Ihr schon viel erkannt und Ihr habt einen großen Schritt in die Richtung zu fairen, freien Beziehungen getan. Doch nun zurück zu Dir, John. Wie habt Ihr das mit dem Wäschewaschen gemacht?«, fragte die Stimme.

John war etwas verstimmt, da die Stimme nun schon wieder *ihn* angesprochen hatte. Er war sich weiterhin absolut sicher, dass er wirklich der sei, der sich da nirgendwo etwas vorwerfen lassen müsste und schon gar nicht bei seinem Verhalten in seiner Beziehung! Er war sehr tolerant und rücksichtsvoll zu seiner Freundin gewesen. Und er fühlte sich deswegen angegriffen und antwortete deshalb entrüstet und genervt: »Meine Freundin Lizz kümmerte sich um die Wäsche! Und was war da falsch dran? Ich musste arbeiten und hatte keine Zeit. Außerdem hatte ich noch nie gewaschen und sie wusste, wie das geht. Und was bitte soll denn nun daran falsch gewesen sein? Ich habe sie schließlich auch nicht gezwungen, das zu tun!«

»Ja, genau John!«, antwortete die Stimme, »Genau so ärgerlich und angegriffen, etwas verletzt und empört, genauso reagieren fast alle Menschen. Merke Dir dieses Gefühl! Das ist wichtig! Denn jetzt werde ich Dir aufzeigen, dass Du einiges übersehen hast ...« »Ich habe langsam die Nase voll!«, unterbrach John lauthals die Stimme, »Ich glaube wirklich, dass Du Dich da gewaltig irrst!«, fügte er noch verärgert hinzu. »Lieber John, ich danke Dir für dieses Paradebeispiel für eine verärgerte Reaktion, da Du Dir so sicher bist! Du würdest *jetzt* wohl ›Deine Hände dafür ins Feuer legen‹, nicht wahr? – Aber glaube mir, Du würdest sie Dir gewaltig verbrennen! Denn genau das ist das große Problem, warum Ihr Menschen oft unbewusst unterdrückt. Ihr seht nur Eure Sicht der Dinge! Ja, Ihr seht meist nur, wie es *Euch* in oder mit einer Situation geht, also, wie *Ihr* die Sache seht! Und Ihr denkt dann, absolut von Euch überzeugt, *so* ist es! Ihr seid absolut davon überzeugt, dass es genau *so* ist, wie *Ihr* es seht! Und dass auch die Anderen, es genauso sehen und auch nur *so* sehen können, da es eben *so* ist! Da Euch gar nicht bewusst ist, dass Ihr nur *Euch* seht! Die ›Welt‹ nur aus Eurer Sicht seht! Klingt absolut verrückt, oder? – Doch so ist es! Ja, Ihr seid in manchen Dingen so ›verblendet‹, so ›eingefahren‹, dass Ihr einfach nicht ›seht‹, dass Ihr gar nicht sehen könnt, dass das nur Eure Sichtweise ist!

Und nun John, lass mich bitte ausreden, dann werde ich es auflösen. Und nein John, Du brauchst Dich nicht verletzt oder schlecht fühlen, denn es geht sehr vielen Menschen so, ohne dass sie auch nur ahnen, was sie wirklich tun.

Also John, Du sagtest Deine Freundin Lizz hat für Euch beide die Wäsche gewaschen?« »Ja«, antwortete John leicht mürrisch. »Hattest

Du sie gefragt, ob sie das tun möchte?« »Äh …, nein, sie machte das, weil sie es konnte«, antwortet John. »John, hattest Du sie gefragt?«, wiederholte die Stimme. »Äh …, nein!?« »Warum hast Du sie nie gefragt?« »Ja, weil ich arbeiten ging und sie gewaschen hat, und weil sie waschen konnte und ich nicht!« »Warum hast Du Lizz nie gefragt, John?«, fragte die Stimme noch eindringlicher. »Ja, äh …, weil ich halt nicht waschen konnte … und sie es konnte …«, sagte John, leicht stockend, verstört und nachdenklich. »Warum hast Du sie nie gefragt John!?«, fragte die Stimme noch eindringlicher und noch betonter. »Ja, äh, weil ich halt arbeiten musste … und nicht waschen konnte … und sie es konnte …« »Warum hast Du sie nie gefragt John!? Ist das ein Grund, dass man nicht fragt? Nur weil Lizz es kann und Du nicht, musste sie es tun? Nur weil Du arbeiten ›musstest‹, musste sie es tun? Verstehst Du das John?«, fragte die Stimme betont. »Nein, äh …, ich musste halt arbeiten und jemand musste dann halt waschen …, ich habe es nie gelernt, meine Mutter hat es mir nie gezeigt …, Mutter hat immer gewaschen ….«, antwortet John stotternd und unsicher. »Deine Mutter hat es Dir also nie gezeigt? Hast Du *sie* schon mal gefragt?« »Nein, äh, wieso hätte ich das tun sollen …, sie wusch ja immer und … ich habe ja nie waschen müssen … Vater hat auch nie gewaschen …, ich kam gar nicht auf die Idee, waschen zu müssen.« »Aha, John! Du kamst also gar nicht auf die Idee! Fällt Dir was auf John!? Hättest Du nicht einmal von Dir aus das Waschen erfragen sollen? Du hast Dir gar nie Gedanken übers Waschen machen müssen. Es war einfach so, oder?«, fragte die Stimme leicht ironisch. »Ja, äh …, so war es …, und wenn Du es gerade *so* sagst, dann hast Du da recht, ich habe mir noch gar nie wirklich bewusst gemacht, dass ›jemand‹ waschen muss!? Das klingt für mich jetzt auch blöd, doch so ist es. Ich sah das irgendwie nicht. Die Wäsche war einfach gewaschen im Schrank. Damals als Kind und jetzt bei meiner Freundin«, stotterte John verlegen. »So so, John, Deine Freundin, tat also einfach das, was Deine Mutti getan hatte, oder?«, bohrte die Stimme nach. »Ja, sie sagte schon ab und an, dass Ihr das zu viel sei mit der Wäsche, doch wie hätten wir es anders machen sollen?« »Wir? Du sagtest gerade *wir*? Hast Du gewaschen? Hast Du sie gefragt? Hast Du Ihr dafür etwas anderes abgenommen? Hast Du zum

Beispiel das WC geputzt oder gesaugt dafür?« »Äh ..., nein, ich musste doch arbeiten.« »So, Du musstest also arbeiten. Und deine Freundin Lizz war zuhause, oder?« »Nein, die arbeitete auch in einem Büro, im Wareneinkauf.« »Dann arbeitete sie weniger als Du?« »Nein, sie arbeitete genauso viel und manchmal sogar mehr, da die Firma expandierte, aber keine Fachkräfte fand. Erst als ich sagte, dass es so nicht mehr weiter gehe, da zuhause alles liegen bleibe, überlegten wir, was wir tun können.« »Und dann hast Du die Hausarbeit mitübernommen, John? Oder?«, fragte die Stimme ironisch. »Äh ... nein ..., Lizz sagte, sie werde weniger arbeiten und ließ sich in der Arbeitszeit herunterstufen.« »War das so unproblematisch?« »Nein, sie hatte als Vollzeitkraft die Chance, die Abteilung zu übernehmen, denn ihr Vorgesetzter war so sehr von ihr begeistert, dass er sie dafür schon fest eingeplant hatte, ohne dass sie es wusste. Erst als sie ihn um die Rückstufung gebeten hat, erfuhr sie davon. Sie musste ihn dann leider enttäuschen und ihm absagen.« »So so, John, also deine Freundin musste wegen deiner Wäsche ihre Karriere aufgeben!?« »Äh, nein ..., so kann man das doch nicht sehen ... äh, jemand musste doch den Haushalt machen, die Wäsche ... äh, ja, das ganze oder?« »Ja, John jemand, doch wer ist den dieser ›Jemand‹? Ist das automatisch deine Freundin? Deine ›Ersatzwaschmaschine‹, weil Mutti nicht mehr wäscht? Fällt Dir was auf, John? Hast Du Lizz jemals gefragt, ob sie waschen will? – Was Du im Gegenzug tun kannst? – Was Ihr beide, also auch Du, dazu beitragen könnt, dass Euer Haushalt funktioniert? Hast Du sie damals gefragt: ›Schatz, was meinst Du, wer von uns beiden kann, oder soll, oder will weniger arbeiten?‹ – Wieso ›musste‹ sie auf ihre Karriere verzichten? Sind Frauen automatisch ›Haushaltsmaschinen‹? Hast Du Deine Freundin wirklich ›frei‹ ihr Leben gestalten lassen? Oder war sie, ohne dass Du und sie es bemerktet, Lizz, Deine Hausfrau, Deine ›Mutti‹? – Ihr hättet Euch eine Haushaltshilfe nehmen können oder auch Du hättest auf ›Deine Karriere‹ verzichten können. Ja, auch Du hättest ›Waschfrau‹ werden können. Das können Männer genauso gut, wenn sie es wollen. – Warum hast Du als Kind nicht gelernt, wie man wäscht? Warum hast Du nicht Deine Mutter gebeten, sie solle Dir zeigen, wie man wäscht? – Warum hast Du nicht zu Lizz gesagt, ich wasche selbst, zeig mir bitte, wie es geht? John, erkennst Du etwas?«

John war schockiert. Er war erschüttert. Er erfasste gerade ansatzweise, was er, absolut unbewusst, ›automatisch‹ getan hatte. Er führte sich die ganze Sache noch einmal vor Augen und sah es diesmal eben aus der Sicht seiner Freundin. Ja, aus einer Sicht, die ihm völlig neu war. Er fand es furchtbar, dass diese Sicht der Dinge so treffend war. Dass gerade *er*, der so viel Wert auf Gerechtigkeit und Toleranz legte, so ›dominant‹ gewesen war. Er sah, dass er in diesem Fall seine Freundin absolut unterdrückt hatte, sie eigentlich sogar ›versklavt‹ hatte und es wurde ihm bewusst, dass er wirklich ihre Karriere zerstört hatte! John, war absolut fassungslos! Er hatte seine geliebte Freundin dazu benutzt, dass sie das tun ›musste‹, was er nicht tat! Ja, sie musste es tun, weil er aus Verblendung nicht sah, dass es getan werden musste!

Und, dass er verantwortlich dafür gewesen war, dass seine Freundin zu seiner ›Mutti‹ wurde, die putzt, wäscht und saugt! »Oh je, mein Schatz, was habe ich Dir angetan?!«, schrie John plötzlich und fing an zu weinen. Er hielt sich die Hand vor seinen vor Fassungslosigkeit geöffneten Mund und biss sich auf den Zeigefinger. Dann senkte er seinen Kopf und hielt sich beide Hände vor's Gesicht. Er schüttelte den Kopf und weinte. »Das gibt's doch gar nicht!? Das gibt's doch gar nicht! Wie kann das nur sein?«, murmelte er unter Tränen und schüttelte dabei seinen Kopf.

Andreas und Rayhan, der sich in der Zwischenzeit ein wenig beruhigt hatte, eilten zu John und nahmen ihn in den Arm. John murmelte unter Tränen: »Das gibt's doch gar nicht! Das ist doch echt gemein! Ich wollte das doch gar nicht! Ich liebte doch meine Freundin, das wollte ich doch niemals! Ich wollte niemals ihre Karriere zerstören, sie war da doch so glücklich bei ihrer Arbeit! Liebe Stimme, das ist doch so gemein, so ›versteckt‹! Das ist doch so fies, wie soll man das denn erkennen?«

»Ja John, da gebe ich Dir recht«, sagte die Stimme, »das ist wirklich schwierig, zu erkennen, doch wenn Du die ersten Schritte verinner-

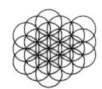

lichst, die Du gerade selbst erkannt hast, nämlich Dich stets selbst zu fragen: Wie sieht mein Gegenüber gerade die Situation? Was für Bedürfnisse hat mein Gegenüber? Wie denkt er?, dann kannst Du schon vieles vermeiden.«

Nach einer kurzen Pause fuhr die Stimme fort: »So, Ihr Lieben der nächste ›Schritt‹ ist ›die Verantwortung und das Recht‹. Ja, jeder ist für sein Leben allein verantwortlich und jeder hat das selbe Recht, doch dazu möchte ich *Dich* etwas fragen Andreas.«

Andreas zuckte zusammen und blickte überrascht zu Rayhan und John. John hatte sich wieder beruhigt und sagte zeitgleich mit Rayhan: »Ja, genau, mach Andreas auch noch fertig!« Dabei lachten sie und klopften dem noch überrascht dreinblickenden Andreas auf die Schulter. »Nur zu, Andreas, Du packst dass schon, für mich war das auch echt krass, doch ich habe es auch überlebt!«, feixte John. »Ja, Andreas, sei tapfer, und so schlimm wie bei mir, kann es gar nicht werden!«, sagte Rayhan daraufhin, wischte sich nebenbei mit der Hand noch ein paar Tränen aus den Augen und klopfte Andreas noch einmal auffordernd auf die Schulter.

»Also Andreas«, sagte die Stimme nun in einem Tonfall, der dazu führte, dass alle drei hellhörig wurden und aufmerksam zuhörten: »warst Du immer gerecht und übernahmst die volle Verantwortung für DEIN Tun?« »Äh …, ja, äh …, ich glaube schon …, doch wahrscheinlich eher nicht, sonst wäre ich ja jetzt nicht dran, oder?« »Ja, Andreas, da hast Du wohl recht!« bestätigte die Stimme leicht lachend. »Doch, wenn Du jetzt die Sache von John noch nicht wüsstest, was hättest Du dann geantwortet?« »Na, ich denke, das Selbe wie John, denn ich lege großen Wert auf Gerechtigkeit.« »Prima, Andreas! Du bist also auch davon überzeugt, dass auch Du, wie viele andere Menschen auch, niemandem unrecht getan hast, zumindest nicht bewusst, richtig?« »Ja, nicht bewusst, das kann man so stehen lassen«, antwortet Andreas etwas ängstlich, da er ja durch Johns Geschichte ›gewarnt‹ war, dass er wohl etwas übersehen hatte in seinem Leben. »Gut, dann frage ich Dich jetzt, war es richtig, dass Dein Bruder Martin von Deinem Vater geschlagen wurde, obwohl *Du* laut gelacht hattest?« »Nein! Das war absolut nicht gerecht!«, antwortete Andreas überzeugt. »Und wer war dann, Deiner Meinung nach, verantwortlich dafür?« »Ich! Ja, ich! Ich hätte nicht so laut lachen dürfen! Denn dann hätte mein Vater sich nicht gestört gefühlt und wäre nicht ins Zimmer gekommen, um für Ruhe zu sorgen!« »Gut, Andreas, ich sehe, Du bist tatsächlich bereit, Verantwortung zu übernehmen. Wirklich prima von Dir! Doch bist Du wirklich der Meinung, dass *Du* verantwortlich bist?« »Ja!! Äh, ... ja, denn wegen mir hörte Vater ja laute Geräusche, also mein Lachen, oder?« »Bist Du wirklich der Meinung, dass *Du* verantwortlich bist?«, fragte die Stimme eindringlicher. »Ja, ... wer denn sonst? Es war doch kein anderer da? Und Martin wollte ja noch, dass ich aufhöre, zu lachen ..., er war doch leise...?« »Bist wirklich *Du* verantwortlich? Bist Du verantwortlich, dass Dein Bruder geschlagen wurde?« »Ja, äh ..., ich weiß nicht, wer sonst ...?« »Hast *Du* Deinen Bruder geschlagen, Andreas?« Diese Frage überraschte Andreas total. Er überlegte, es war eine Frage die bei ihm etwas auslöste, als ob sich in seinem Gehirn gerade etwas ›verrenkte‹. Dabei sprach er vor sich hin: »Habe ich geschlagen? Was für eine blöde Frage! Nein, nein, klar habe ich ihn nicht geschlagen, auf gar keinen Fall! Es war mein Vater!« »Und warum fühlst Du Dich dann verantwortlich Andreas?« »Ja, weil ich so laut war...?« »Ja, Andreas, Du warst laut, doch Dein Bruder wurde nicht von Deiner Lautstärke geschlagen, sondern von Eurem Vater! Verstehst Du das? – Euer Vater hat Euch, in diesem Fall Deinen Bruder, geschlagen und dafür trägt *er* die Verantwortung! Er hätte ja auch nur schimpfen können! Er hätte Euch verbieten können, zu spielen und Euch getrennt in Eure Zimmer schicken können, oder?« Andreas war jetzt irgendwie total verwirrt, denn in seinem Kopf war *er* schuld. Er war immer schuld, wenn die Hand flog! Ja, wenn er oder sein Bruder etwas taten, was nicht erlaubt war, oder was seinem Vater einfach nicht passte, gab es Prügel. Zuerst wurde schreiend, aggressiv, oftmals wie aus dem nichts, gedroht und bei nicht sofortigem ›Befolgen‹ wurde dann geschlagen. Andreas dachte immer: Ja, ich habe nicht ›gefolgt‹, also werde ich zurecht bestraft. Doch diese ›neue‹ Sicht, die die Stimme gerade im Begriff war, ihm aufzuzeigen, veränderte langsam seine ›fest eingebrannten‹« Verhaltensregeln. »Andreas, wer trägt die Verantwortung dafür, geschlagen zu ha-

ben?«»Mein Vater, aber ...«»Stopp Andreas!«, unterbrach die Stimme, »Entschuldige bitte, dass ich Dich unterbreche, doch jetzt ist es wichtig, die Reihenfolge einzuhalten. – Also, Dein Vater, oder?«»Ja«, antwortete Andreas noch leicht unsicher. »Genau, Dein Vater! – Dein Vater hatte die volle Verantwortung zu tragen für seine ›Erziehungsmethoden‹! Und wenn *er* Prügel dazu verwendete, musste *er* dafür die Verantwortung tragen! Verstehst Du das? – Ja, er hat Martin geschlagen, weil Du für ihn zu laut warst, doch er hätte nicht zuschlagen müssen! – Das war seine alleinige Verantwortung! Und wenn er ›lernt‹, dass er zuschlägt, wenn Ihr ihm nicht Folgsamkeit leistet, dann rechtfertigt dies trotzdem nicht seine Art der Strafe!

Und jetzt wird es absolut interessant, meine Lieben! Wenn der Vater Euch einmal geschlagen hat, passiert etwas absolut ›Verrücktes‹. Doch dazu erst eine Frage: Warum hat er Euch geschlagen, Andreas?«»Ja ..., weil wir nicht ›artig‹ waren.«»Weil Ihr nicht das eingehalten habt, was er wollte? Was hätte er wohl gesagt, wenn Ihr ihn, zum Beispiel beim Fußballspielen mit Euch, danach gefragt hättet, wenn er also ›offen‹ gewesen wäre? Ihr ihn also hättet fragen können: ›Papa, warum schlägst Du uns eigentlich?‹«»Weil ihr nicht folgt! Ist doch logisch! Ja, er hätte absolut überzeugt gesagt: ›Ja, weil ihr nicht folgt! Ihr hört einfach nicht! Und dann scheppert's halt!‹«, antwortete Andreas absolut überzeugt. »Ja, genau Andreas, Du würdest ihm möglicherweise auch noch recht geben, dass er ja nur schlug, wenn ihr nicht gefolgt habt, oder?« Andreas betonte: »Ja ..., da hatte er ja auch recht, oder? Er schlug ja sonst nicht zu!?«»Seht Ihr, und hier passiert das Verrückte! Du, Andreas, gibst ihm irgendwann sogar recht, dass er schlagen ›muss‹ und Dein Vater denkt irgendwann: Ja, wenn die folgen würden, müsste ich nicht schlagen! Ist doch total verrückt oder? Und dabei ›vergisst‹, übersieht, er, dass Schlagen an sich absolut falsch ist. Ja, jeder darf seine Kinder so erziehen, wie er will, doch Schlagen darf nicht sein! Schlagen ist Gewalt! Und Schlagen verhindert Kommunikation! Dein Vater umging Diskussionen über Recht und Unrecht durch Unterdrückung, notfalls mit Gewalt! Wahrscheinlich war es ihm irgendwann selbst gar nicht mehr bewusst, dass *er* allein sich jedes mal dazu entschied, zuzuschlagen oder nicht! Er dachte immer ›Ja, die hören ja nicht anders!‹ Doch *er* entschied, was er tut!

Egal, warum er es tat, er traf jedes mal vollkommen allein die Entscheidung und trägt die volle Verantwortung! Niemand, absolut niemand zwang ihn, zu schlagen! Es gibt andere Methoden, Kinder zu erziehen. Vielversprechender ist das Erklären! Zum Beispiel einfach zu erklären, warum etwas stört oder nicht gewünscht ist. Erklären, was es verursacht bzw. welche Zusammenhänge es gibt und so weiter. Doch meist kommen dadurch Dinge auf den Tisch, die die Eltern nicht sagen wollen, da sie manchmal zugeben müssten, dass sie es einfach nicht wollen. Ja, sie müssten Euch manchmal Dinge sagen, die ihnen ›gegen den Strich gehen‹ oder sie müssten Euch sogar fragen, ob etwas für euch okay wäre oder Euch recht geben. Denn, wenn Ihr zum Beispiel neue Fußballschuhe wollt, Mutti sich aber neuen Schmuck kaufen will und Papa einen neuen Rasierapparat, obwohl der alte noch funktioniert, dann müssten eigentlich diese drei Bedürfnisse neutral und sachlich besprochen und danach entschieden werden, welche Anschaffung am wichtigsten oder sinnvollsten ist. Doch das will Mutti vielleicht gar nicht, da sie nicht warten will und Vater eben auch nicht. Dann heißt es bei Euch Kindern nur: ›Wir haben zu wenig Geld!‹ Und wenn Ihr nachfragt, warum, kommen eben Antworten wie, dass Essen, Kleidung, Strom, ... viel Geld kosten und als ›Krönung‹ noch, dass Papa oder Mutti nicht mehr Geld verdienen. Wenn ihr dann weint, weil Ihr die Fußballschuhe so gerne gehabt hättet, dann sagen sie nur: ›Hört auf, seid ruhig!‹ Und wenn *Du* Andreas, weiter gefragt oder geweint hättest, was wäre dann passiert?« »Dann hätte ich eine Ohrfeige bekommen, mit der Bemerkung: ›Jetzt hältst Du aber mal dein Maul!‹«, erzählte Andreas, den Blick starr auf den Boden gerichtet. »Genau, und sie hätten Dir verschwiegen, dass sie *ihre* Sachen kaufen wollen. Weißt Du Andreas, was noch verrückter ist? Sie kommen gar nicht auf die Idee, dass man auch mehr arbeiten gehen könnte, um mehr Geld zu haben. Dass müssen sie natürlich nicht, doch das wäre auch eine Lösung. Nein sie sagen in absoluter Überzeugung ›Wir haben kein Geld!‹ Ist doch verrückt oder? Sie glauben irgendwann selber, dass sie nicht mehr Geld haben, oder lügen Euch an, weil sie nicht mehr arbeiten wollen, vielleicht auch nicht können. Es gibt natürlich viele Menschen, die können gar nicht mehr arbeiten und jeder soll auch Zeit zum Leben haben! Doch ich meine damit, dass jeder selbst am Besten weiß, ob er nicht eine besser bezahlte Arbeit anstreben kann oder der Partner vielleicht noch etwas mitverdienen könnte oder ob man dazu einfach keine Lust hat! Ob man ›einfach‹ denkt: ›Mir reicht es so …‹. Doch das wäre das Richtige bei einem Gespräch, *alles* zu sagen, wie es ist. Doch hier übernehmen Eure Eltern, ohne sich dessen bewusst zu sein, keine Verantwortung für ihr Handeln. Sie würden sogar ihre Hand dafür ins Feuer legen, absolut sicher, dass alles genau so richtig ist, wie sie es sehen.

Aber zurück zu Deinem Vater: Er entscheidet jede Sekunde, was er tut! Er allein trifft jedes mal die Entscheidung und die absolute Verantwortung! Niemand, absolut niemand zwingt ihn, zu schlagen!

Und er entscheidet was er Euch damit antut, was das verursacht! Welche psychische Störungen und traumatischen Verhaltensweisen das auslöst! Zum Beispiel Angst vor Menschen und ihrer Zuneigung, Angst, seine Meinung zu sagen, also Schüchternheit, Verstocktheit, fehlendes Selbstvertrauen und mangelnde Selbstbewusstsein.

Vielleicht ist ihm vieles von seinem Verhalten gar nicht bewusst, da er es *so* noch gar nie gesehen hat und er sich einfach noch nie wirklich bewusst gemacht hat, welche Auswirkungen sein Handeln hat. Denn die meisten Menschen neigen all zu leicht dazu, anderen die Fehler für ihr Missverhalten, ihr Scheitern oder Nichtvorankommen zu ›geben‹. Vielleicht sagt er sich ja: »Die hätten einfach ruhig sein können, die wissen doch was passiert, wenn ich wütend werde, wenn sie mich provozieren…, ich musste zuschlagen!« Er fühlt sich sogar im Recht! Doch trägt immer *er selber* die Verantwortung für sein Tun!

Sehr wahrscheinlich wurde auch er in seiner Kindheit geschlagen und somit waren seine Eltern das ›Vorbild‹ für ›Gewalt‹ in der Erziehung. Viele von Euch erkennen deshalb diese Gewalt gar nicht und wenn man Euch auf die ›Züchtigung‹ mit solchen Methoden anspricht, dann sagt Ihr: ›Das war halt so, das war normal …‹ Doch es ist Gewalt!

Und jeder von Euch, wie auch Dein Vater, Andreas, hatte jederzeit seinen freien Willen, diese zu ›übernehmen‹ oder aber nicht!

Und ich kann es nicht oft genug sagen, meine Lieben, Ihr allein tragt die Verantwortung für Euer Tun! Egal, *warum* Ihr etwas tut, Ihr *tut* es! Nicht der Andere tut es, sondern Ihr! Ihr allein tragt dafür die Konsequenzen!

Auch für Euer ›Nicht-Tun‹ tragt Ihr die Konsequenzen, denn etwas *nicht* zu tun ist ebenso eine ›Handlung‹. Ihr ›entscheidet‹ Euch, etwas *nicht* zu tun und somit ›unbewusst‹ gegen etwas. Also auch hier trefft Ihr eine Wahl, auch hier ›tut‹ Ihr in Wahrheit etwas. Und auch für dieses ›Tun‹ tragt Ihr alle Konsequenzen!

Stille kehrte ein. Rayhan, John und Andreas waren absolut sprachlos über die weitere Einsicht von ›Unterdrückung‹ im Alltag, ohne dass dies als solche wahrgenommen wird. Und auch die Tatsache, dass jeder für seine Taten allein verantwortlich ist, jeder die Konsequenzen seines Handelns oder Nicht-Handelns trägt, wurde ihnen auf eine ganz neue Art bewusst! Ja, sie hätten alle drei zugestimmt, dass sie für das, was sie tun verantwortlich sind und die Konsequenzen also die Verantwortung tragen, doch ihnen wurde bewusst, dass sie alle schon Dinge getan hatten, bei denen sie gar nicht wussten, dass sie ›immer frei entscheiden‹ konnten, eine andere Wahl hatten und so manches nicht ›mussten‹, oder viele Entscheidungen trafen, weil ›alle‹ *so* entschieden und lebten.

Der ganz klare Gedanke, dass man wirklich der Einzige ist, der für seine Taten verantwortlich ist, machte ihnen bewusst, dass man oft gar nicht wahrnimmt, dass man den Anderen beeinflusst! Und in welchem Ausmaß!

»Da habt Ihr gerade einen sehr guten Gedanken!«, sagte die Stimme, die die Gedanken natürlich, wie schon die ganze Zeit, mitverfolgt hatte. »Ja, das Ausmaß und die unbewusste Beeinflussung! Das ist noch sehr interessant für uns! Dazu will ich Euch noch etwas aufzeigen: Andreas, Du bist nun ›ungeschoren‹ davon gekommen, wie Ihr Menschen

es ausdrücken würdet, da es ja nun doch nicht um Dich, sondern um Deinen Vater ging!«, sagte die Stimme und lachte.

»Ja, genau!«, erinnerten sich in dem Moment John und Rayhan und grinsten Andreas leicht hämisch an. Dieser erinnerte sich ebenfalls daran, dass er bisher ja wirklich nichts aufgezeigt bekommen hatte, was er bereuen würde, so wie John und Rayhan.

»Also Andreas, sag mir doch bitte, was war der letzte Film, den Du im Kino angeschaut hast?« Andreas stutzte und dachte nach: Was soll das denn? Mein letzter Film? – James Bond? Ja, genau: »James Bond!« »Und was wollte Deine Frau Marion sehen?« Andreas überlegte kurz und antwortete, leicht verunsichert, da er nicht wusste, worauf die Stimme hinaus wollte: »Auch den James Bond-Film!?« »Wirklich Andreas?« Andreas dachte angestrengt nach, doch er war sich sicher, dass sie ihn auch hatte sehen wollen. Marion sah ihn ja mit an und nach seiner Frage am Ende, meinte sie, dass er ganz gut war. »Ja, wirklich!«, sagte Andreas. »Andreas, wirklich? Was wollte deine Frau sehen? – Wollte *sie* ins Kino gehen?« Da, fiel ihm ein, dass seine Frau ihn am Nachmittag gefragt hatte, ob er gerne mit ihr zu einem nahegelegenen See fahren wolle, um dort mit ihr den Sonnenuntergang zu beobachten, da es ein wunderschöner Tag und sogar ihr Hochzeitstag war. »Nein, sie wollte den Sonnenuntergang sehen« sagte Andreas unangenehm erinnert. »Und warum hat sie den Sonnenuntergang nicht gesehen, Andreas?« »Äh …,weil wir stattdessen im Kino waren.« »So so, im Kino. Und warum seid Ihr im Kino gewesen?« »Äh …, ja weil wir dort den Film anschauten.« »Warum seid Ihr im Kino gewesen Andreas, obwohl Marion den Sonnenuntergang sehen wollte?« Andreas stutzte und er erinnerte sich, dass er unbedingt den Film hatte sehen wollen. »Warum seid Ihr nicht beim Sonnenuntergang gewesen, Andreas?«, fragte die Stimme betonter und strenger, »Oder sollte ich dich besser fragen, wieso entschied sie sich um? – Oder noch besser, hast Du ihr denn eine Wahl gelassen, Andreas?« »Nein, Marion konnte nicht selbst entscheiden, weil … ich … äh …« Andreas verstummte. »Ja, Andreas, weil Du ihr keine Chance gelassen hast, sodass sie entscheiden konnte, oder!?« »Ja«, sagte Andreas bedrückt. »Du wolltest unbedingt den Film

ansehen und hattest keine Lust auf ›Sonnenuntergang am See‹, oder!?«
»Ja …, ich hatte keine Lust.« »Und was hast Du dann gemacht? Hast
Du sie gefragt und Ihr habt Euch geeinigt?« »Nein.« »Hast Du sie offen
gefragt? Hast Du ihr die Chance gegeben auf eine offene Diskussion mit Rechten für beide Parteien?« »Nein.« »Andreas, noch einmal,
warum habt Ihr den Film angeschaut!?« Andreas gab sich geschlagen
und murmelte sich schämend: »Ja, weil …, ja …, ja, weil ich den Film
sehen wollte.« »So so, Du wolltest also den Film sehen. Und da *Du*
unbedingt den Film sehen wolltest, hast *Du* sie belogen, stimmt's?«
»Ja …, ich habe … eine Ausrede benutzt, äh …, ja …, ich habe sie, äh …,
ja belogen.« »Andreas Du hast das getan, was Dir und vielen anderen
Menschen auch, überhaupt gar nicht mehr bewusst ist! Du hast Deine
Frau manipuliert, um Deine Bedürfnisse durchzusetzen. Es fiel Dir gar
nicht auf, dass das auch bei ›nur‹ solchen ›kleinen‹ Entscheidungen,
schlicht und einfach ›Unterdrückung‹, ja sogar Betrug, ist! Es klingt
vielleicht hart, doch es ist so. Andreas, Du hast Marion angerufen und
gesagt, dass Du im Stau stehst und leider nicht früh genug kommen
kannst, damit Ihr es noch rechtzeitig zum Sonnenuntergang schaffen
würdet. Du hast eine gute ›Ausrede‹ erfunden und Dich schon auf ›Deinen Film‹ gefreut! Doch hast Du Dir schon mal Gedanken gemacht,
was Deine Frau nach Deinem Anruf gemacht hat? – Sie hat geweint! Ja,
sie hat fürchterlich geweint! Sie hatte sich schon so auf einen schönen
romantischen Abend mit Dir gefreut! Wusstest Du das? Hast Du Dir
mal Gedanken gemacht, was es für *sie* bedeuten könnte? – Nein, daran
hast Du nicht gedacht, weil Du aus lauter ›Egoismus‹ und ›Vorfreude
auf die Erfüllung *Deiner* Bedürfnisse‹ Deine Frau gar nicht mehr gesehen hast. Und als Du dann endlich ›zu spät‹ heimkamst, strahlte sie
Dich wieder an, da sie sich frisch geschminkt hatte und dachte: Na gut
dann verbringen wir halt wenigstens einen gemeinsamen Kinoabend an
unserem Hochzeitstag, Hauptsache wir sind zusammen. Denn sie hatte ja
keine andere Wahl, oder?«

Andreas senkte den Kopf und dachte nach. Er biss sich auf die Lippen und fing an zu weinen. »Ich habe mir wirklich keine Gedanken
gemacht, wie es für *sie* ist. Ich glaub das gar nicht. Keine einzige Se-

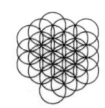

kunde hab ich daran gedacht, was es für Marion bedeutet und dass es vielleicht wirklich ein sehr schönes Erlebnis für sie, nein, für uns gewesen wäre. Sie hatte sich so darauf gefreut. Und *wie* sie sich darauf freute!«, schluchzte Andreas weiter: »Wie sehr sie sich vielleicht schon seit Wochen drauf gefreut hatte?! Keinen einzigen Gedanken habe ich daran verschwendet, wie schlimm es für sie war. Wie sehr sie sich danach sehnte, mit mir den Abend zu verbringen. Nicht wegen dem See, oder der Sonne, sondern wirklich wegen mir.« Andreas weinte bitterlich. »Es ist unglaublich, zu sehen, wie blind ich war! Ich war so auf mein Ziel konzentriert, dass ich nicht sah, wie egoistisch und kalt ich war. Ja, ich war so scheiß eiskalt und ich habe einen so schönen Moment verpasst! Einen Moment der Liebe, des Zusammenerlebens! Nur wegen meinem ›scheiß‹ Film! – Wie konnte ich nur so blind sein? Das ist wirklich furchtbar, wie grausam ich zu ihr und sogar zu mir war. Oh mein Gott, wie blind sind wir Menschen, ohne es zu bemerken! Ja, Du hast recht, liebe Stimme, wir sind wirklich unbewusst oder zum Teil bewusst, untereinander oftmals sehr grausam und unterdrückerisch, ohne es auch nur zu ahnen! Meine liebe Marion, es tut mir so leid! Bitte verzeih mir, ich wünschte, heute wäre unser Hochzeitstag und Du würdest mit mir zum See, zum Sonnenuntergang fahren wollen! Ich würde mir freinehmen, damit wir den ganzen Tag zusammen sein können!« Und Andreas fing noch stärker an zu weinen. Rayhan und John umarmten und trösteten ihn.

»Ja, diese Situation war sehr traurig für Deine Frau Marion. Und jetzt, da Du die ganze Sache auch einmal aus ihrer Sicht siehst, ist dies auch für Dich, Andreas, sehr erschütternd. Doch meine Absicht ist nicht etwa, Euch anzuprangern oder mit dem Finger auf Euch zu zeigen: ›Das war falsch! Du warst böse! ... ‹ Ich möchte Euch die Dinge bewusster machen. Euch helfen, sie zu verstehen und so besser zu machen.

Diese Episode aus Deinem Leben, Andreas, zeigt uns besonders gut auf, wie unbewusst ›egoistisch‹ Ihr auf der Erde leider oftmals seid. Sie zeigt auf, wie sehr Ihr Menschen verletzen könnt, ohne Euch des-

sen bewusst zu sein. Und *wie* einfach Du es hättest vermeiden können«, sagte die Stimme und fuhr, nach einer kurzen Gedankenpause
für die drei Männer, fort: »Ich hätte Euch auch eine Geschichte aus
Johns Leben aufzeigen können, der fast genauso handelte.« »Was? Ich
schon wieder?«, rief John völlig überrascht und abweisend: »Wann bitte, soll ich den Hochzeitstag nach meinen Wünschen gestaltet haben?
Erstens war ich gar nicht verheiratet und zweitens, wann soll ich meiner Freundin ›aufgedrängt‹ haben, einen Film anzusehen? Ich bin kein
Filmfan!?« »Ja, John Du hast keine Filme geschaut, aber ich sagte ja
auch, dass Du nur fast genau so gehandelt hast«, erwiderte die Stimme
auf Johns Einspruch. »John, liebtest Du Fußball!?«, fragte die Stimme
dann sehr direkt. John, zuckte mit den Schultern, um zum Ausdruck
zu bringen, dass er selbstverständlich Fußball liebte und dass da doch
nichts Verwerfliches dran sei und antwortete: »Ja, ... ich liebte Fußball.
Ich freute mich sehr, Fußballspiele live oder im Fernsehen anzusehen.
Das machte mir sehr viel Spaß, da ich als Kind selbst einmal in einem Verein spielte. Aber was hat das mit Andreas und ›James Bond‹
zu tun?« In dem Moment spürte John in seinem Inneren ein komi-
sches Gefühl und irgendwie war ihm, als ob er da in seinem Leben
ebenfalls, genau wie Andreas, etwas nicht gesehen hatte. »Na John,
wollte Deine Freundin Lizz wirklich jede Woche Fußball sehen? War
sie diejenige, die sagte, ›John, beeil dich bitte, wir müssen jetzt gehen,
damit wir das Spiel nicht verpassen‹, oder ›John, verzichtest Du bitte
auf Deine Sendung, da heute ein Spiel kommt?‹ Hätte sie sagen können, dass sie das Spiel nicht sehen wolle und heute gerne mit Dir *ihre*
Sendung anschauen möchte?« John presste seine Lippen aufeinander
und sah sich bedrückt um. Er fühlte sich ›ertappt‹, er erkannte, dass es
tatsächlich so gewesen, und er derjenige war, der immer Fußball hatte ansehen wollen, und dass sie auch immer ›sein Fußball‹ angesehen
hatten. Er erkannte, seine Freundin hatte eigentlich nie selbst davon
angefangen. Es war einfach ganz normal gewesen, dass man, bzw. er,
einfach immer die Sportsendung sah. »John, hat Deine Freundin mit
geschaut? Oder hat sie Dich immer wieder mal gefragt, ob Du gerne
auch einmal trotz Sportsendung mit ihr etwas unternehmen möchtest?
Spazieren gehen, oder mit Freunden treffen? Oder sonst irgendetwas

anderes tun?«, fragte darauf die Stimme betont. John überlegte und er bemerkte, dass es eigentlich gar keine Diskussion mehr darüber gegeben hatte, zu diesem Zeitpunkt etwas Anderes zu machen. Es war für ihn einfach selbstverständlich gewesen, dass man am Wochenende zum Beispiel das gemeinsame Einkaufen oder das Abendessen so legt, dass er dann Fußball anschauen konnte. »John, was tat Lizz, wenn ›Ihr‹ Fußball geschaut habt?«, bohrte die Stimme weiter nach, worauf John auch sofort, wenn auch etwas zittrig, antwortete: »Sie schaute mit ...« Doch während er dies sagte, fiel ihm auf, dass seine Freundin oftmals gar nicht mit zusah, sondern neben ihm ein Buch las oder oftmals sogar in einem anderen Zimmer verschwand. »John, wusste Deine Freundin die Woche drauf noch, wie Dein Verein gespielt hatte? Wusste Sie was ›Abseits‹ ist und wie der neue Trainer heißt? Hast Du Dich nicht oft innerlich aufgeregt, dass sie das alles nie wusste? – John, sie wusste es nicht, weil es sie nicht interessierte. Sie hatte kein Interesse an Fußball. Doch das hast Du irgendwann einfach ›vergessen‹. Du hattest ›Dein Fußball‹ und die Welt war für Dich in Ordnung! Dass Lizz andere Sendungen hatte ansehen oder andere Dinge in dieser Zeit mit Dir hatte tun wollen und sie, während Du Fußball geschaut hast, gar nicht mit zusah, das ist Dir gar nicht mehr aufgefallen. Was wäre denn gewesen, wenn sie vor zwei Tagen gesagt hätte: ›John ich möchte mit Dir am Samstag wegfahren, einkaufen gehen, essen gehen, kuscheln ...?‹ Also Dinge, die nichts Besonderes sind, *sie* aber gerne mal getan hätte. Was wäre da gewesen, John?« John zuckte mit den Schultern und dachte, dass er das gar nicht beantworten könne. Denn das war schon lange nicht mehr der Fall gewesen. »John, das war schon lange nicht mehr der Fall!?«, unterbrach die Stimme Johns Gedanken, »Warum denn? Was wäre denn dann gewesen, wenn es doch wieder einmal ›der Fall‹ gewesen wäre?« John dachte nach und bemerkte, dass es ihm schwerfiel, einen klaren Gedanken zu fassen. Es fiel ihm wirklich nicht leicht, sich vorzustellen, dass Lizz ihn so etwas an einem Fußballtag fragen würde und noch schwieriger war für ihn, darüber nachzudenken, was er dann gesagt oder getan hätte. Jetzt erkannte er plötzlich, dass er sich schon lange keine Gedanken mehr darüber gemacht hatte, dass es hätte sein können, dass er einmal auf die Sportsendung oder ein Spiel hätte

verzichten müssen. Und deswegen konnte er den Gedanken irgendwie gar nicht klar fassen. Es war so selbstverständlich geworden, dass es *so* gemacht wurde.

»John«, unterbrach die Stimme und riss John abermals aus seinen Gedanken, »es war selbstverständlich? – Ja es wurde selbstverständlich für Dich, doch es war nie selbstverständlich! Deine Freundin Lizz tat es für Dich! Sie verzichtete irgendwann auf ihr natürliches Recht, an diesen Tagen ihre Bedürfnisse anzubringen. Sehr wahrscheinlich war auch ihr das irgendwann nicht mehr bewusst. Doch warum es irgendwann selbstverständlich wurde, lag daran, dass Du von diesem Deinem Bedürfnis nicht abgewichen bist. Du wolltest so gut wie immer Fußball sehen, und bitte versteh mich jetzt nicht falsch, es ist nichts Verwerfliches, Fußball zu schauen! Ich schaue auch gerne mal Eure Fußballspiele mit an«, erzählte die Stimme lachend, »doch im Gegenteil zu Euch, freue *ich* mich immer! Völlig egal, wer gewinnt und ganz egal, wer spielt! Und ich freue mich selbst dann, wenn keiner gewinnt, es also ein ›Unentschieden‹ gibt, wie Ihr dazu sagt! Ich freue mich über jedes Spiel von Euch! – Na ja, aber das ist eine ganz andere Sache, das lassen wir hier vorerst einfach mal so stehen.«

Wieder ernster werdend, sprach die Stimme weiter: »Nun, zurück zu Dir John. Du hast Dich leider nie mehr gefragt, was deine Freundin eigentlich will. Wenn ihr Euch arrangiert hättet, dass es zum Beispiel völlig in Ordnung geht, wenn Du an diesem Tag immer Fußball schaust, aber Lizz ein Mitspracherecht bekommen hätte, dass ihr manchmal aber auch andere Dinge an diesen Tagen macht, wäre alles okay gewesen.

Doch das hast Du gar nicht mehr wahrgenommen. Es war einfach ›gar kein Thema mehr‹, wie Ihr zu sagen pflegt. Da gab es einfach keine Diskussionen mehr darüber: Es war einfach ›selbstverständlich‹. Aber nicht für beide, sondern leider nur für Dich.

John, hättest Du das erste Date mit deiner Freundin abgesagt, wenn dies an einem Fußballabend gewesen wäre?« Ohne zu überlegen, protestierte John: »Nein, auf gar keinen Fall!« »Und warum nicht?«, fragte die Stimme etwas spitzfindig und gab so auch gleich die Antwort: »Weil

Du *da* Deine Freundin gesehen hast! Vielleicht sogar mehr als Dich selbst, stimmt's?« John überlegte noch, da das, was die Stimme gerade gesagt hatte, in ihm sehr viel aufwühlte und er sich, durch ein in ihm aufsteigendes Gefühl, dieser Aussage geschlagen geben musste. Es war einfach wahr. Es war so unglaublich für ihn, wie die Stimme es immer wieder schaffte, die Dinge so klar aufzuzeigen.

»Also John und Andreas, Ihr beiden ›Frauenversteher‹, oder soll ich besser Herzensbrecher sagen – war Euch das bisher so bewusst gewesen?«, fragte die Stimme nun ironisch. »Nein! Du hast absolut recht, so hatte ich das noch nie gesehen!«, rief Andreas und auch John stimmte zu: »Nein, auch ich habe das so nicht gewollt! Lizz, mein Schatz, es tut mir wirklich leid!! Das wollte ich nicht!«

»Genau, es war Euch nicht bewusst gewesen und deswegen habt Ihr es nicht gesehen, aber doch getan. Lasst mich bitte weiter erzählen und nach dem kurzen Abschweifen zu Johns Leben, zurück zu Dir zu kommen, Andreas, denn es kommt bei Dir noch ›schlimmer‹«, fuhr die Stimme wieder ernster fort. Andreas zuckte erneut zusammen, hörte auf zu weinen und lauschte, was die Stimme zu sagen hatte. »Ja, Andreas, und Du weißt auch schon, was ich meine!« Andreas hob unschuldig die Schultern und antwortete der Stimme andächtig: »Ich weiß nicht, was Du meinst, doch sag es mir einfach, denn ich habe nun wirklich erfahren, dass ich, und mit mir sehr Viele, andere Menschen manipulieren, für unserer Ziele missbrauchen, ja, unterdrücken. Also sag mir, was ich noch ›verbrochen‹ habe, ohne es zu bemerken. »Respekt! Andreas!« äußerte sich die Stimme beeindruckt, »das finde ich wirklich sehr aufrichtig von Dir! Etwas selbst einzusehen und anzuerkennen, ist der beste Weg, um es zu vermeiden. Nun, ich will es Dir erzählen: Als Du mit Deiner Frau vor Kurzem in einem Bistro warst, hast Du gesagt, dass Du jetzt müde seist und gerne heim möchtest, stimmt's? Und warum hast Du das in Wirklichkeit gesagt? Weil Du nicht wolltest, dass sie sich was zum Essen bestellt, da Du kein Geld dafür ausgeben wolltest, stimmt's?« »Ja, ich weiß, es war so, wie Du sagst«, stammelte Andreas. »Ich dachte zu der Zeit einfach nicht wie jetzt. Mein Gedanke damals war, dass wir sparen müssen, da man nie

genug sparen kann und zuhause isst man halt einfach billiger.« »Ja, man kann mal etwas sparen und manchmal ist es auch absolut richtig, doch sollte man immer dem Anderen die absolute Freiheit lassen, selbst zu entscheiden, wann und an was man sparen soll und ihm im Gegenzug aber auch die Mitverantwortung geben.

Und Andreas, nicht weil ich Dich ärgern will, aber ich hätte noch eine kleine Geschichte aus Deinem Leben …, ist das okay für Dich?« Andreas holte tief Luft und seufzte: »Ja, ja, das geht klar, ich sehe ja ein, dass ich nichts verheimlichen kann. Und ich denke, dass auch Rayhan, John und meine Frau, alle ›Lisas‹, alle ›Michaels‹ und ›Stefans‹, ja, alle anderen Menschen den selben ›Mist‹ Tag für Tag anstellen, also nehme ich das gar nicht mehr so persönlich. Klar nehme ich mir zu Herzen, was ich getan habe, doch es erleichtert mich, dass in so manchen Momenten ich nicht der Einzige bin oder besser gesagt, WIR hier nicht die einzigen drei völlig verblendeten, unbewussten ›Egoisten‹, ›Unterdrücker‹ sind, ohne auch nur die leiseste Ahnung eines gemeinen Doppellebens, einer unbewussten Doppelmoral! Es ist schon unglaublich, wie wir uns da manchmal verhalten! Ich schäme mich jetzt dafür, ja, es widert mich selbst an! Ich finde mich da irgendwie selbst ›ekelhaft‹, ja, da kommt es mir … vor mir selber hoch.«
»Andreas ich habe großen Respekt vor Dir! Wirklich großen Respekt! So einsichtig, wie Du bist, das sieht man nicht so häufig hier. Ich danke Dir, für deine Aufrichtigkeit!«, verkündete die Stimme anerkennend. »Nun, ich könnte Euch noch unzählige Beispiele für Euer ›Doppelleben‹, Eure Doppelmoral nennen, aber gehen wir erst einmal zu den Menschen, die ihre Partner ungern aus dem Haus gehen lassen wollen, also zu Freunden, oder auf eine Party, weil sie Angst haben, dass sie sich in einen anderen verlieben könnten. Da sie das aber nicht offen sagen, erfinden sie lieber manipulative Ausreden wie: ›Du, weggehen ist doch blöd …, Du, ich wollte heute mit Dir den Abend verbringen …, ich bin zu müde, und, und, und. Oder aber die, die ihren Partner einfach nicht dazu ermutigen, seinen Hobbys nachzugehen, die des Anderen Bedürfnisse nicht unterstützen oder, noch schlimmer, ihn bewusst ›unselbstständig‹ halten, ›dumm‹ halten, damit er gar nichts

Eigenes entwickeln kann. Den anderen also fast schon wie ihren ›eigenen Sklaven‹ behandeln, ohne es wirklich bewusst zu merken!!! Und der Partner sagt dann irgendwann auch noch, ohne zu bemerken, was er da eigentlich wirklich sagt: ›Nein, ich kann schon tun, was ich will, ich habe eine ›lange Leine‹! Ich frage Euch: eine Leine!? Seht Ihr, was er da sagt? Keiner von Euch gehört doch von irgendwem an irgendeine Leine gelegt, und die Frage nach der Länge stellt sich doch gar nicht erst!? Auch dies tut Ihr absolut unbewusst und hat sich so ›eingeschlichen‹. Es ist wirklich faszinierend, auf welches Miteinander Ihr Euch ›einigt‹. Wie ihr Euch an die ›Leine‹ nehmen lasst oder *Ihr* Euren Partner ›anleint‹.

Und einmal davon abgesehen, glaubt Ihr nicht, dass eine ›Leine‹ außerdem sogar kontraproduktiv ist? Denn glaubt Ihr nicht auch, dass gerade ›diese Leine‹, dieses ›Wegsperren‹, es für den Betroffenen erst interessant macht, nach einer freien Beziehung zu suchen? Stellt es Euch doch mal selbst vor: Wie fühlt Ihr Euch denn, wenn ihr Vieles nie tun könnt, wofür ihr ›innerlich‹ ständig ›brennt‹? Wonach Ihr Euch innerlich sehnt!? Staut sich nicht gerade dadurch alles erst so richtig auf? Und warum sollte Euer Partner Euch verlassen, wenn er Euch liebt und er an Eurer Seite alles haben kann?!? Er kam doch freiwillig zu Euch? Oder habt Ihr ihn etwa eingefangen?«, fragte die Stimme ironisch und lachend.

Und noch etwas, für ein starkes Selbstbewusstsein spricht das doch auch nicht, wenn man den Anderen ›anleinen‹ muss, oder? So ein Mensch denkt doch eher, dass er nicht so ›großartig‹ ist, dass man mit ihm gerne durchs Leben geht, oder?

Aber nun noch zurück zu einer ›Deiner Geschichten‹, Andreas!«, erinnerte die Stimme. »Was hast Du Dir dabei gedacht, als Du bei Deiner Arbeit im Büro jeden morgen die ersten fünfzehn Minuten, privat im Internet ›gesurft‹ hast?« »Mann, Du weißt ja wirklich alles«, meinte Andreas mürrisch und musste dabei selbst darüber lachen, dass er das sagte, denn klar wusste die Stimme alles, das war ihm und seinen Freunden ja längst bewusst. Auch Rayhan und John mussten herzhaft über Andreas Bemerkung lachen. »Ja ja, ich sehe alles!«, scherzte die Stimme lachend. »Also was hast Du Dir dabei gedacht Andreas?« »Nichts ...,

oder vielleicht, dass das schon in Ordnung geht ... die Firma kann sich das schon leisten .... « »Ja, Andreas, Du dachtest relativ wenig, denn es ist schlicht und einfach Betrug an Deinem Chef, denn Du sitzt da fünf-zehn Minuten privat herum und er bezahlt Dich dafür auch noch. Du hättest ihm das sagen müssen. Du hättest ihn fragen müssen oder diese Zeit nicht als Arbeitszeit angeben dürfen. Schließlich ist es egal, wie viel die Firma oder Dein Chef an Besitz hat, es ist seiner und woher er ihn hat, ist seine alleinige Verantwortung! Auch wenn es hart klingt, weil es Viele tun, es ist Betrug und ›Unterdrückung‹, denn Dein Chef wird, ohne dass er Dich kontrolliert, nie dahinterkommen, was Du treibst. Du unterdrückst, dass er ›Nein‹ sagen kann und erinnere Dich bitte noch, wie oft Du wirklich krank warst, wenn Du Dich krank gemel-det hast, und welche Strecken Du tatsächlich mit dem Geschäftswagen gefahren bist? Und zu guter Letzt: Wie viele Bücher, nicht ganz ›legal‹, aus der Druckerei verschwanden und ›irgendwie‹ bei Dir zuhause im Bücherregal wieder aufgetaucht sind. Ich höre Dich noch immer zu Dir selber sagen: ›Ach, das sind so viele, da merkt gar keiner, dass da eins fehlt, und dieser herstellungsbedingte Überschuss wird sowieso vernichtet, ist doch schade drum ...‹ Ja, selbst, wenn Dein Chef den Überschuss am Ende verbrennt, er muss gefragt werden. Und, waren wirklich alle Bücher ›Überschuss‹?‹«, fragte die Stimme ironisch.

»Bitte versteht mich nicht falsch, ich weiß, dass Ihr das alles meist nicht mit Absicht getan habt und absolut unbewusst, doch Ihr tatet es und das ist einfach nicht richtig! Stellt Euch Euer Verhalten einfach mal aus der Sicht des Anderen vor, also tauscht im Geiste die Rollen mit ihnen. Dann werdet Ihr Vieles erkennen! Oder was meinst Du ›Chef Andreas‹ zu Deinem ›surfenden‹ Mitarbeiter?«, fragte die Stimme sar-kastisch und laut auflachend.

Alle drei mussten ebenfalls lachen, bis die Stimme unterbrach: »Und nun würde ich gerne noch eines Deiner, wie ihr es nennt, ›Glanzstücke‹ aufzeigen, Andreas! Ist das in Ordnung für Dich?«

Es ist nicht leicht, zu erkennen, wie ›blind‹ man gewesen war und wie unrecht man gehandelt hatte, dachte Andreas. Aber noch mehr ›Schand-taten‹ kann es doch gar nicht mehr geben in meinem Leben?, fragte er

sich und antwortete etwas kleinlaut: »Ich weiß wirklich nicht, was ich noch verbrochen haben soll? Doch es wird wohl so sein, sonst würdest Du nichts anführen können, aber ja, es geht klar. Ich bin bereit, mir noch etwas anzuschauen.« »Vielen Dank, Andreas! Vielen Dank, schon mal vorab. Das, was ich Dir nun aufzeigen werde, ist etwas, was wirklich fast alle Menschen Tag für Tag tun! Es sollte dich daher etwas ›entlasten‹. Ich kann es anhand von Deinem Leben nur besser erklären und habe somit ein ›lebendiges‹ Beispiel. Wie bereits erwähnt, es ist ein ›globales‹ Problem! Ein ›Problem‹ für fast alle Menschen.

Also Andreas, bist Du bereit für ein ›globales Missverständnis‹ als Beispiel zu gelten? Sozusagen der Vorreiter für eine ›globale Veränderung‹! Der ›Held‹, der eine große, eine bessere Ära einleitet und dafür ›geprügelt‹ wird?«, fragte die Stimme voller Ironie und lachte. Andreas gefielen die motivierenden und aufbauenden Worte, dass er doch nur der ›Prügelknabe‹ sei, für das Aufzeigen einer wichtigen Problematik. Es nahm im ein wenig die Last von den Schultern, da er so ›Gutes‹ tun konnte und er rief begeistert: »Jawohl, Sir! Ich bin bereit! Mögen meine Qualen anderen den Weg zeigen!« Und er lachte dabei. Rayhan und John lachten ebenfalls und verneigten sich ehrfurchtsvoll vor ihm, um ihm im Spaß Respekt zu zollen. Andreas musste noch mehr lachen. Die drei nahmen sich gegenseitig an den Armen und waren nun bereit, eine weitere, unbewusste ›Grausamkeit‹ zu erfahren. »Es freut mich wirklich sehr, wie Ihr immer wieder gemeinsam bereit seid, Euch die ›Schatten‹ Eures Lebens anzusehen! Es macht mich wirklich sehr glücklich und sehr stolz! Ich danke Euch sehr für Eure Aufrichtigkeit, meine Lieben!

So, nun geht es aber los. Andreas, was hast Du Dir dabei gedacht, als Du Deine Frau gefragt hast, ob sie nicht ein bisschen abnehmen wollen würde? Warum hast Du das überhaupt gesagt?«, fragte die Stimme. Andreas war total perplex. Was wollte die Stimme da wissen? Was sollte das denn jetzt? Was habe ich denn da verbrochen, schwirrte es durch Andreas' Kopf. »Ich, äh …, dachte nur, na ja, mit ein bisschen weniger würde sie halt besser, äh …, noch besser, aussehen!«, fügte er schnell hinzu. »Was ist denn da jetzt bitte ›verwerflich‹ dran?« fragte Andreas jetzt vorwurfsvoll die Stimme. »Warum hast Du das gesagt, Andreas?«

erwiderte die Stimme darauf erneut, jedoch diesmal etwas betonter. Andreas bemerkte schon, dass es da wohl wieder kein Entrinnen gebe, und sagte: »Ich wollte nur, dass sie halt ein bisschen abnimmt, da sie halt ein bisschen am Bauch zugelegt hatte und das war früher nicht so.« »Ich weiß, Andreas, doch darum geht es nicht! Warum hast Du gesagt, dass sie abnehmen soll!?«, fragte die Stimme erneut, jetzt noch betonter und mit mehr Biss. Tja, warum habe ich das gesagt? überlegte Andreas. Warum? Worauf will die Stimme hinaus? Schließlich antwortete er: »Ja nur, weil ich wollte, dass sie halt ein bisschen abnimmt, wegen des kleinen Bäuchleins ..., aber das willst Du ja nicht hören. Ich ergebe mich! Sag mir bitte einfach, was falsch war.« »So so, Du ergibst dich!«, wiederholte die Stimme betont mit einem leichten Lachen in der Stimme. »Doch so leicht, will ich es Dir nicht machen. Bitte sage mir, aus welcher Motivation heraus Du wirklich auf die Idee kamst, dass Dich der Bauch störte!?« »Ja weil die Anderen auch keinen solchen Bauch haben«, stieß Andreas aus, ohne groß nachzudenken. »Die Anderen? Wer sind denn die Anderen?« hakte jetzt die Stimme nach. »Na, die anderen Frauen halt ..., äh ..., die Frauen, die man halt so sieht ...« »Dann lautet also die Antwort auf meine Frage, warum Du zu Deiner Frau gesagt hast, dass sie abnehmen soll nicht: ›wegen dem Bauch‹, sondern ›wegen der Anderen‹, stimmt das?« »Ja, so gesehen stimmt das. Da hast Du recht. Aber was soll mir das sagen? Worauf willst Du hinaus?«, fragte Andreas etwas eingeschnappt und das Hochgefühl, lediglich als ›Prügelknabe‹, als Beispiel, für so viele Menschen zu dienen, war komplett verflogen. »Ganz einfach, Andreas, weil ›die Anderen‹ Deiner Frau sagen und ›zeigen‹, was sie tun soll. Wie sie aussehen soll! Und wenn sie nicht darauf hört, was die ›Anderen‹ sagen und vorleben, dann sagst *Du* es ihr, weil *Du* denkst wie die Anderen. Weil *Du* nicht für ›Dich‹ nachdenkst: Wie soll meine Frau aussehen?, sondern: Wie hat sie nach dem Bild der ›Anderen‹ auszusehen? Nämlich so, wie die Damen in den Zeitschriften, auf den Plakaten und im Fernsehen. So, wie *die* Frauen auf der Straße, die sich nach *diesen* Damen richten, sich so kleiden, schminken, frisieren ... Und das ist das, worauf ich hinaus will: Es gibt auf der ganzen Welt eine ›unbewusste‹ Unterdrückung von Frauen! Ich bin kein ›Frauenrechtler‹, wie Ihr das auf der Erde nennt,

doch ich will Euch einmal aufzeigen, was Ihr unbewusst für ›globale Frauenbilder‹ in Euch tragt! Das ist wirklich schade, ja eigentlich ist es grausam! Grausam für Eure Frauen! Aber auch genauso grausam für Euch Männer! Denn so erlebt ihr Eure wunderbaren Frauen gar nicht, wie sie wirklich sind!

Und warum verdienen denn eigentlich Frauen weniger Geld, wenn sie die gleiche Arbeit ausüben, wie ein Mann? Hat eine Frau nicht auch zwei Arme? Nicht auch einen Kopf? Oder denkt sie etwa langsamer oder hat sie weniger Gehirnmasse?«, fragte die Stimme voller Ironie und Witz in die Runde, ließ die Sätze kurz sacken und fuhr fort: »Was hat eine Frau denn nicht, was Ihr habt und das, was Ihr drei jetzt denkt, wenn ich Eure Gedanken lese und Eure schmunzelnden Gesichter sehe, ist es nicht!« John, Rayhan und Andreas erröteten sichtlich und grinsten bei dieser Bemerkung in sich rein? »Nein, ein ›nach außen gestülptes‹ Geschlechtsteil, einen Penis, hat sie zwar nicht, aber den setzt ihr doch bei Eurer Arbeit auch gar nicht ein, oder? Zumindest nicht bei den meisten Berufen!«, murmelte die Stimme noch hinterher. Die drei Männer konnten sich nicht mehr halten und prusteten lauthals los. »Mal ganz davon abgesehen, dass Eure Frauen ein ebenso großes Geschlechtsorgan besitzen, dass lediglich ›nach innen gestülpt‹ und deswegen nur zu einem Bruchteil sichtbar ist! Also, was haben Frauen nicht, das aber Ihr Männer wohl habt, damit das rechtfertigt, dass Ihr mehr Geld verdient für die gleiche Tätigkeit?«, fuhr die Stimme unbeirrt fort. »Zudem haben Eure Frauen sogar noch ›mehr‹ als ihr! Nämlich zwei wunderschöne Brüste!« John, Rayhan und Andreas versuchten, nicht mehr zu lachen, um den Ausführungen der Stimme zu lauschen, und kicherten zunächst nur, wie drei kleine Schulbuben, doch sie konnten sich einfach nicht zusammenreißen, und begannen erneut, lauthals zu lachen.

Dass die Stimme so viel Humor zeigte, fanden die drei einfach herrlich.

»Also, was hat eine Frau nicht, was Ihr habt«, fragte dann die Stimme abermals und nach einer kurzen Lachpause erneut: »Ich frage euch noch einmal, *was* hat eine Frau nicht, was ein Mann hat, und verdient

deshalb zurecht weniger Geld?« – John, Andreas und Rayhan hatten sich einigermaßen von ihrem Lachanfall erholt, konnten der Stimme aber keine Antwort geben, denn Sie wussten nicht, worauf die Stimme hinaus wollte. Dann, nach einer erneuten Pause rief die Stimme ganz plötzlich: »Ich sage es Euch: Nichts! Absolut nichts! – Sie hat überhaupt nichts weniger als ein Mann! Aber sie verdient einfach weniger! Ist das nicht komisch? Eine Frau hat *nichts* weniger, leistet das Gleiche, aber bekommt einfach weniger Geld? Und alle sind sich darüber einig? Ist das fair? Oder ist das nicht eher eine absolut ›unbewusste‹ Benachteiligung ohne Grund, die sich (einfach) eingeschlichen hat? Eine eigentlich sehr traurige und absolut unfaire ›Unterdrückung‹?

Frauen verdienen weniger, doch da sie, nicht nur in Euren Augen, absolut toll aussehen und sich fast jeder Mann nach solch einem tollen Geschöpf sehnt, haben sie doch eigentlich sogar noch mehr Geld verdient, oder? Sie sind doch so wertvoll für Euch! Sie haben doch mindestens genau das Gleiche verdient! ›Verdienen, Verdienst‹ heißt: Was verdiene ich? Was bin ich wert? Was bin ich wert, zu verdienen? Und es ist doch ohne Zweifel, dass Eure Frauen genauso viel wert sind wie Ihr Männer! Es steht überhaupt nicht zur Debatte, dass eine Frau weniger verdienen soll. Wenn Ihr Eure Frauen als DAS wertschätzt, was sie sind, also gleich Euch Männern, dann haben sie das Gleiche verdient. Und eine ungleiche Behandlung, egal, ob beim Aussehen oder beim Verdienst, ist eine Unterdrückung der Wertigkeit der Frau. – Versteht Ihr das?« Die drei Männer dachten über das eben Gehörte nach und sagten, wie bereits schon mehrmals geschehen, wieder einmal zeitgleich: »So haben wir das noch nie gesehen!?«

»Ja, so habt Ihr es leider noch nie gesehen und fast noch niemand bei Euch auf der Erde. Es ist so selbstverständlich geworden, dass Frauen ›benachteiligt‹ werden. Es hat sogar unmerklich in Eure Sprache Einzug gehalten. Ihr sagt: › Das weiß *man* nicht …, da müsste *man* nachschauen …‹ oder ›das macht *man* nicht‹. Den Ausdruck ›man‹ verwendet Ihr als Verallgemeinerung, ohne dass Euch das bewusst ist. Doch wenn jemand etwas falsch macht, dann ist das weiblich. Glaubt Ihr mir nicht? Doch es ist so, denn dann ist das nämlich ›*däm*lich‹ und

nicht ›*herr*lich‹. Die Frau, die ›Dame‹ verwendet Ihr also unbemerkt bei der Beschreibung von ›dummen‹ Dingen und der Mann findet Ausdruck bei schönen Dingen, wie bei ›herrlich‹. Ist das nicht interessant? Frauen werden bei Euch unmerklich, ›selbstverständlich‹ benachteiligt. Dazu möchte ich Euch jetzt noch mehr aufzeigen.

Ich frage Euch, wieso haben Frauen in manchen Ländern weniger Rechte? Habt Ihr Euch das schon mal wirklich gefragt? Was habt Ihr denn gegen diese Euch ebenbürtigen, wundervollen Geschöpfe!? Sie sind doch soooooooooooo unglaublich schön! Sie sind so wertvoll! Es ist doch der Traum von fast jedem Mann, so ein tolles Geschöpf an seiner Seite zu haben!?« Die Stimme legte so eine unglaubliche Begeisterung und so viel Gefühl in diesen Satz, dass die drei Männer Gänsehaut bekamen.

Zeitgleich erschienen zahlreiche Bilder an der Wand. Diesmal zeigten Sie lachende Frauen unterschiedlichsten Alters aus den unterschiedlichsten Kulturen und Ländern. Die Bilder schwebten im Raum und man hörte zudem die sanften Stimmen der Frauen und ihr wunderbares Lachen. Die drei Männer standen einfach nur still da und waren sehr berührt durch die wunderbaren Bilder! Sie sahen einfach nur DIE Frau als wunderbare Schöpfung! Ja, sie ›sahen‹ das erste mal ganz *bewusst* Frauen!

Natürlich hatten die drei Männer schon zig Frauen Tag für Tag in Ihrem Leben gesehen und hatten selbst eine Frau, oder Partnerin, oder Freundin, doch so bewusst hatten sie noch nie wahrgenommen, welch wunderbare, wertvolle Geschöpfe Frauen sind!

Und während die drei Männer noch so verwundert waren, dass sie Frauen noch nie so bewusst wahrgenommen hatten, fügte die Stimme noch hinzu: »Und überlegt doch mal, ohne Frauen sterbt Ihr aus und genauso ohne Männer! Erkennt doch das Zusammenspiel und dass beide gleichermaßen wichtig sind! Das beide gleichwertig sind! Jeder ist gleich viel wert, jeder hat das Gleiche, die gleichen Rechte, verdient. Ein Mann ist ein Mann. Eine Frau eine Frau. Weder Mann noch Frau ist mehr oder weniger wert. Deswegen haben beide das Gleiche verdient.

Genauso ist es im Übrigen auch mit Menschen, die eine andere Hautfarbe haben oder mit Menschen, die aus einer anderen Kultur stammen ..., aber um jetzt nicht abzuschweifen, bitte ich Euch, Euch einmal vorzustellen, Ihr währt *jetzt*, in diesem Moment eine Frau! Vielleicht fällt Euch dann von selbst auf, dass Gleichberechtigung anders aussieht.

Es ist doch total verrückt, dass das selbe Geschöpf wie ihr Männer, Euer ›Gegenpol‹, aus Un-*bewusst*-heit so ungerecht behandelt wird und sich Viele dabei auch gar nichts mehr denken oder es ihnen gar nicht mehr auffällt. Es ist einfach selbstverständlich geworden: ›Das ist halt so, das war schon immer so ...!‹ Ihr seid Euch dessen leider gar nicht mehr bewusst! Es ist so schade! So traurig!«

Nach einer kurzen Pause riss die Stimme die drei Männer aus Ihren Gedanken: »Ich könnte Euch dazu noch sehr viel Beispiele geben, doch wir müssen weitermachen, sonst werden wir nicht fertig. Die Nächsten warten schon.« Die schwebenden Bilder der Frauen verschwanden nacheinander. Andreas, Rayhan und John sahen sich an und atmeten zeitgleich tief ein. Da verkündete die Stimme: »Doch jetzt fällt mir noch ein Beispiel ein, das ich Euch unbedingt noch erzählen muss! Eigentlich haben wir keine Zeit mehr dafür, wie Ihr auf der Erde immer sagt, doch das muss noch sein!« In dem Moment fiel der Stimme plötzlich ein: Stopp! – Es gibt doch gar keine Zeit! Es ist immer wieder unglaublich, wie sehr solche Geschichten selbst mich ›verwirren‹. Ja, ich weiß selbst sehr wohl, warum die lieben Menschen, sich so schnell ›selbst‹ verlieren ... und warum es keine Zeit gibt ..., doch das erzähle ich den Dreien jetzt lieber nicht, sonst kommen sie noch völlig durcheinander.

»Also«, fuhr die Stimme fort: »kennt Ihr das auch, dass gerade Frauen häufig sagen: ›Oh Gott, mein Mann darf gar nicht wissen, was das gekostet hat!‹? Ich frage Euch, ja warum denn nicht? Und wenn man die Frauen dann fragt, warum denn der Mann nicht wissen darf, was das gekostet hat, was sie sich Schönes gekauft haben, ob er sie denn dann etwa umbringt, antworten sie: ›Nein, das nicht, aber ...‹ ›Ja, was aber? Dreht er dann durch? Schimpft, tobt und schreit er dann?‹ ›Ja, das schon eher ...‹ sagen diese Frauen dann.

Kennt Ihr das auch? Das ist doch traurig, wenn eine Frau oder Partnerin so etwas sagen ›muss‹!? Und warum sagt sie so was? Weil sie Angst hat! Ja, Angst vor dem *eigenen* Mann. Nicht weil sie Angst hat, dass sie vielleicht Geld für etwas ausgibt, was vielleicht nicht so sinnvoll ist, sondern vor der Reaktion ihres Mannes. Wollen die Männer, die Partner das? Ich glaube nicht, dass das wirklich irgendein Mann möchte. Doch sie sind sich der Auswirkung Ihres Handelns einfach nicht bewusst. Doch bleiben wir bei dem ›scheinbaren‹ Grund warum sie Angst hat. Sie hat Angst, dass sie Geld ausgibt für etwas Unnötiges. So hat sie es von ihrem Mann oder auch schon ihren Eltern gelernt. Und deswegen ist sie ›artig‹ und will das befolgen, und er, ihr Mann, beurteilt, was zu teuer ist und was nicht. Er weiß, wann das Geld ›aus dem Fenster geworfen‹ ist und wann nicht. Aber ist das nicht verrückt? Woher weiß *er* denn das? Warum darf *er* allein, über die Frau hinweg, bestimmen, wofür man, wie viel Geld ausgibt? Ist ihm denn überhaupt bewusst, dass er so die Rechte seiner Frau unbewusst beschneidet?

Ja, vielleicht müsst Ihr Euer Geld gut einteilen oder auch mal etwas sparen ..., das ist auch völlig in Ordnung. Doch dass die Frau Angst haben muss, etwas zu kaufen, weil der Partner sonst schimpft, schreit oder durchdreht, ist doch furchtbar!? Das ist doch keine Liebe und Verständnis mehr, oder?

Stellt Euch vor, Ihr habt Angst, einem Menschen, der Euch liebt, zu sagen, wofür *Ihr* gerne Geld ausgegeben habt, und was *Euch* das wert war? – Wie fühlt Ihr Euch? Merkt Ihr etwas? – Was ist denn das!? – Doch so ist es: Sehr häufig bestimmt der Mann, was gekauft wird und was nicht, weil er allein das Geld verdient, oder? Und was macht die Frau den ganzen Tag? Nichts und wahrscheinlich nur Däumchen drehen, oder? Sonst würde sie ja Geld verdienen, oder? Habe ich recht? – Nein natürlich habe ich nicht recht! Doch so denken leider Viele. Doch selbst, wenn Eure Frau nicht auch noch arbeiten geht, dann putzt, saugt, kocht und wäscht sie und kümmert sich um die Kinder! Und das ist doch genauso Arbeit, meiner von mir gleichermaßen geliebten Frauen!? Dafür bekommen Frauen in Eurem Wirtschaftsleben Geld. Diese Tätigkeiten bekommen sie als Tagesmütter, Putz- und Reinigungskräfte bezahlt. Aber ihre Hausarbeit bekommen sie von keinem Arbeitgeber

entlohnt, da sie keinen Arbeitgeber haben. Doch der Geld verdienende Mann ist ihr ›Arbeitgeber‹ und somit der, der eigentlich ›sein‹ Geld selbstverständlich mit ihr immer fair teilen müsste. Denn ohne ihre Arbeit bleibt der Haushalt liegen. Und essen, waschen, putzen ... sind genauso lebensnotwendig, wie Geld zu verdienen. Ohne die Arbeit Eurer Frau zuhause könntet Ihr Männer doch gar nicht so viel arbeiten gehen? Und da die Hälfte des von Euch verdienten Geldes, nach Abzug der gemeinsamen Lebenskosten, der eigene ›Verdienst‹ Eurer Frau ist, also der Lohn für ihre Arbeit, solltet Ihr es Eurer Frau doch absolut frei überlassen, was sie sich Schönes dafür kauft!? Egal, was es kostet und völlig egal, für wie sinnlos Ihr das auch immer halten mögt, es ist doch ihre freie Entscheidung, wie viel es ihr wert ist!? Es ist doch *ihr* Geld! Zudem ist das nur eine Sache der Sichtweise des Betrachters und des Bedarfs. Denn, was für den einen wichtig und sinnvoll ist, muss für den anderen nicht auch so sein und umgekehrt genauso. Doch Ihr Männer solltet es schätzen, da Ihr Eure Frau doch auch schätzt! Ja, Ihr liebt sie, also schätzt sie doch bitte auch! Und somit solltet Ihr Euch doch freuen, wenn Eure Frau sich freut! Und sie darin unterstützen, das zu tun, was sie erfreut! Das, was ihr etwas wert ist! Das ist doch herrlich!

Doch so wie Ihr es oft unbewusst in Euren Beziehungen handhabt, ist es doch einfach nur schade!? Haben Eure Frauen denn ihre Rechte abgegeben? Habt Ihr Euren Frauen die Rechte genommen? Das Recht auf Gleichberechtigung? Das ist doch nicht gerecht, oder doch? Die Frau, die Partnerin soll gar nicht oder weniger arbeiten und bekommt dann aber kein oder nicht genau die gleiche Menge Geld wie der Mann und oder darf darüber nicht frei verfügen!? Warum tun Eure Frauen das? Warum tut Ihr Männer das? Das ist doch gemein. Das ist doch ...!

Ja, ja, ich sollte mich da nicht so aufregen, denn das ist Euch meist einfach nicht bewusst. Doch wenn ich so etwas sehe, dann ist das soooooooo schade! Also bitte werdet Euch mal bewusst, wie einseitig Ihr da denkt. Wie Ihr nicht zu Ende denkt. Entweder Ihr arbeitet beide gemeinsam in einen ›Topf‹, als Team sozusagen, oder jeder arbeitet für sich im Alleingang. Es ist doch viel leichter und schöner, wenn jeder seine Arbeit mit einbringt und seinen Beitrag für das GEMEINSAME

leistet. Und der, der als einziger Geld verdient, ›wirft‹ eben dieses Geld in den Topf. Davon wird dann das gemeinsame Leben bestritten und gelebt. Also jeder bekommt die gleiche Menge ›Taschengeld‹ aus dem Topf und jeder kann mit diesem Geld tun, was er will. So einfach und so fair könnte es sein. Das ist doch gar nicht so schwer?!

Leider gibt es auch noch Männer, deren Frauen ›froh‹ wären, wenn er ›nur‹ bestimmen würde, was gekauft wird. Denn manche Männer schlagen ›ihre‹ Frauen sogar. Und das ist so traurig. Kein Mensch verdient es, geschlagen zu werden. Und kein Mensch hat das Recht, jemanden zu schlagen! Niemals! Doch aus den Köpfen dieser Männer und Frauen ist dieses Verhaltensmuster nur sehr schwer herauszubekommen. Denn auch keine Frau müsste sich das gefallen lassen! *Jede* Frau ist doch eine tolle Frau! Und eine Frau ist doch das gleiche Wesen wie ein Mann, lediglich anatomisch etwas anders ausgestattet!? Auch die körperliche Kraft eines Mannes ist niemals dazu da, um einen Menschen zu ›unterdrücken‹! Ja, nicht einmal, um andere Männer zu unterdrücken, denn Ihr habt von mir alle einen ›Kopf‹ *mit* einem Gehirn bekommen, damit Ihr Konflikte gewaltlos lösen könnt! Denn Kampf, Gewalt und Krieg sind keine Lösung!

Manche von Euch lehren zu meiner Freude, die ›gewaltfreie Kommunikation‹, doch die meisten verwenden unbewusst oder bewusst, ›lieber‹ die ›kommunikationsfreie Gewalt!‹«, warf die Stimme ironisch kurz ein und fuhr dann wieder betont fort: »Doch alles, aber auch alles, ist über die Aussprache lösbar! Und wer dann trotzdem versucht, durch Schreien, Drohen oder körperliche Gewalt den Konflikt zu ›lösen‹, will keine wirkliche Lösung. Er ist zu schwach, um seine innere Spannung auszuhalten, die er spürt, weil er nicht ›sofort‹ recht bekommt. Und diesen Druck übersetzt er dann auf sein Gegenüber und versucht, diesen dann zu unterdrücken! Doch wie Ihr in den Beispielen vorhin bereits gesehen habt, ist Euer Gegenüber ebenso ›hartnäckig‹, weil auch er absolut von seiner Meinung überzeugt ist! Mit Gewalt könnt Ihr ihn zwar im Moment unterdrücken und ihn dazu bringen, dass er Euch ›zustimmt‹, weil er es muss, um nicht noch mehr Gewalt zu erleben, doch innerlich bleibt seine Meinung erhalten! Und da könnt Ihr tun,

was ihr wollt! Das Einzige, was wirklich Lösungen bringt, ist, wenn beide Parteien sich absolut unter Kontrolle halten und beide lediglich sachlich, ohne jegliche Emotionen, ihre Sicht und ihren Standpunkt erklären. Wenn beide dann etwas aufeinander zugehen, sind alle Probleme aus der Welt zu schaffen. Alles andere führt zu ›Unterdrückung‹!

Jeder Mann, der seine überlegene Körperlichkeit missbraucht, um einer Frau ›Herr‹ zu werden, sollte sich doch mal bitte in eine ihm unterlegene Frau versetzen, wie es sich anfühlt, unfrei sein zu müssen, da man sonst misshandelt wird. Ist das nicht unerträglich? Ist das nicht absolut schlimm und beängstigend? Seht Ihr Männer, wie ausweglos und ›eingesperrt‹ sich eine Frau da dann die ganze Zeit fühlt? Stellt Euch doch einfach mal vor, wie ein Anderer, eine *Euch* absolut übermächtige Person, im Alltag die ganze Zeit über, neben Euch ›steht‹ und Euch überwacht. Und sobald Ihr etwas macht, was ihr nicht passt, bedroht sie Euch, schreit Euch an oder schlägt Euch im schlimmsten Fall. Und zwar so lange, bis Ihr von Eurer Idee, Eurer Meinung und Euren Wünschen ablasst! Ist das nicht die Hölle!? Ist das nicht absolut grausam!? Ich sage Euch, das ist die Hölle! Und zwar für beide, denn auch der Mann fühlt sich nicht wirklich glücklich und geliebt. Auf Erden ist es für den Unterlegenen meist die größere Hölle. Doch am Ende seines Lebens ist es die Größere für den Unterdrücker! Er wird erkennen, was er getan hat und er wird sich wünschen, es nie getan zu haben. Denn dann wird er erkennen, was er da wirklich getan hat und warum er es getan hat. So wie Ihr drei Männer es nun auch schon mehrmals selbst erlebt habt.

Da bei Euch Gewalt und Unterdrückung so unbewusst im Alltag gelebt wird, und auch in Euren Medien so lapidar, ja zum Teil völlig normal, in vielen Filmen dargestellt wird, erkennt Ihr gar nicht mehr die tatsächliche seelische Grausamkeit, die bereits stattfindet, wenn Ihr auch nur die Erfüllung einfacher Bedürfnisse ›ergaunert‹. Durch die ›normale‹ Gewalt in Euren Filmen mit Mord und zahlreichen Toten und durch böse Worte, die dann schon wieder als ›cool‹ gelten, egal, ob von den ›Guten‹ oder von den ›Bösen‹ ausgesprochen, seid Ihr leider so abgestumpft, dass Ihr die alltägliche ›Unterdrückung‹ und Grausamkeit gegenüber Euren Mitmenschen als völlig normal anseht. So normal,

dass Ihr überhaupt nichts Falsches mehr darin erkennt. Ihr erkennt gar nicht mehr, wo Ihr tatsächlich schon verletzend und übergriffig handelt! Überlegt Euch bitte immer, wie fühlt sich gerade mein Gegenüber!

Wenn Ihr das beherzigt, ist wirklich viel gewonnen! Ihr werdet ein offener und fairer Mensch, ohne dass Ihr Euch sonst irgendetwas merken oder befolgen müsst! ›Seht‹ einfach den Anderen, versetzt Euch einfach ständig in Euer Gegenüber!

Leider jedoch ›übersehr‹ Ihr Euer Gegenüber sehr häufig. Eine häufige Ursache für das Übersehen Eures Gegenübers ist, dass ihr so ›erzogen‹ wurdet. Ja, Eure Eltern lebten es Euch unbewusst so vor, weil sie selbst Probleme hatten oder wiederum von ihren Eltern so ›erzogen‹ wurden. Und Ihr habt es Euch abgeschaut, oder wurdet dann eben so ›erzogen‹, da Ihr sonst nicht in ihr ›System‹ gepasst hättet. Kennt Ihr das, dass Ihr sagtet: ›Ich wollte nie so sein wie meine Mutter/mein Vater! Und jetzt sehe ich, dass ich doch in vielen Dingen genau so bin, ebenso handle!?‹ Ja, Ihr kennt das und es ist nicht einfach, es zu schaffen, nicht so zu sein. Erst wenn Ihr selbstkritischer und ›wacher‹ werdet, könnt Ihr den Anderen wirklich ›sehen‹!

Eine weitere häufige Ursache dafür, dass Ihr den Anderen ›übersehr‹, ist, dass Ihr ihn nicht versteht. Ja, Ihr hört zwar seine Worte und Ihr seid absolut überzeugt, zu wissen, was er sagt, doch er *meint* mit genau den selben Worten etwas völlig anderes! Doch da Ihr Euch nicht vorstellen, besser gesagt Ihr nicht denken könnt, dass es sein kann, dass er tatsächlich mit den selben Worten etwas völlig anderes ausdrücken kann, übersehr Ihr ihn, beziehungsweise das, was er Euch *wirklich* sagen wollte. Und dem Anderen geht es genauso. Auch er hört ›nur sich‹, weil er ebenfalls denkt, dass ihr genau so denkt und redet, wie er es tut! Ihr redet also alle ›chinesisch‹ miteinander und bemerkt es gar nicht! Ihr denkt, Ihr versteht Euch einander! Das ist alles! Doch so übersehr Ihr ständig den Anderen, ohne es überhaupt zu bemerken! Denn das, was jemand nicht für möglich hält, also nicht in seinem Repertoire an Gedanken zur Verfügung hat, kann er einfach nicht wissen und somit auch nicht denken!

Ich gebe dazu immer noch gerne folgendes Beispiel: Ihr habt vielleicht schon einmal von indigenen Völkern, wie beispielsweise den ›Yanomamis‹ oder ›Korubos‹, tief im Dschungel Südamerikas gehört, die nichts am Leibe tragen, außer einem Lendenschurz und in einfachen Hütten wohnen, die aus ein ›paar‹ Pfählen und einem Blätterdach bestehen. Die von der Jagd, vom Fischen und Sammeln von Früchte leben und die lange gar nicht wussten, dass es außerhalb Ihres Dschungels eine Zivilisation mit anderen Menschen, Autos und Technik, sogar mit bemannten Raketen, die den Weltraum erforschen, gibt.

Ich frage Euch, vermissen diese Menschen ein Handy, einen Fernseher oder einen Führerschein? – Nein, natürlich nicht, weil sie es einfach nicht kennen. Warum sollten Sie etwas vermissen, das sie nicht kennen? – Und so ergeht es auch Euch: Was ihr nicht kennt, könnt Ihr nicht denken und Ihr vermisst es auch nicht, denn Ihr wisst gar nicht, dass Euch diese Gedanken ›fehlen‹.

Ihr alle, habt so eine klare Vorstellung darüber, wie die Welt und das Leben funktionieren und wie nicht! Darüber, was richtig und was falsch ist! Aber, dass diese Eure Vorstellung, dieses klare ›Raster‹, nur Eure subjektive Sicht ist, ist Euch nicht bewusst! Ihr denkt, dass jeder so denkt und die Gedanken, die Ihr nicht gelernt habt, kennt Ihr nicht und könnt sie somit gar nicht denken und dadurch kommt es zum ›explosiven‹ Mix: Ihr seid der absoluten Überzeugung, dass Ihr den Anderen ganz genau versteht und Ihr ganz genau wisst, was der Andere meint! Ihr denkt, Ihr wisst ganz genau, was richtig und was falsch ist! ›Ihr wisst Bescheid!‹

Wenn nun jemand, einen für Euch völlig neuen Gedanken ausspricht, bemerkt Ihr das Neue daran gar nicht, da Ihr eben diesen neuen Gedanken nicht kennt! Und da Ihr nicht bemerkt, dass er neu ist, ordnet Ihr den Gedanken in Eure ›alten‹ ein. Ihr ›verbiegt‹ ihn unbewusst, passt ihn an Eure bisherigen Gedanken an und verändert so unbewusst die Bedeutung, da Ihr, aufgrund Eures Repertoires an Gedanken, denkt: ›So muss das gedacht sein! *Dies* bedeutet der Gedanke!‹

Und dann denkt Ihr zu 1000 Prozent, dass das die Bedeutung ist! Und Ihr sagt: ›Klar habe ich verstanden, was Du gesagt hast!‹

Ja, Ihr habt die Worte gehört, doch den ursprünglichen Sinn habt Ihr durch Euer ›begrenztes‹ Repertoire nicht verstanden! Ihr könnt Worte, Taten nicht anders denken, als es Euch Eure erlernten Gedanken ›erlauben‹. So wie Ihr es in Eurem Leben bisher gelernt habt, zu handeln, zu denken und zu beurteilen, *so* werdet ihr denken, handeln und beurteilen. Deswegen gibt es so viele verschiedene Kulturen und Vorstellungen, was ›richtig‹ ist und was ›falsch‹ ist, obwohl es sich von Kultur zu Kultur, von Mensch zu Mensch oft extrem widerspricht.

Versteht es ungefähr so, wie ein Schüler aus der 4. Klasse, der den Lehrstoff eines Schülers aus der 7. Klasse einfach nicht wirklich verstehen kann. Wenn er dem Schüler der 7. Klasse zuhört, wird er zwar denken, dass er einiges versteht, doch Vieles wird er falsch wahrnehmen, falsch verstehen. Denn er kann es nur im Rahmen seines begrenzten Wissens der 4. Klasse verstehen. Und, ohne es selbst zu bemerken, wird er es so seinem ›begrenzten‹ Wissen anpassen, es zu seinem Wissen ›einsortieren‹ und es somit unbewusst ›verbiegen‹, verändern!«

Andreas, John und Rayhan runzelten die Stirn. Man sah ihnen förmlich an, dass sie sehr angestrengt darüber nachdachten.

»Versteht Ihr das?«, fragte die Stimme, der natürlich nicht entgangen war, dass die drei Männer noch sehr intensiv mit ihren Gedanken beschäftigt waren. »Das ist nicht ganz einfach, zu verstehen, könnten wir da vielleicht noch ein Beispiel haben?«, antworteten die drei, wieder einmal zeitgleich. »Gerne!«, antwortete die Stimme erfreut, »Es erfüllt mich mit Stolz, dass Ihr das ganz genau verstehen wollt! Denn dies ist ein sehr wichtiger Punkt, mit dem sehr viel Leid verhindert werden könnte!«

»Hier also noch ein Beispiel dazu«, begann die Stimme im Plauderton zu erzählen. »In manchen Ländern Eurer Welt, werden Frauen zwangsverheiratet und wenn sie versuchen, sich dem zu widersetzen, sogar bestraft. Sie werden bestraft, wenn sie der Liebe folgen und einen Mann ihres Herzens heiraten wollen. Für die Menschen in diesen Ländern, in diesen Kulturen ist das einfach so und für sie ist das richtig, aber für die Menschen, die in anderen Ländern und Kulturen auf-

wachsen ist diese Regelung der Zwangsheirat und einer Bestrafung bei Zuwiderhandlung schlicht falsch. Für sie ist es völlig unverständlich, dass Menschen so handeln. Denn diese Menschen erleben, dass man sich völlig frei einen Partner suchen darf, allein aus Liebe. Und wenn diese Menschen, die ihren Partner frei wählen dürfen, den Menschen, für die die Zwangsheirat normal ist, sagen wollen, dass es falsch ist, jemanden mit Zwang zu verheiraten und sogar noch zu bestrafen, wenn er der Liebe folgt, dann verstehen diese Menschen dies leider nur sehr schwer oder gar nicht. Sie kennen es nicht anders, und es ist so sehr zum festen, wichtigen und richtigen Bestandteil ihrer funktionierenden Kultur geworden, dass es ihnen auch Angst macht, da etwas zu ändern. Genauso verhält es sich aber auch anders herum!

Ihr im Westen könnt es Euch gar nicht oder nur schwer vorstellen, Hundefleisch zu essen, oder könnt nicht verstehen, dass Schweinefleisch zu essen, eine Sünde sein soll. Ihr habt so selbstverständlich immer wieder Schweinefleisch verzehrt, dass es Euch völlig abstrakt vorkommt, wenn jemand da etwas Verwerfliches drin sehen mag.

Und genau so selbstverständlich, wie es für Euch ist, Schweinefleisch zu essen, so selbstverständlich ist für diese Menschen in solchen Kulturen die Zwangsheirat. Das klingt zwar sehr unglaublich, doch so ist es. Sie haben es nicht anders gelernt! Es ist für sie völlig ›normal‹.

(Fast) Kein Mensch kann genau so denken, wie der Mensch, der unter anderen allgemeingültigen Regeln aufgewachsen ist. Selbst wenn es für den Einen absolut logisch klingen mag, den Ehepartner frei wählen zu dürfen und dafür nicht bestraft zu werden, so ist es für den Anderen genauso logisch, den Partner kalkuliert auszuwählen, also sinnvoll zu planen. Da so zum Beispiel die Vermögensverhältnisse klar geregelt sind und der Ehepartner bereits gekannt wird, was ja auch gewisse Vorteile und somit seinen Sinn, hat. So, wie jedes System, jede Regel, die Ihr aufgestellt habt, irgendeinen Sinn hat, sonst gäbe es sie nicht oder es gäbe sie nicht mehr. Denn unnütze, überholte Regeln ›verschwinden‹ mit der Zeit von selbst oder werden von Euch aufgehoben oder angepasst. Welche eventuellen Nachteile eine Regel auch mit sich bringen kann, ist für den, der damit aufgewachsen ist, nur schwer erkennbar, weil die Regel ›Gesetz‹ ist. Egal, in welchem Land oder, in

welcher Kultur Ihr aufwachst, die Regeln Eurer Landsleute sind für Euch zunächst das Gesetz und völlig normal. Sie regeln das Miteinander und Ihr erlebt sie Tag für Tag. Somit sind diese Regeln der normale Alltag, also völlig normal und Ihr hinterfragt sie deswegen meist nicht. Sie geben Euch auch die Sicherheit, dass es *so* richtig sein muss: ›Denn wenn dies und jenes schon immer so geregelt war, und man es ja immer schon so machte, und alle es so machen, dann muss es doch okay sein.‹ Und meist kennt Ihr kaum Menschen, die anders leben, oder Ihr sagt Euch dann, die Anderen machen das ›falsch‹, da sie es nicht so machen wie wir, denn *wir* sind richtig, *wir* haben recht. Es ist völlig *normal,* was wir tun ...

Und *so* denken so ziemlich alle Menschen. Jeder meint: ›Das, was ich, was wir hier in unserem Land tun, *das* ist normal! Unsere Regeln sind richtig!‹.

Doch was ist denn wirklich ›normal‹, wenn *jeder* für sich beansprucht, normal zu sein?

Selbst wenn es für die Einen logisch klingen mag, den Ehepartner selbst bestimmen zu dürfen, ist es für die Anderen doch genauso logisch, den Partner kalkuliert auszuwählen, also sinnvoll zu planen.

Und genauso ist es, wenn ein Mensch während eines Krieges oder in der Zeit danach aufgewachsen ist. Dieser Mensch hat völlig andere Bedürfnisse und Ideen zum Überleben. Für ihn sind völlig andere Dinge ›normal‹, als für einen Menschen, der ohne Krieg, ohne Todesangst und Mangeldenken aufgewachsen ist. Die nachfolgende Generation wird ihn nie richtig verstehen können, nie die tiefere Bedeutung und die Motivation für seine Handlungen. Ebenso wird *er* wiederum die Denkweise und Handlungen der nachfolgenden Generation nicht wirklich verstehen. Was zum Beispiel für ihn selbstverständlich ist, hat für Euch eine andere Bedeutung und Wichtigkeit. Und was für Euch selbstverständlich ist, ist für Eure Eltern und Großeltern einfach nicht zu verstehen. Sie denken: ›So wie wir waren, war vieles richtig.‹ Und ja, einiges war für diese Zeit wirklich wichtig und sicherte das Überleben. Doch durch die veränderten Lebensbedingungen ist eben manches Verhalten nun nicht mehr sinnvoll und teilweise sogar hinderlich. Eure

Eltern und Großeltern können ihre Einstellung aber meist nicht mehr ändern, da sie nicht verstehen können, dass das, was sie denken ›mussten‹ und was normal war, nun nicht mehr normal ist.

Und wenn ein Mensch in einfacheren Verhältnissen aufwächst, kann er ebenfalls bestimmte Dinge einfach nicht nachvollziehen, denn er hat bestimmte Denkweisen, Verhaltensweisen, Regeln und Ausdrucksformen einfach gar nicht oder anders erfahren und *so* für sich als richtig abgespeichert. Für ihn ist die Welt *so*!

Jedes Kind lernt durch seine Familie und sein Umfeld eine ganz ›eigene Welt‹! Jeder Mensch lernt in seiner ›Welt‹ ganz individuell, was *wie* gesagt wird, was *wie* getan wird und was ›richtig‹ und was ›falsch‹ ist. Ein ganz einfaches Beispiel dazu ist: Wenn Eure Eltern an die Heilwirkung von Edelsteinen glauben, dann werdet Ihr ebenfalls daran glauben. Wenn sie so etwas als Einbildung abtun, werdet auch Ihr überzeugt sein, dass das nur eine Einbildung der Menschen ist. Natürlich kann jeder, wenn er älter wird, selbst entscheiden, was er glaubt, wie er denkt und wie er handelt, doch Ihr wurdet zunächst durch Eure Eltern und Eure Umwelt unbewusst geprägt und, ich sag es ganz vorsichtig, quasi ›programmiert‹. Und entsprechend diesem ›Programm‹ denkt und handelt Ihr. Dies geschieht so unbewusst, dass es Euch oft gar nicht auffällt.

Ebenso verhält sich das mit Euren Glaubensrichtungen. Diejenigen, die zum Beispiel von ihrer Familie sehr christlich erzogen werden und denen der mit einer Hölle verbundene Glaube vorgelebt wird, können es so gut wie gar nicht verstehen, dass Menschen einen anderen Glauben haben und es für sie einen anderen Gott gibt, keinen Gott gibt, oder vielleicht sogar mehrere Götter. Es ist für sie einfach unvorstellbar, da sie ihren Glauben als ›die einzige Wahrheit‹ erlernt haben. Und wenn *das* die Wahrheit ist, dann ist es doch nur mehr als verständlich, dass diese Menschen denken können, dass jeder andere Glaube falsch ist.

So ergeht es jedem Menschen in jedem Land und in jeder Kultur. Er erlebt ›seine Wahrheit‹. Er erhält durch seine Eltern und seiner Umwelt das ›Programm‹: DAS ist die Wahrheit, der einzig richtige Glaube!

Tja und was dann passiert, wenn Menschen mit unterschiedlichen ›Glaubensprogrammen‹ aufeinanderstoßen und wissen wollen, wer nun recht hat, erlebt Ihr doch tagtäglich. Da denkt dann jede Partei, dass SIE recht hat! Und das ist keinem zu verdenken! Deswegen kommt es dann zu Problemen und Gewalt.

Es ist wie bei Eurer Idee, dass IHR ›normal‹ seid. Jedes Land, jede Religion, ja jeder Mensch denkt, dass er normal ist, da er es so gelernt hat. Doch wer ist denn nun wirklich normal, wenn *alle* denken, dass sie normal sind? Welcher Glaube ist dann DIE Wahrheit?

Für jeden von Euch Menschen ist das, was er als Kind als ›normal‹ erlernt hat, normal. Für jeden von Euch Menschen ist die Religion, in die er hineingeboren wurde, normal, denn sonst wären Eure Eltern und Mitmenschen ja ›abnormal‹. Doch woher wollt Ihr eigentlich wissen, was normal ist, wenn Ihr zunächst gar nichts anderes kennt und erfahrt? Alles, was Ihr als Kind erlebt, ist ›normal‹ für Euch und dies gilt für jedes Kind auf Eurer Welt, egal, in welchem Land und egal, in welcher Kultur es aufwächst. Alle Kinder der Welt, *Ihr* alle, wachst unterschiedlich auf. Jedes Land, jede Kultur hat andere Regeln und Religionen und jedes Elternpaar wird seine Kinder ganz individuell lehren, was ›normal und richtig‹ ist und was nicht. Somit gibt es also zig Meinungen, welche Religion ›die Wahrheit‹ ist und hunderte, ja tausende, ja Milliarden Meinungen, was ›konventionell‹ ist! Und *alle* haben ›recht‹! Ja, alle! Denn für jeden ist das tatsächlich ›normal‹! Ja, er hat es so gelernt! Das, was der Einzelne als ›geläufig‹ lernt, ist für ihn dann normal.

Doch was ist denn dann wirklich normal? – Und ist es nicht wirklich ›normal‹, dass Ihr deswegen auf der Erde darüber so sehr diskutiert und Euch streitet, was ›normal‹ ist!? – Wer ›recht‹ hat!?

Ist es nicht einfach nur logisch, dass deswegen jede ›Partei‹ denkt, ›SIE habe recht!‹ Und absolut überzeugt davon ist, ›normal‹ und ›rich-

tig‹ zu sein, *ihre* Ansichten, *ihre* Regeln ... vertreten und verteidigen zu müssen?

Denn jeder verteidigt doch nur seine ›Wahrheit‹, ohne zu wissen, was *wirklich* ist! – Ist das nicht wirklich ›verrückt‹?!

Es ist so schade und sehr traurig, aber mehr als verständlich, dass es, wegen dieser ›normalen‹ Unbewusstheit fast aller Menschen, dann zu Problemen, Konflikten und oft auch leider sogar zu Gewalt kommt!

So wie Ihr drei es vorhin, anhand von ganz einfachen Situationen aus Eurem Leben selbst erfahren habt. Auch Ihr habt unbewusst Dinge getan, die ihr so nicht mehr tun würdet, stimmt's?« Andreas, Rayhan und John erinnerten sich nur ungern an diese Momente der Klarheit zurück. Andreas dachte an seinen Hochzeitstag, an dem er lieber ›James Bond‹ im Kino hatte sehen wollen. John erinnerte sich an seine unbewusste Rolle als ›Patriarch‹, der nie selber die Wäsche wusch und Rayhan hing in Gedanken an seiner Verblendung hinsichtlich der ›einzig wahren Religion‹ fest. Genauso, wie es die Stimme gerade erzählt hatte. Ja, so hatte er gedacht und jetzt, nachdem er den Ausführungen der Stimme gelauscht hatte, konnte er ihr Glauben schenken und er erkannte noch klarer, wie verfahren die Sache mit dem Glauben und der Religion wirklich war. Ja, wirklich jeder denkt, dass *seine* Religion DIE richtige ist! Denn so wird es einem beigebracht. Ja, so erlernt es jeder ›automatisch‹ durch seine Eltern, seine Gesellschaft, seine direkte Umwelt!

»Es freut mich, dass Ihr Euch noch so gut an Eure bis heute unbewussten Handlungen erinnern könnt. Dass Ihr wirklich erkannt habt, was da ›falsch‹, oder besser gesagt ›daneben‹ war«, unterbrach die Stimme die Gedanken der drei Männer. »Und noch mehr freut es mich, dass Ihr erkannt habt, *warum* es so weit kam! Dass ich Euch aufzeigen konnte, dass Ihr bestimmte ›Gedanken‹, Sichtweisen, und bestimmte Dinge gar nicht anders erleben und denken könnt. Ihr vieles überseht und so manches unbewusst an Eure aus der Kindheit ›programmierten‹ Gedanken anpasst.

Ich möchte Euch noch eine Geschichte erzählen, in der noch einmal klar wird, wie schade es ist, wenn durch eine ›begrenzte‹ Sichtweise Missverständnisse entstehen und Ihr einander einfach nicht versteht. Eine Person, nehmen wir einen Mann, hatte einen ›Seitensprung‹, also einen sexuellen Kontakt mit einer anderen Frau, trotz Beziehung. Er beichtet es seiner Partnerin und sie geraten in Streit.

Die Betrogene schreit Ihren Freund an: ›Wie willst Du das wieder gut machen!?‹ Darauf der Mann: ›Lass uns Essen gehen, damit ich Dir alles erklären kann.‹ Die Frau wiederholt nur schreiend: ›Wie willst Du das wieder gut machen!!?‹ Und der Mann erneut: ›Lass uns eine Auszeit nehmen und übers Wochenende wegfahren, um in Ruhe zu reden! Es tut mir so leid!‹ Die Frau schreit darauf nur noch wütender: ›Sag mir, wie willst Du das wieder gut machen!!!?‹ Darauf schreit nun auch der Mann: ›Was willst Du!!!!!? Ich sagte doch schon, wie ich es versuchen würde!!!!!!!!!! Lass uns eine Auszeit nehmen und wegfahren, um alles in Ruhe zu besprechen! Es tut mir so leid!!!! Lass uns Essen gehen, dann kann ich es Dir erklären!!!!!!!!‹ Die Frau beginnt, verzweifelt zu weinen und wiederholt nur immer wieder: ›Wie willst Du das wieder gut machen?!!!!!!!!!!!!!!!!!!!!!!!!!!!!!!!!!!!!!‹

Was soll das, fragt ihr Euch? Das fragt sich der Mann auch und aus *seiner* Sicht auch zurecht. Er hat seine Partnerin zutiefst verletzt, das steht außer Frage, doch er versteht leider immer ›nur‹ die Frage, *wie* er es wieder gut machen könne, also *was* er tun könne für seine Partnerin. Er bemüht sich sehr, auf die Frage einzugehen. Doch leider sieht er gar nicht, was seine Partnerin wirklich will! Was sie ihm in Wirklichkeit sagen will! Sie möchte ihm lediglich zu verstehen geben, dass sie erst mal total schockiert, absolut verzweifelt und hoffnungslos ist! Dass sie nicht weiß, wie es weiter gehen soll! Sie nicht mal weiß, ob er das überhaupt wieder gutmachen soll, ob sie überhaupt weiterhin mit ihm zusammen sein will, nach so einem großen Vertrauensbruch! Sie glaubt erst mal nicht, dass er das jemals irgendwie wieder gutmachen kann, da sie erst mal wissen muss, was sie will! Sie möchte noch lange nicht hören, wie ihr Partner das wieder gut machen kann! Sie würde am Liebsten erst mal hören: ›Schatz, ich weiß nicht, was in mich gefahren

ist ..., ich liebe Dich doch!!!! Ich liebe Dich!!!!! Ich liebe Dich!!!!! ...‹
Und dazu als Einsicht seines Fehlers, damit sie sieht, dass er sie respek-
tiert und jede ihrer Entscheidungen akzeptiert: ›Ich war dumm! Ich
bin schuld! ...‹ Und erst danach: ›Ich weiß es nicht, Schatz! Ich weiß
nicht, ob das überhaupt jemals wieder gutzumachen ist! Ich verstehe,
wie schlimm es für Dich ist und ich hoffe aus ganzem Herzen, dass ich
das wieder gutmachen kann ... Was brauchst Du jetzt? Darf ich Dich
halten? Es muss furchtbar für Dich sein ...‹ Sie bräuchte also erst mal
Verständnis für Ihre Verzweiflung, für ihren Schock, ihre Trauer. Ihre
›Welt ist zusammen gebrochen‹! Sie bräuchte liebevolle Distanz und
tiefe Reue! Sie will noch überhaupt nicht wissen, wie ihr Partner es
wieder gut machen kann. Sie hat lediglich aus Schock und Entsetzen,
keine Worte außer diesen.

Und die Frau bemerkt gar nicht, dass sie anders ›fragen‹ sollte.
Dass sie ihm schildern sollte, was das mit ihr macht, was sie fühlt und
denkt ..., damit ihr Mann sie verstehen kann. Ihr ist gar nicht bewusst,
dass ihr Mann tatsächlich anders denken kann als sie und sie, aufgrund
seiner erlernten Gedankenstruktur, gar nicht anders verstehen kann! –
Versteht Ihr das? Hier laufen in den beiden Köpfen, zu ein und dem
selben Thema zwei völlig verschiedenen ›Filme‹ ab! Verrückt, oder!?
Dennoch sind beide absolut überzeugt, das Beste, das Richtige zu denken und zu tun! Das ist wirklich traurig, das ist wirklich tragisch.

Aber so ist das bei Euch leider oftmals. Der Eine redet für den Anderen ›Chinesisch‹, ohne es zu bemerken, und der Andere redet für
den Einen ›Brasilianisch‹, ohne es zu bemerken. Und beide sind absolut
überzeugt, ›Deutsch‹ gesprochen und gehört zu haben!

Also behaltet Euch selbst immer vor, vielleicht trotz allem Bemühen, nicht das gehört zu haben, was Euer Gegenüber Euch eigentlich
sagen wollte! Obwohl Ihr diese Worte *so* gehört habt und nur so deu-
ten könnt!

Sprache ist wunderbar, doch Vorsicht, jeder Mensch spricht eine
ganz ›eigene Sprache‹! Auch wenn er Eure Sprache spricht!

Versucht, Euch immer in Euer Gegenüber hinein zu versetzen! Fragt
nach, was er Euch mit seinen Worten sagen möchte. Wiederholt seine

Worte, wie Ihr sie verstanden habt und fragt dann, ob dies wirklich der Sinn seiner Worte war. Antwortet erst *dann* auf seine Frage! Das verhindert schon sehr viel ›Chinesisch‹!

Schade ist nur, dass jeder von Euch eigentlich nur das Beste will! Ja, jeder versucht, im Rahmen seiner Möglichkeiten, nach bestem Wissen und Gewissen das Beste! Wie Ihr auf Erden immer sagt. Ich gehe sogar soweit und behaupte, dass im Grunde *keiner* irgendetwas mit Absicht tut! Weil ich weiß, dass es so ist! Selbst sehr schlimme, absichtliche Dinge haben eine Vorgeschichte ... Bitte denkt stets daran, dass Euer Gegenüber eine ganz andere ›Welt‹ erlebt hat und ein ›Motiv‹ für sein Denken und Handeln hat. Er hatte eine ganz individuelle Kindheit und was *er* alles in seinem Leben erlebt und erfahren hat, das ist für Euch nicht sichtbar. Ihr habt da einen sehr schönen Spruch dazu: ›Beurteile Dein Gegenüber erst, wenn Du mindestens sieben Meilen in dessen Schuhen gelaufen bist‹. Ja, erst danach werdet Ihr sehr viele seiner Verhaltensweisen und Denkstrukturen nachvollziehen können. Das ist so wichtig!

Ein Mensch, der Euch Gewalt androht, der Frauen schlägt ... hat bestimmte Dinge erlebt und es gibt immer einen Grund, warum er so geworden ist. Natürlich ist sein Verhalten nicht richtig, da andere wegen ihm leiden. Doch bitte versteht, auch er wurde nicht so geboren!

Und wichtig ist hier, auch noch zu sagen, dass es für den Einzelnen manchmal sogar ›richtig‹ hilfreich ist, etwas zu erleben, was ihn ›stört‹ oder gar ›unterdrückt‹, denn so kann er selber daran wachsen. Ihr könnt aneinander *wachsen*, versteht Ihr das? Das rechtfertigt natürlich keine Gewalt, doch Herausforderungen und Unangenehmes ›zwingen‹ Euch, zu lernen, zu ›wachsen‹. Um zum Beispiel auf einen anderen Weg zu gelangen, selbstbewusster oder mutiger zu werden, mehr Vertrauen zu entwickeln ...

Doch auch bei diesen Herausforderungen, diesen ›Wachstumschancen‹, übersehet Ihr leider sehr oft den Anderen und Ihr übersehet oft auch Eure Aufgabe, Eure ›Chance‹ dabei, da Ihr meist nur subjektiv seid. Ihr sagt absolut überzeugt: ›Der muss ...!‹ Und anstatt aneinander

zu wachsen, wachst ihr dann ›zusammen‹[1], wie Ihr das nennt, und bekämpft euch.

Tja, so ist es leider. Es ist nur sehr schade, so traurig, dass Ihr es nicht seht. Ihr seid manchmal so nah dran, etwas zu erkennen und aufzulösen und tut es dann doch nicht. Lasst Euch gesagt sein, *jede* Situation birgt ein großes Potenzial zum ›Wachstum‹ für beide Parteien, denn jeder lernt vom Anderen!

Zudem beurteilt und verurteilt Ihr, oft unbewusst, im Allgemeinen viel zu schnell, da Ihr gar nicht wisst, wie *sehr* Ihr Euch täuschen könnt, oder einfach nicht seht, was da *wirklich* ist. Mit Sicherheit würdet Ihr nicht einmal in Euren kühnsten Träumen darauf kommen, was Ihr da übersehst! – Glaubt Ihr mir das?«, fragte die Stimme liebevoll.

»Nun ja, ...«, sagte John, »ich glaube schon, dass man vieles übersehen kann, wie wir ja bereits selber gemerkt haben, doch dass es so unbewusst sein soll, dass wir nicht einmal in unseren ›kühnsten Träumen‹ darauf kommen sollen, glaube ich weniger oder besser gesagt gar nicht.« »Das sehen wir auch so!«, pflichteten Rayhan und Andreas ihm bei.

»Das dachte ich mir, und genau *so* denken viele Menschen, doch jetzt zeige ich Euch auf, dass es doch so ist«, erklärte die Stimme.

»Stellt Euch vor, Ihr steht in einem Edelsteingeschäft und beobachtet eine Mutter mit ihrem Sohn. Der Kleine möchte einen kleinen lilafarbenen Stein kaufen, zeigt ihn seiner Mutter und fragt: ›Kostet der 60 Cent, Mutti?‹ Sie antwortet: ›Ja, richtig Paul, 60 Cent.‹ Der Junge zählt sein Geld und sieht, dass er nur 50 Cent hat. Traurig sagt er dann zu seiner Mutter: ›Ich will den haben!?‹, doch die Mutter entgegnet nur: ›So viel Geld haben wir nicht dabei!‹ Der kleine sucht enttäuscht nach einem kleineren lilafarbenen Stein. Nach langem Suchen findet er einen kleineren Stein, geht freudestrahlend zur Mutter und zeigt ihn ihr erwartungsvoll: ›Und der?‹ ›55 Cent steht hier drauf, doch auch so viel haben wir nicht dabei!‹, antwortet die Mutter. ›Mutti, ich will den, der soll mir bei meinen Kopfschmerzen helfen! Bitte, ich will den haben! Bitteeeeee!‹

Die Mutter bleibt aber bei ihrer Meinung: ›Wir können den nicht kaufen soviel Geld haben wir nicht dabei.‹ Der Verkäufer, der das

Schauspiel mit angesehen hatte, dachte nur bei sich: ›Was für eine ›harte‹ Mutter, wegen Fünf Cent!? Das kann doch echt nicht sein!‹ Ihm tat der kleine Junge leid und er beugte sich zu ihm herab und sagte: ›Du, das passt schon, gib mir Deine 50 Cent, die Fünf Cent schenk ich Dir!‹ Der kleine strahlte über das ganze Gesicht, gab dem Verkäufer stolz die 50 Cent und nahm seinen Stein mit.

»So, nun sagt mir, ob das Eurer Meinung nach alles so richtig war«, warf die Stimme in den Raum. »Ja, der Verkäufer hat absolut richtig gehandelt«, rief Rayhan. »Genau, wegen 5 Cent wollte die Mutter den Stein nicht mitnehmen? Das ist ja wirklich lachhaft! – So eine ›Rabenmutter!‹«, fügte Andreas lauthals hinzu. »Ja, das sehe ich auch so, wenn der Kleine sich in dem Alter schon für so etwas interessiert, also sein Taschengeld für etwas Sinnvolles und nicht nur Süßkram ausgeben will, dann kann man doch nicht so herzlos sein! Ich finde, die Mutter sollte ihn unterstützen, das gibt es doch gar nicht! Das ist doch absolute Unterdrückung! Fünf Cent hat doch jeder noch in der Tasche! Und wenn man die nicht mehr hat, dann geht man doch nicht in ein Geschäft! Die hat den doch einfach eiskalt angelogen!«, warf John absolut sicher ein. »Ja, die hat den doch veräppelt, die wollte halt nur nichts kaufen!« riefen die beiden anderen noch hinterher.

»So, so, meine Lieben, Ihr seid Euch also absolut sicher, dass es so war, wie Ihr das seht, oder?«, hakte die Stimme noch einmal nach. »Ja, absolut sicher, das ist ja wirklich glasklar!«, waren sich die drei Männer einig. »Prima, dann zeige ich Euch nun, dass *Ihr* hier, den Anderen nicht wirklich ›gesehen‹ habt. Ihr habt Euch leider getäuscht!«, sagte die Stimme ganz sanft und liebevoll. »Waaas?!!! Wir sollen uns getäuscht haben? Im Leben nicht! Was haben wir denn nicht gesehen?! Das ist doch logisch, dass die Mutter die fünf Cent gehabt hätte und wenn nicht, dann geht man wirklich nicht einkaufen!«, waren sich die drei absolut einig.

»Und so ist es eben, Ihr denkt leider viel zu schnell, ›*wie* etwas ist‹, ›*warum* etwas ist‹, ›wie *Ihr* die Sache seht‹, doch Ihr seht so oft den Anderen nicht! – Und nun sage ich Euch, *was* Ihr nicht gesehen habt, was auch der Verkäufer nicht gesehen hat und ebenso wie Ihr, nicht sehen

konnte. »Ja, *da* sind wir jetzt aber absolut gespannt, was da für uns ›unsichtbar‹ gewesen sein soll! Das ist doch logisch und so eindeutig, was da falsch war von der Mutter!«, schimpften die drei zeitgleich und absolut überzeugt, dass es gar nicht anders sein könne. »Also, ich mache es kurz, meine Lieben, und ich finde es sehr schön, dass Ihr genauso denkt, wie viele an Eurer Stelle denken würden. In diesem Fall ging es um's Taschengeld!« »Wie, Taschengeld?«, riefen die drei Männer total verwundert. »Ja, Taschengeld!«, wiederholte die Stimme. »Anhand Eurer sehr verwunderten Reaktion sehe ich, dass Euch dieser Gedanke so fern war, dass Ihr nie darauf gekommen währt. – Es ging der Mutter nur darum, dass der Kleine lernt, mit seinem Taschengeld umzugehen! Er hatte sich in einem anderen Geschäft schon ein Spielzeug gekauft, das fast sein ganzes Taschengeld aufgebraucht hatte! Die Mutter hatte ihm da schon gesagt, er solle sich das gut überlegen und sein Geld einteilen. Sie hat ihm erklärt, dass fast sein ganzes Geld weg ist, wenn er sich das Spielzeug kauft und sie wollten ja noch in das Steingeschäft.

Absolute Stille herrschte. Die drei mussten die Geschichte erst einmal verdauen, um den absolut logischen Gedanken mit der »Taschengeldlehre« in ihre starre, vorgefertigte Meinung der »Rabenmutter« einzuarbeiten. Sie fanden es so unglaublich, wie sie sehr schnell geurteilt hatten und absolut überzeugt davon, dass sie recht hätten, doch absolut im Unrecht waren.

»Oh, Gott!!!«, rief John, »Wenn ich dabei gewesen wäre, hätte ich Trottel der Mutter auch noch ganz schön ›meine Meinung gegeigt‹ wie gemein sie ist!» »Ja, und ich Depp, hätte sie vielleicht sogar beschimpft«, warf Rayhan ein und Andreas stammelte, ganz schockiert über sich selbst: »Ja, und ich Idiot hätte sogar noch meinen Geldbeutel gezückt und dem Kleinen den Stein bezahlt und ihm noch etwas Geld zusätzlich gegeben! ... «

»Na, na meine Lieben!«, unterbrach die Stimme die drei aufgebrachten Männer: »Ja, Ihr hättet aus einer falschen Motivation gehandelt und dem Kleinen so seine Lernaufgabe zerstört, doch seid Ihr deswegen nicht gleich Idioten, Trottel oder Deppen. *Diejenigen*, die nicht einsehen wollen, dass es eben sehr oft sein kann, dass man ›verblendet‹

und meist unbewusst, oder durch die Begrenzung seiner eigenen Erfahrungen, sehr schnell subjektiv handelt, sind die ›wahren‹ Idioten, Deppen oder Trottel. Nein, derjenige, der etwas übersah, ist nicht der ›Trottel‹, er wollte es meist nicht! Er hätte anders gehandelt, wenn er es gesehen hätte. Und wenn er bereit ist, es in Zukunft besser zu machen, dann muss er sich selbst nicht mehr dafür bestrafen. Das Erkennen des Irrtums und die Bemühung, es in Zukunft besser zu machen, ist viel wichtiger, als sich selbst oder den Anderen zu beschimpfen. Macht es einfach ab sofort besser!«

Die drei Männer schüttelten, noch immer, fassungslos über ihren großen Irrtum, die Köpfe und die Stimme gab ihnen Zeit, diese Tatsache einzuordnen. Nach einer Weile ergriff sie wieder das Wort: »So, nun habt Ihr am eigenen Leib miterlebt, wie sicher man sich bei einer Sache sein kann und doch daneben liegt! So schnell kann es geschehen und Ihr würdet sogar Eure Hände dafür ins Feuer legen, dass ihr *recht* habt, oder? Und doch täuscht Ihr Euch!

Und *noch* schlimmer wird es, wenn sich beide Parteien nicht überzeugen lassen, auch die Gegenseite anzusehen und sich statt dessen nur auf *ihr* ›scheinbares‹ Recht berufen! Dann gibt es Kampf, Verletzung und Leid! Und das geschieht nicht nur im großen Stil mit Mord und Krieg ... nein, es geschieht auch im Kleinen, durch Zorn, Trennung oder Unterdrückung. Ja, derjenige, der sich absolut im Recht sieht und *seine* Sicht mit aller Gewalt durchkämpft, indem er den anderen unterdrückt oder verletzt, der ›ermordet‹ sein Gegenüber, wenn auch ›nur‹ geistig.

Auch wenn er ›nur‹ laut brüllt, aggressiv wird und droht, damit der andere sich unterordnet, oder der andere allein schon aus Angst und Einschüchterung, aufgrund früherer Streits oder heftigen Diskussionen, keine Einsprüche mehr anmeldet, er ›ermordet‹ so sein Gegenüber. Und er vergibt sich selbst die Chance, jemals die Wahrheit des Anderen zu ›sehen‹!

Und wenn sich keiner unterordnet, dann gibt es Krieg auf Eurer Welt! Entweder im großen Stil, wie bei Rayhan oder im ›kleinen‹, aber letztendlich dann doch sehr großen Stil im Alltag, da dies weltweit so

verbreitet ist! Dieser ›kleine‹ Stil, bei dem Menschen so Dinge sagen wie: ›Nie mehr!‹ oder ›Dem verzeihe ich das nie!‹ oder ›Wenn der nicht das tut oder einsieht, dann soll er ..., dann kann er mir ...!‹ So verhärten sich die ›Fronten‹, da sich jeder Einzelne im ›Recht‹ sieht!

So wie Ihr auch bereit gewesen währt, die Mutter zu verurteilen und Euch mit Euren Mitteln durchzusetzen. – Oder?«, fragte die Stimme leicht ironisch.

»Ja ..., äh, Du hast recht, wir hätten Partei ergriffen für den kleinen Jungen und ihm damit sogar eine förderliche Lernaufgabe genommen«, antworteten die drei kleinlaut im Chor. Denn sie waren noch leicht verärgert über sich selber und über ihre nicht im geringsten vermutete falsche Einschätzung des Sachverhaltes.

»Ihr seht schon«, fuhr die Stimme fort, »es gibt so viel unbewusste Verhaltensweisen, ›legale‹ und auch sogar illegale, die dazu führen, dass Unterdrückungen fast schon zu Eurem Alltag gehört. Ihr merkt es nur leider nicht.

Schon allein, wenn Ihr es geschickt arrangiert, dass Eure Sendungen im Fernseher öfters angesehen werden, als die Eures Partners ›unterdrückt‹ ihr diesen Menschen! Selbst wenn Eure Sendung Euch noch so brennend interessiert und immer zur gleichen Zeit kommt und Ihr deswegen nicht ›ausweichen‹ könnt, müsst Ihr eigentlich jedes mal Euren Mitmensch fragen, ob es wirklich okay für ihn ist, dass er auf seine Sendung verzichtet oder Euch abwechseln! Ja, genau genommen solltet Ihr Eure Mitmenschen sogar fragen, ob sie nicht lieber ganz was anderes mit Euch unternehmen wollen, zum Beispiel tanzen gehen, mit Freunden treffen ... Denn sonst ›unterdrückt‹ ihr den Anderen. Ihr ›drängt‹ dem Anderen so schnell, so unbewusst, Euren Willen auf, ohne dass Ihr es selbst bemerkt. Auch wenn Ihr etwas heimlich macht, unterdrückt Ihr den Anderen, denn er hat keine Chance, seine Meinung dazu zu äußern oder darauf zu reagieren.

Meint Ihr nicht auch, dass *jeder* das Recht hat, dass seine Bedürfnisse wahrgenommen und akzeptiert werden und jeder das Recht auf ein absolut freies Leben hat!?

»Ja, jeder!«, riefen die drei zeitgleich, »Absolut jeder!«

Das Wissen entfaltet sich weiter

»So ...,«, sprach die Stimme weiter, »dann ist jetzt die richtige Zeit, um zu unserem Symbol mit den Kreisen zurückkehren, damit Ihr noch besser versteht, warum *jeder* das Recht hat. Warum jeder das *gleiche* Recht hat.

Anfangs wolltet Ihr von mir wissen, warum alle Kreise gleich sind, denn dies hatte Rayhan vor seiner großen Erkenntnis über seine Taten gefragt. Ich denke durch diesen Exkurs über die verborgenen, alltäglichen ›Grausamkeiten‹ und Unterdrückungen von fast allen Menschen, habt Ihr vielleicht selbst schon eine Antwort darauf gefunden, oder?«, fragte die Stimme.

In diesem Moment erschien das Symbol mit den Kreisen im Raum erneut und alle drei Männer versuchten, nach den sehr aufwühlenden Erlebnissen über die alltäglichen Fehlverhalten, sich wieder auf das Symbol zu konzentrieren. Während sie es betrachteten, tauchten plötzlich wieder die Bilder der vielen glücklichen Menschen in ihren glücklichsten Momenten auf, die sie vor der ›Reise zu den Grausamkeiten des Lebens‹ in Filmen und Bildern gesehen hatten.

Nach genauerem Betrachten fiel ihnen auf, dass alle Personen auf den Bildern sich irgendwie sehr ähnlich waren, wenn sie lachten und Zufriedenheit ausstrahlten. Zwar sah jede Person völlig individuell aus, die eine groß, die andere klein, die eine etwas kräftiger, die andere eher schlanker, eine alt, die andere jung, mal männlich, mal weiblich, mit ganz unterschiedliche Haarfarben, verschiedene Hauttypen ..., doch trotzdem schienen irgendwie alle immer in gewissem Maße gleich. Die drei Männer wussten aus einem ›inneren Wissen‹ heraus, dass alle Menschen auf den Bildern etwas Gemeinsames hatten, doch ihr Verstand ›wehrte‹ sich, diese Gleichheit zu sehen. Ihr Gefühl ›zeigte‹ ihnen aber, dass alle auf eine Art sehr wohl gleich waren. Sie konnten sich diese Erkenntnis selbst nicht erklären, jedoch waren sich ihres Bauchgefühls, dass es so ist, sicher.

Und als alle drei, wieder gleichzeitig, die Hand erhoben, um dies als Antwort zu geben, sagte die Stimme: »Genau, so ist es! Ja, Ihr habt nun selbst erkannt, was *wirklich* ist! Ihr seid alle ›gleich‹! Jeder Kreis symbolisiert einen von Euch, jeder Kreis steht für einen Menschen. Die Kreise zeigen eindeutig, dass jeder Mensch gleich ist, oder anders gesagt, eine ›Gleichheit‹ in sich trägt, eine Art ›Kern‹, der bei jedem absolut identisch ist. Der sich nicht unterscheidet nach Geschlecht, Alter, Größe oder Aussehen, sondern der einfach *so* ist, wie er ist. Ein Kreis – einheitlich, im Durchmesser, absolut unveränderlich. Und egal, wie Ihr Euch äußerlich verändert, der Kreis – Euer Kern, bleibt davon unberührt. Deswegen sind auf diesem Symbol alle Kreise gleich groß, denn jeder ist in Wahrheit nicht anders als sein Gegenüber!

Selbst die Form oder Größe Eures Kreises kann durch nichts verändert werden, nicht einmal durch Euren ›Tod‹. Denn dieser Kreis ist *nie* geboren worden, und wird daher *niemals* sterben! Ihr werdet zwar als Mensch geboren und sterbt als Menschen eines Tages, doch nicht Euer Kreis, den Ihr in Euch tragt. – Versteht Ihr das? Die Kreise stehen auch noch für andere Dinge, doch dazu später mehr.«

Rayhan, John und Andreas schauten sich fragend an, doch die Stimme erklärte weiter: »Genau genommen tragt Ihr diesen Kreis eigent-

lich nicht *in* Euch, in Wahrheit seid Ihr dieser Kreis! – *Jeder* ist ein Kreis und Euer Leben ist einfach ›nur‹ ein Ausdruck dieses Kreises. Das heißt, aufgrund der genetischen Vorgabe, wie Eure Eltern aussehen und so weiter, ›erschaffen‹ sie einen menschlichen Körper für Euren Kreis, für Euch und dann ›lebt‹ Ihr Kreise in diesem Körper. Aber was noch viel interessanter ist – Ihr lebt immer, denn Ihr seid immer solch ein Kreis! Bereits vor der Geburt und auch weiterhin nach Eurem Tod, denn ›Leben und Tod‹ auf der Erde ist eine Art Illusion. Ihr vergesst, dass Ihr eigentlich ›Kreise‹ seid und glaubt immer mehr, dass Ihr der Körper seid.

Doch denkt immer daran, Ihr seid immer nur einer dieser wunderschönen vollkommenen Kreise, der sich *in* einem Körper befindet! Ihr seid niemals *der* Körper! Ihr fühlt und erlebt über den Körper ›die Welt‹, Ihr seht aus ›ihm heraus‹ die Welt, doch Ihr seid *niemals* der Körper! Ihr existiertet immer schon, ohne Körper, doch Ihr wolltet einen Körper.

Ein andermal erzähle ich Euch gerne mehr dazu, aber im Moment ist nur wichtig, dass Ihr versteht: Wenn Ihr aus Euren Augen schaut, also aus den Augen Eures Körpers heraus, Ihr nicht der Körper seid, sondern *in* diesem Körper seid. Ja, Ihr ›steckt‹ da drin und erlebt die Welt. Kennt Ihr den Spruch: ›Durch die Augen blickt man in die Seele eines Menschen‹? Dieser Spruch besagt genau dies. Es ist nicht so, wie es Euch gelehrt wurde, dass es da Euren Körper gibt, der Augen hat, und dahinter ein Gehirn sitzt und Ihr das Gehirn seid oder eben dieser perfekt organisierte menschliche Körper aus Fleisch und Blut. Nein, Ihr ›wohnt‹ nur in dieser Hülle und wenn man Euch in die Augen schaut, kann man ›Euch‹ – die Kreise – ›sehen‹. Natürlich kann man Euch nicht *so* sehen, wie Ihr auf der Erde sehen könnt, mit den Augen, aber man kann Euch spüren und fühlen. Ja, man kann Euch ›hellseherisch‹ wahrnehmen und Ihr kennt das bestimmt, wenn Euch jemand direkt in die Augen schaut. Den Meisten von Euch, ist das eher unangenehm, Ihr fühlt Euch dann, als wärt Ihr ›nackt‹. Ja, denn so ›erhascht‹ man einen Blick auf ›Euch‹. Auf Euch, den Kreis, oder die Seele, wie Ihr es ausdrückt.

Ja, die Kreise sind die Seelen, also Ihr alle und jede Seele ist eben

absolut gleich. Lediglich der Ausdruck der Seele in der Welt ist absolut
individuell.

Die drei Männer waren zunächst sehr verwirrt. Das klang alles sehr
außergewöhnlich, ja total ›abgefahren‹, wie sie sich alle drei zeitgleich
dachten, doch irgendwie ›fühlte‹ es sich zweifellos richtig an. Zunächst
hatte es ihnen eher irgendwie ›Angst‹ gemacht, es war ihnen, als ob
man sich ›auflöste‹ und als Mensch ›verschwand‹, wenn man ›nur‹ ein
Kreis in einem menschlichen Körper ist. Doch als sie diese Angst, die
aus dem Verstand kam, losließen und mehr ihrem ›Gefühl‹, dem ›inneren Wissen‹, vertrauten, empfanden sie eine Art innere Freude und
Zufriedenheit. Ein schönes, absolut friedliches Gefühl. Als ob sie alles
loslassen würden. Allen Kummer, alle Sorgen, einfach alles loslassen
und vergessen könnten. Es war alles einfach irgendwie okay! Alles war
einfach nur irgendwie gut und einfach nur wunderschön! Ja, alles war
gut, so wie es war – egal, wie es war.

»Ja, bleibt in diesem Gefühl!«, ermunterte die Stimme die drei
Männer: »Schließt bitte die Augen, lasst einmal all Eure Gedanken los
und bleibt einfach nur bei diesem schönen Gefühl, dass Ihr nur dieser
Kreis seid, dieses ›Etwas‹, was einfach nur Euch ausmacht. Etwas, das
einfach nur da ist. Keine Angst vor dem, was sich ›komischerweise‹,
wie Ihr es nennt, gut anfühlt, obwohl Ihr eigentlich alles loslasst, alles
vergessen könnt. Ihr Euch nicht mehr mit dem Körper identifiziert,
auch nicht mit dem, was Ihr auf der Erde Tag für Tag getan und gedacht habt, sondern nurmehr *Euch selbst* in dem Körper wahrnehmt.
Ihr Euch als das wahrnehmt, das in Euch steckt. Als das, was da einfach
nur aus dem Körper heraus die Welt anschaut.

Fühlt einmal hin, was da völlig ›entblößt‹, einfach nur in Euch ist
und mehr und mehr werdet Ihr spüren, wie Ihr diesen Körper ›vergesst‹. Ja, je mehr Ihr Euch auf diesen Teil konzentriert, der Ihr seid,
der da ›herausschaut‹, desto unwichtiger wird der Körper, in dem Ihr
steckt. Mehr und mehr verliert er seine ›Wichtigkeit‹ und mehr und
mehr könnt Ihr ihn ›vergessen‹ und ›loslassen‹ und mehr und mehr
›werdet‹ Ihr nur zu diesem wunderschönen, strahlenden Kreis! Nur

weiter und Ihr werdet sehen, wie unbeschreiblich gut sich das anfühlt, einfach nur ein solcher Kreis zu sein! – Ohne irgendetwas tun oder denken zu müssen. Alles loslassen, nichts mehr ›festhalten‹, einfach nur der Kreis sein! – Einfach nur SEIN.«

Eine allgegenwärtige, friedliche Stille war ›im Raum‹ eingekehrt. Die drei Männer standen mit geschlossenen Augen, absolut regungslos, da und hatten ein leichtes Lächeln im Gesicht. Sie hatten das Gefühl, die Zeit wäre stehen geblieben und es gäbe gerade absolut nichts, das sie jetzt tun müssten – nichts! Einfach nichts müssen, einfach nur sein. Es war ein unbeschreiblich freudiger und harmonischer Moment, der endlos erschien. Die Stimme lächelte und war sehr, sehr zufrieden. So hatten zumindest alle drei Männer gerade das ›Gefühl‹.

Nach einiger Zeit, die Rayhan, John und Andreas weder spüren konnten, noch ein Gefühl dafür hatten, die ihnen wie eine nie mehr endende, unbeschreibliche Ewigkeit vorkam, hörten sie, wie die Stimme leise zu ihnen sprach: »Nun, Ihr Lieben, bleibt bitte in diesem Gefühl«, und sie fragte weiter: »Spürt Ihr nun EUCH selbst? Spürt Ihr, was Ihr *seid*? - Denn das, was Ihr jetzt spürt, das ist, was Ihr seid und das seid nicht nur Ihr drei, sondern jeder von Euch Menschen!«

Rayhan, John und Andreas antworteten gemeinsam mit geschlossenen Augen: »Ja, wir *wissen* nun nicht nur, warum alle Kreise gleich sind, sondern wir spüren es jetzt! Wir alle sind gleich. *Keiner* ist mehr oder weniger. Jeder ist ein wunderschöner Kreis!«

Alle Kreise über-
schneiden sich

Die Stimme war voller Freude und sagte innerlich zu sich: Ich
wusste, dass sie sich wieder daran erinnern werden! Dann verkündete sie: »Jetzt zeige ich Euch noch, warum sich die Kreise in dem
Symbol alle überschneiden. Lasst dazu bitte die Augen geschlossen und
stellt Euch im Kreis auf. Umarmt euch bitte gegenseitig, so wie Ihr
Menschen es zum Beispiel macht, um Euch vor einem Footballspiel
gegenseitig einzuschwören.«

Die drei Männer taten, um was die Stimme gebeten hatte, stell-
ten sich einander gegenüber, und als sie sich umarmten, spürten alle
drei, wie eine Art ›Energie‹ durch sie hindurch floss, und sie fühlten
sich noch großartiger! Es war so, als ob die Energie ständig vom einen
Nachbarn kam, durch sie hindurch und dann wieder zum anderen weiter floss. Unaufhörlich – wie in einem Kreislauf und es war fantastisch!
So schön und gleichzeitig so unglaublich intensiv, so unbeschreiblich
großartig, fast nicht auszuhalten, und den dreien zog es sprichwörtlich
den Boden unter den Füßen weg!

»So, und nun öffnet bitte Eure Umarmung«, forderte die Stimme die drei auf, »behaltet aber dabei Eure Arme in der gleichen Haltung und geht dann bitte fünf Schritte zurück.«

Rayhan, John und Andreas taten, was die Stimme gesagt hatte und als sie in der neuen Position standen, bei der sie sich nicht mehr gegenseitig berührten, fiel ihnen auf, dass dieses schöne Gefühl der Energie trotzdem blieb! Ja, die Energie floss ungehindert von einem zum Nächsten und immer weiter im Kreis!

»Spürt Ihr die Energie?«, fragte die Stimme nach, obwohl sie genau wusste, was die drei fühlten. »So, und nun behaltet bitte weiterhin die Arme in dieser Haltung und geht bitte noch einmal fünf Schritte zurück«, bat die Stimme erneut.

Rayhan, John und Andreas taten wieder, was die Stimme verlangt hatte und auch nun, noch weiter voneinander entfernt, spürten sie weiterhin dieses schöne Gefühl der Energie! Auch, ohne dass sie sich berührten, floss die Energie trotzdem ungehindert weiter von einem zu anderen, im Kreis!

»Und jetzt könnt Ihr Eure Arme langsam an Euren Körper legen«, sagte die Stimme. Auch als die drei Männer dies getan hatten, veränderte sich nichts an dem Energiefluss unter ihnen. Ja, selbst in dem nun deutlichen Abstand voneinander und ohne die erhobenen Arme floss die Energie weiter ungehindert im Kreis durch die drei Männer!

»Und jetzt öffnet langsam die Augen und versucht weiterhin, nichts zu denken, versucht einfach nur, zu ›sein‹!« Rayhan, John und Andreas öffneten langsam die Augen und spürten weiterhin, wie die wunderbare Energie ungetrübt durch sie floss.

»Das ist ja unglaublich!«, riefen alle drei absolut begeistert und wieder einmal zeitgleich. Doch im gleichen Augenblick, als die drei das Wort ergriffen, war die Energie weg! »Oh, schade .... Warum? Was ist passiert?!«, fragten sie überrascht.

»Nun, Ihr habt gerade erfahren und selbst erlebt, dass der Energiefluss unabhängig davon ist, wie weit Ihr voneinander entfernt seid. Entfernung ist kein Hindernis für die Energie! Die Überschneidung der

Kreise, die ›Verbundenheit‹, wie sie im Symbol dargestellt ist, ist also immer gegeben. Lediglich spürt Ihr sie meistens nicht.

Ihr spürt sie deshalb nicht, weil *Ihr* es für unmöglich haltet und somit unbewusst ausblendet. Ja, *Ihr* glaubt es nicht, und dadurch ist der Verstand somit der Pol, auf den Ihr Euch mehr ausrichtet, anstatt auf das ›Herz‹, und schon ›spürt‹ Ihr dadurch die Energie nicht mehr. Ihr könntet die Energie eigentlich noch sehen, da dass Euer ›Kopf‹, Euer Verstand noch zulassen würde, doch auch hier denkt Ihr: Energie kann man nicht sehen, und schon blockiert Ihr ›Euch‹ selbst. Ja, *Ihr* blockiert Euer Selbst. Denn Euer Selbst, der Kreis, weiß von der Existenz der immer gegenwärtigen Energie, und spürt sie jeden Moment. Aber Ihr seid selten im ›Herzen‹, im wahren Gefühl, und somit schneidet Ihr Euch selbst, von ›Euch ‹, von Eurem inneren Selbst und allen anderen und allem ab. Und so spürt Ihr weder, noch seht Ihr diese immer fließende Energie der Verbundenheit aller Kreise, aller Menschen. Diese Energie, diese Verbundenheit ist immer vorhanden! Lediglich Ihr selbst ›entscheidet‹, ob Ihr sie spürt oder nicht. Ob Ihr Euch ›verbindet‹ oder Euch selbst davon ›trennt‹!

Doch das ›Verrückte‹ ist, Ihr könnt Euch gar nicht wirklich von dieser Energie, die Euch mit allen anderen verbindet ›abschneiden‹! Ihr könnt Euch nie davon trennen! Denn Ihr seid ja immer das *Selbst*, also diese ›Kreise‹ und die sind immer in Verbindung zu allen anderen, wie Ihr ja nun von dem Symbol her wisst. Ihr *denkt* lediglich, dass Ihr getrennt seid, und durch diese ›trennenden‹ Gedanken spürt Ihr die Verbundenheit nicht mehr.

Und so *denkt* Ihr auch, dass das, was Ihr tut keinen Einfluss auf die Anderen hat, doch alles hat einen Einfluss! Ihr blendet es nur aus oder bezeichnet es als ›Zufall‹, Schicksal, Glück oder Pech ..., aber Ihr habt es schon so oft erlebt, dass Ihr ›manchmal‹ Dinge ›anziehen‹ könnt. Dass heißt, Ihr denkt an eine bestimmte Person und diese Person ruft Euch dann bald darauf an oder taucht sogar die nächsten 24 Stunden auf, oder Ihr habt eine Art ›Ahnung‹, ein ›Bauchgefühl‹ bei etwas. All das ist Eure Verbundenheit! Das ist die Verbundenheit Eures Selbst, das alles weiß, weil es *immer* und *ständig* mit *jedem* und *allem* verbunden

ist und Ihr deswegen nicht erst hellsehen können müsst, wie Ihr das nennt, sondern nur auf ›Euch‹, auf Euer Herz, einfach nur auf Euch ›selbst‹ hören müsst! Ihr müsst einfach nur Euch *selbst* ›zuhören‹, denn Ihr könnt alle ›hellsehen‹, weil *Ihr* alle miteinander verbunden seid!

Die drei Männer ließen dies tief auf sich wirken und nach einer Weile fragte Rayhan: »Liebe Stimme, Du sagtest gerade mehrmals, alles sei mit allem verbunden, aber wieso mit ›allem‹? Das wir ›alle‹ miteinander verbunden sind, verstehe ich nun, ich habe es gerade selbst sehr, sehr eindrücklich erlebt, dennoch verstehe ich nicht, wie *jeder* mit *allem* ›verbunden‹ sein soll – dann bin ich ja auch mit einem Baum oder einem Tier verbunden? Das verstehe ich nicht.«

»Das ist eine sehr gute Frage, Rayhan!«, rief die Stimme, voller Begeisterung darüber, dass die drei Männer ihr so aufmerksam folgten und Rayhan diese Frage gestellt hatte, und antwortete: »Also, dass Ihr *alle* miteinander ›verbunden‹ seid, wisst Ihr nun und habt Ihr ja gerade selbst in der ganzen Tiefe erlebt, doch so wie dieses Symbol versinnbildlicht dass *jeder*, als Kreis, mit jedem Anderen verbunden ist, so zeigt es gleichzeitig auch das ›*Alles mit Allem*‹ verbunden ist. Denn *alles* in Eurem Leben ist ebenso solch ein Kreis! Für jede Pflanze, jedes Tier, jeden Gegenstand – ja, sogar für jedes Atom steht symbolisch solch ein Kreis! Somit ist *Jeder und Alles* miteinander verbunden! Jeder Kreis ist ein Teil des ganzen Symbols! Jeder Kreis ist ein Teil des Ganzen! Aus diesem Grund ist *Jeder* und *Alles* ein Teil des Ganzen und somit ist auch *Jeder* und *Alles* genauso wichtig für das Ganze!«

Die Stimme legte eine kurze Pause ein und sprach dann voller Begeisterung weiter: »Dass Ihr alle mit allem verbunden seid, habt Ihr, wie ich schon erwähnte, selbst schon oft genug erlebt, ohne dass es Euch wirklich bewusst war! Ja, Ihr erlebt es jeden Tag, zum Beispiel wenn im Supermarkt keine zweite Kasse zum Kassieren geöffnet wird, obwohl Ihr es doch gerade heute so eilig habt, oder Euer Vordermann genau jetzt meint, sein ganzes Kleingeld der Kassiererin vermachen zu wollen. Dann ist für Euch meist der Vordermann einfach nur ein ›Idiot‹, und alles absolut ungelegen und nur ein blöder Zufall! Aber warum nennt

Ihr das denn Zufall? – Warum ›zu‹ und ›fallen‹? Es ›fällt‹ Euch also etwas ›zu‹, oder? – Und warum gerade in dem Moment, wo Ihr dies doch gerade wirklich nicht brauchen könnt!? – Doch könnt Ihr es nicht gerade in dem Moment doch am besten gebrauchen? Wenn Ihr es schon eilig habt, dann ist das doch das Beste, was Euch passieren kann, nämlich dass man Euch ›ausbremst‹! Denn Ihr seid in Eile und somit sehr stark gefährdet! Denn in der Hektik passieren Euch oft die meisten Fehler und oft sogar Unfälle und so erlernt Ihr doch auch am besten die Auswirkung Eures Tuns und Denkens! Merkt Ihr denn gar nicht, dass sich in solchen Momenten nur noch ›negative‹ Dinge aneinanderreihen!? Wenn Ihr Stress habt, erschafft Ihr Stress! Noch mehr Stress! Und wenn Ihr dann wütend über Euch und womöglich auf den Rest der Welt seid und einem ›Fahranfänger‹ begegnet, was in dem Moment ›komischerweise‹ fast jeder Verkehrsteilnehmer um Euch herum zu sein scheint, dann kommen die Euch doch jetzt alle gerade recht! Denn die erlauben Euch dann, Eure Wut, über Eure falsche Zeiteinteilung, Eure Fehlplanung ..., zu verbergen und an all den anderen auszuleben! Ihr beschimpft dann die ganzen ›Fahranfänger‹ und innerlich denkt Ihr: Ja, *der* kommt mir gerade recht!

Den ›Zufall‹ gibt es auch im ›Positiven‹ und auch das habt Ihr ebenfalls schon mehr als einmal erlebt. Wenn Ihr zum Beispiel positiv gestimmt, zufrieden und völlig entspannt auf der Suche nach einem Parkplatz seid, dann fährt genau in dem Moment einer vor Euch aus dem Parkplatz heraus. Oft ist es sogar noch ein Parkplatz, der eigentlich fast unmöglich zu bekommen ist, da er viel zu nah und optimal am Ziel liegt. Womöglich ist gerade auch noch so viel Verkehr, dass es eigentlich unwahrscheinlich ist, dass Ihr da, direkt vor der Türe, parken könnt! Doch durch Zu-fall, wie Ihr zu sagen pflegt, ist solch ein Parkplatz dann doch frei!

Weiter gut gelaunt geht Ihr dann voller Freude und ohne jegliche Erwartung in ein Geschäft, in das Ihr eigentlich nicht reingehen wolltet, da Ihr dachtet: Ich suche eigentlich nichts, aber mal sehen, was die so haben! Und prompt findet Ihr dann zig Dinge durch ›Zufall‹ genau in dem Laden. – Und sogar genau das, was Ihr schon so lange gesucht hattet. Ohne Erwartungen, ohne wirklich zu suchen! Zu-fall?

Ein weiteres Beispiel für Eure ›Zufälle‹ ist, wenn Ihr schon längere Zeit auf der Suche nach Informationen über eine bestimmte Sache oder auf der Suche nach einem bestimmten Artikel seid und Ihr erfahrt nirgendwo etwas darüber. Keiner kann Euch weiterhelfen, nicht einmal im Fachgeschäft oder sonst wo. Dann ›gebt‹ Ihr auf und lasst die Suche los, schaltet den Fernseher ein, und siehe da – durch ›Zufall‹ erzählt genau in dem Moment jemand etwas über das, was Ihr wissen wolltet!

Das, was Ihr gesucht, aber nirgendwo gefunden habt und vielleicht sogar noch in einer Sendung, in der es eigentlich gar nicht um diese Sache geht, Ihr also nicht einmal gezielt diese Sendung hättet einschalten können, da Ihr ja gar nicht gewusst hättet, dass diese Information für Euch dort auftauchen wird.

Oder Ihr trefft in der Stadt einen alten Schulfreund und kommt ins Gespräch und wie durch ›Zufall‹ kommt Ihr auf dieses Thema und er kennt sich sogar sehr gut damit aus und weiß alles, was Ihr wissen wolltet!

Das sind keine ›Zufälle‹, wie Ihr das nennt, sondern ›Fügungen‹! Das ist Eure Verbundenheit mit jedem und allem! Die Welt reagiert ständig auf jeden von Euch und alles, was Ihr denkt und tut, erschafft ›automatisch‹ die Dinge dazu, die damit in Resonanz[2] stehen. Wenn Ihr angespannt sucht, könnt Ihr nur all das anziehen, was mit Suchen zu tun hat. Erst wenn Ihr aufhört, ›verkrampft‹ zu suchen, es loslasst und denkt, ich werde das schon mal finden, dann kann es gefunden werden! Dann kann die Lösung *Euch* finden! Dann kann Euch die Lösung ›ein-fallen‹ – *in* Euch (ein)-fallen. Erst dann, wenn Ihr ›leer‹ genug seid für eine ›neue‹ Lösung, für einen ›anderen‹ Lösungsweg ist genug Raum für den Ein-Fall der Lösung.

Ihr könnt es mit einer vollen Tasse Tee vergleichen: Erst wen Ihr sie geleert habt, könnt Ihr sie neu befüllen! So lange Ihr Eure ›Tasse‹ aber mit ›alten‹ Gedanken und immer wiederkehrenden, kreisenden, für Euch vorstellbaren, Lösungsversuchen blockiert, kann nichts ›Neues‹, nichts für Euch Unvorstellbares in sie ›hineinfallen‹. Lösungen, die für Euch unvorstellbar sind, könnt Ihr nicht denken und deswegen auch

nicht finden! Erst wenn Ihr ›leer‹ seid, wirklich offen für alles, kann Euch die ›undenkbare‹ Lösung finden!

Viele kreative Köpfe und Erfinder können Euch das bestätigen! Die Lösung, die Idee findet sich ›plötzlich‹ dann, wenn Ihr Euch nicht mehr den Kopf darüber ›zerbrecht‹ und das Thema erst einmal ›losgelassen‹ habt. Beispielsweise am nächsten Morgen, wenn Ihr ›über die Sache erst einmal geschlafen habt‹, wie Ihr das ganz richtig bezeichnet. Oder auf Eurem ›stillen Örtchen‹, wo Ihr eben nicht mehr an die Frage denkt.

Wenn Ihr aufgehört habt, zu suchen, dann ist die Lösung plötzlich da! Natürlich findet auch der, der lange oder ›verbissen‹ sucht, etwas, doch wenn er sich entspannt treiben und den Weg zum Ziel ›offen‹ lässt, sich etwas Zeit nimmt, dann kann die beste Lösung in ›ihn‹ ›hineinfallen‹, ›ein-fallen‹ oder ihm ›zu-fallen‹. Denn in Wahrheit findet Ihr erst dann etwas, oder die beste Lösung, wenn Ihr ›losgelassen‹ habt, davon abgelassen habt, es unbedingt finden zu wollen! Erst dann kann es *Euch* finden! Je schneller der Suchende ›aus dem Weg geht‹, desto schneller kann ihn *seine* Antwort finden! ›Der Mensch denkt, Gott lenkt!‹, beschreibt Ihr es selbst sehr passend.

Doch da Ihr Menschen denkt, dass es keine ›Fügungen‹ gibt, sondern nur Einfälle und Zufälle, erkennt Ihr den Zusammenhang nicht. Und weil die ›Reaktion‹, der sogenannte ›Zufall‹, nicht immer sofort erfolgt, sondern zeitverzögert, erkennt Ihr diesen Zusammenhang noch viel weniger. Es braucht seine Zeit und manchmal sogar etwas mehr Zeit, bis sich alles so ordnet, dass es dann zusammen passt und somit die Fügung eintreten kann. Denn jeder von Euch agiert ständig und setzt so auch ständig ›Aktionen‹ in Bewegung und was meint Ihr, was das für ein riesiger ›Wirrwarr‹, für ein unvorstellbar großes verworrenes Geflecht aus Aktionen und Reaktionen ist, die alle erst zueinander ›finden‹ müssen. Meist habt Ihr Eure Aktion schon längst vergessen und könnt dann diese ›verspätete‹ Reaktion somit keiner Eurer momentanen Aktionen mehr zuordnen, deshalb denkt Ihr dann: Diese Reaktion, ›diese Zustellung‹ habe ich nicht bestellt. Das ist reiner Zufall!

Doch glaubt mir, *alles* hat seinen Grund, *keine* Reaktion ist reiner Zufall, sondern stets die Antwort auf eine Aktion und keine geht jemals ›verloren‹ – Jede Aktion verursacht eine Reaktion! Auf jeden ›Wunsch‹

folgt die ›Zustellung‹, der Zu-fall. Jedem Wunsch, ›fällt‹ das Passende, die Reaktion, ›zu‹. Es ›fügt‹ sich zusammen, es folgt die passende Reaktion auf die ausgeführte Aktion.

Jede Tätigkeit und *jeder* Gedanke ist eine Aktion und da Ihr jeden Moment etwas denkt und immer etwas tut, ›sendet‹, Ihr unbewusst ständig ›Aktionssignale‹ aus! Ja, und jede Aktion ›bestellt‹ eine Reaktion! Ständig denkt, und ›bestellt‹ Ihr und somit wird auch eine gerade erst getätigte ›Bestellung‹, durch den nachfolgenden, eventuell sogar gegenteiligen Gedanken, sofort wieder verändert oder abgeschwächt, also verzögert, oder sogar aufgehoben. Und wenn der gegenteilige Gedanke stärker war, intensiver war, sogar ins Gegenteil verkehrt. Dabei ist es völlig egal, ob Ihr bewusst oder unbewusst ›bestellt‹. Jeder Eurer Gedanken, jedes Verhalten ist eine Aktion, eine ›Bestellung‹ und es erfolgt immer eine Reaktion! – Und je mehr Emotionen Ihr in Eure Handlungen und Gedanken bringt, desto ›stärker‹, desto ›größer‹ ist Eure Bestellung. Freude, wahre Herzenswünsche und Liebe erschaffen sehr ›starke‹ Bestellungen, also starke, bevorzugte Zustellungen/Zufälle, aber auch Eure Ängste und Eure Wut sind wahre Express-Bestellungen! Denn dahinter stecken sehr große Emotionen! *Nichts* in Eurem Leben ist ein Zufall, wie Ihr denkt, sondern *alles* ein ›Zu-fall‹, eine Zu-stellung!

Das klingt für Euch sicher erst einmal unglaublich, doch aufgrund der Wahrheit, der Verbindung von Allem mit Allem und Jedem, ist es lediglich die ›logische Konsequenz‹! – wie Ihr es nennen würdet. Ich hingegen nenne es lieber die ›einzige Wahrheit‹, denn es *ist* einfach so! Es kann nicht anders sein, denn alles, was miteinander verbunden ist, reagiert miteinander, aufeinander. Es ›muss‹ einfach aufeinander reagieren!

Und Ihr, meine Lieben, habt dies schon längst selbst erfahren, da Ihr hier bei mir ständig Dinge gleichzeitig sagt oder tut, nicht wahr?«, fügte die Stimme lachend hinzu.

»Doch eigentlich wisst Ihr bereits aus Eurer Schulzeit, dass alles miteinander verbunden ist! Ja, Ihr ›wisst‹ es eigentlich schon lange! Jeder von Euch! Nur war es Euch noch nie bewusst. Noch nie hat man es Euch in diesem Zusammenhang erklärt!

Und plötzlich ist alles da

John, Rayhan und Andreas stutzten in diesem Moment und, wie gerade noch von der Stimme erwähnt, fragten sie wieder einmal zeitgleich, ohne, wie bisher auch, dies abgesprochen zu haben: »Woher sollen wir *das* denn bereits wissen? Für uns ist das neu!?«

»Ja, vielleicht neu im Sinne des Symbols, mit den vielen Kreisen, doch es steht schon lange in Euren wissenschaftlichen Büchern, über die Entstehung der Erde und des Universums!«, antwortete die Stimme voller Begeisterung. Doch Rayhan, John und Andreas hatten noch immer keine Ahnung, auf was die Stimme hinaus wollte und schauten fragend auf das Symbol an der Wand, in Erwartung eines weiteren Hinweises. Da wandelte sich das Bild in eine komplett schwarze Fläche und mitten drin, auf diesem schwarzen Hintergrund, tauchte dann eine winzige Kugel auf. Sie war so klein, so winzig, sie sah aus wie eine kleine Erbse. Diese kleine ›Erbse‹ wirkte vor diesem schwarzen Grund, als ob sie in einem riesigen schwarzen ›Raum‹ schwebte. Die drei Männer starrten gespannt auf die winzige Kugel und fragten sich: Was ist das? Ist das die Erde? Die Stimme, die diese Gedanken natürlich mit-

verfolgt hatte, antwortete bedeutungsvoll: »Nein, aber jetzt passt bitte auf!« – Und im nächsten Moment wandelte sich das starre Bild in eine bewegte Animation. Der ganze Raum, in dem sich die drei Männer die ganze Zeit befanden, verdunkelte sich innerhalb weniger Sekunden, und die winzige Kugel schwebte nun mitten im Raum, direkt vor den drei Männern. Es wurde leise, ganz leise – absolute Stille trat ein und dann plötzlich, mit einem ohrenbetäubenden lauten Knall, in einer gigantischen Explosion, explodierte diese winzige ›Erbse‹!

Es war ein Inferno aus Feuer, Rauch und unendlich vielen Trümmern! Der ganze Raum bebte und die drei zuckten erschrocken zusammen! Sie stemmten reflexartig beide Beine fest gegen den Boden, um nicht das Gleichgewicht zu verlieren. So stark erbebte der ganze Raum. Überall schossen zischend und dröhnend unzählige Gesteinstrümmer umher, die die drei nur um Haaresbreite verfehlten. Ein gigantisches Schauspiel!

Mittlere und kleinere Explosionen, unzählige Feuer, und dicke Rauchschwaden waren noch eine Zeit lang zu sehen. Lichtblitze durchzuckten immer wieder den ganzen Raum und wechselten sich ab mit dunklem, tiefem Grollen und Donnern. Langsam beruhigte sich die Szenerie mehr und mehr und als die Feuer erloschen, die zahlreichen Explosionen verstummt waren und sich die Rauchschwaden komplett verzogen hatten, wurde den drei Männern die Sicht zum Zentrum der Kulisse wieder freigegeben und sie erblickten voller Begeisterung, an der Stelle, an der noch vor wenigen Augenblicken diese winzige, fast nicht sichtbare, unscheinbare ›Erbse‹ schwebte, nun eine wunderschöne, strahlende, bunte Kugel! – Eine leuchtende Kugel mit großen herrlich tiefblauen Bereichen!

»Die Erde!«, riefen alle drei Männer zeitgleich voller Freude über die Anmut und Schönheit dieser wunderschönen Kugel. Es war ein atemberaubender Anblick für Rayhan, John und Andreas. Da schwebte diese in vielen Farben leuchtende Kugel mit den strahlend blauen Elementen mitten im Raum und drehte sich majestätisch. Ja, so kam es den drei Männern gerade vor.

Diese Kugel, die Erde, aus solch einer Perspektive, nach solch einer gewaltigen Explosion, solch einem gigantischen Durcheinander, hier

nun ganz friedlich, und still sich drehend, vor sich zu sehen, hatte etwas ›ganz Besonderes‹, etwas absolut Fantastisches!

»Ja, und um die Erde herum seht Ihr das ganze Universum, mit dem Euch bekannten Sonnensystem, wie Ihr es bezeichnet!«, fügte die Stimme sanft und belehrend diesem besonderen Moment hinzu und augenblicklich erklang eine wunderschöne sanfte Melodie, die diesen Augenblick untermalte, und die Animation breitete sich im kompletten Raum aus: Um die Erde formten sich aus den umherschwirrenden Trümmern langsam einzelne Planeten und bildeten Stück für Stück das ganze Sonnensystem und um dieses eine Galaxie nach der anderen. Immer schneller setzte sich das Universum zusammen.

Eine fantastische riesige 3D-Animation, bei der sich alle Planeten drehten und in ihren Umlaufbahnen bewegten. Das Sonnensystem, die Milchstraße und fremde Galaxien verteilten sich im Raum immer größer und größer. Die Planeten kreisten direkt vor den Nasen der Männer, sie standen sozusagen mitten drin. Einige Planeten waren faustgroß, andere hatten die Größe von Fußbällen und wiederum andere waren so groß wie Medizinbälle.

Völlig gebannt von diesem atemberaubenden Anblick, kullerten den drei Männern kleine Tränchen übers Gesicht. Wie kleine Kinder, die mit ihren Augen von Planet zu Planet schweiften, um alles erfassen zu können, standen sie einfach nur da und waren tief in ihren Herzen berührt. Sie empfanden eine tiefe Bewunderung für die Schönheit dieses einzigartigen Systems, da sie es so noch nie gesehen, so natürlich noch nie erlebt und gespürt hatten.

Sie verspürten eine Mischung aus einer gewissen Ehrfurcht und einer tiefen Begeisterung und Freude!

»So schnell ging die Entstehung der Erde und des Universums natürlich nicht!«, sprach die Stimme leise, um die drei Männer sanft aus ihrem verbundenen Gefühl der Ehrfurcht und Begeisterung zurückzuholen, nachdem sie dieses fantastische Bild in sich aufgesogen und die eindrucksvolle Entstehung des Universums in sich wirken lassen konnten. »Ja, so schnell ging es nach der ›Explosion‹ natürlich nicht, bis das alles entstanden war, wobei Zeit ja relativ ist, wie ›Euer‹ *Einstein*

bereits erkannt hatte!«, fuhr die Stimme mit einem Lachen fort. »Doch das Wesentliche habt Ihr nun gerade gesehen, denn Ihr habt gesehen, dass *Alles* mit *Allem* verbunden ist.«

Doch Rayhan, Andreas und John waren noch so beeindruckt von der sagenhaften Animation und im Geiste wieder und wieder bei dem Bild, dem ›stillen‹ Bild der ›Erbse‹« und der dann kurz darauf erfolgten gigantischen Explosion, dass sie gar keine klaren Gedanken fassen konnten, um die ursprüngliche Frage der Stimme nun beantworten zu können. Andreas versuchte, seine Gedanken zu sortieren, und sagte: »Ich fühle, dass mir die Antwort nun tatsächlich gezeigt wurde und eigentlich ganz klar vor mir liegt, doch ich komme leider immer noch nicht drauf.« Rayhan und John nickten zustimmend und sagten dabei gleichzeitig: »Ja, so geht es mir auch!«

»Ja, meine Lieben, so ist es. In Euren wissenschaftlichen Abhandlungen wird es zwar auch genau so aufgezeigt, erklärt und dargestellt, aber es ist Euch gar nicht bewusst, was Ihr dabei überseht! Ihr seht es, ohne es *bewusst* zu sehen, und deswegen seid Ihr Euch darüber gar nicht im klaren, was diese Entstehung ganz eindeutig außerdem noch aufzeigt!

Also, wie Ihr ja gesehen habt, entstand alles aus dieser einzigen winzigen Kugel! Ja, alles entstand aus dieser winzigen ›Erbse‹, diesem ›Einen‹, und da alles aus diesem ›Einen‹ entstand, ist *alles* ein für allemal und für immer ›zusammenhängend‹!

Es ›hängt‹ zwar nicht mehr ›direkt‹ zusammen, so wie ein zerplatzter Luftballon auch nur noch aus einzelnen, im Raum verstreuten Gummifetzen besteht. Aber alle Teile waren dieser Ballon, alles kam aus dieser diesem Einen, dieser Erbse, dieser einen Kugel, und wird so für immer aus dieser Kugel gekommen sein. Dies ist unveränderlich. Es war verbunden und es wird für immer verbunden sein. Auch wenn es nun nur noch die ›Einzelteile‹ sind, die einst ›Eins‹ waren, ist es immer noch das ›Eine‹! Nur etwas ausgedehnter, etwas verstreuter, versteht Ihr das?«

Nach einer Weile der Überlegung hoben die drei Männer zeitgleich die Hand und sagten: »Grundsätzlich schon, aber jetzt es ist doch *getrennt*?« »Danke, meine Lieben, genau *so* seht Ihr das alle auf der Erde, doch das ist nur eine ›Illusion‹. Stellt es Euch am besten einfach so

vor, dass alles wie an eine Art ›Faden‹ noch mit seinem ursprünglichen ›Nachbarstück‹ verbunden ist. Denn der Gedanke, das etwas ›getrennt‹ ist, steht doch mit dem Gedanken, das etwas ursprünglich, unauslöschbar mit dem ›Einen‹ verbunden war, also ein Teil des Einen war, nicht im Widerspruch, oder? Die Information, dass es ursprünglich einmal ein Teil des Ganzen, des ›Einen‹ war, wird doch durch seine ›Ausdehnung‹ nicht gelöscht, oder?

Die Wahrheit, dass Ihr aus dem Schoße Eurer Mütter geboren wurdet, wird doch auch nicht angezweifelt oder abgetan, nur weil Ihr erwachsen wurdet? Ihr wurdet aus diesem Schoß Eurer Mutter geboren! Aus diesem einen Schoß! Das ist ›untrennbar‹!«

Die drei Männer sahen sich etwas fragend an, doch langsam dämmerte ihnen, was die Stimme ihnen da gerade aufgezeigt hatte. Sie verstanden, besser gesagt, sie fühlten es eher, dass tatsächlich alles ein für allemal verbunden ist und ihnen schoss ein Gedanke durch den Kopf. Begeistert über diese Erkenntnis, riefen sie zeitgleich aus: »Ja, wenn man sich das ganze mehr als ›plötzliche Ausdehnung‹ vorstellt, statt einer zerfetzenden Explosion, dann erschließt sich einem das Bild von einem zusammengehörigen Komplex!« Und von sich selbst überrascht über diese Einsicht, die klaren Worte und die, fast schon zur Normalität gewordene, Synchronizität ihrer Aussage, fingen sie an, zu kichern und lachen. Ja, sie fanden es absolut faszinierend und unglaublich, dass sie dies gerade alle zeitgleich selbst gedacht und gesagt hatten, und es so klang, als ob nur einer von ihnen mit drei Stimmen gleichzeitig gesprochen hätte. Sie sahen einander schmunzelnd an und platzten zeitgleich hervor: »Scheinbar ›hängen‹ auch wir mehr zusammen als wir bisher dachten«, und sie lachten noch mehr.

»Natürlich gäbe es noch vieles mehr, das ich Euch hierzu erklären könnte, doch dazu ein andermal gerne mehr. Wichtig für Euch ist im Augenblick nur einzig und allein die Tatsache, dass alles aus dem ›Einen‹ entstand und trotz der gewaltigen ›Ausdehnung‹ immer verbunden ist und immer sein wird. Diese Tatsache wird Euer Bewusstsein ›erweitern‹ und Euch somit viele Dinge Eures Lebens völlig anders sehen lassen!«, sprach die Stimme voller Begeisterung.

Nach einer kurzen Pause, damit die drei Männer diese Wahrheit in sich aufnehmen konnten, fuhr sie fort: »Und diese ›Explosion‹, diese schier unendliche Ausdehnung, kann man auch in diesem Symbol mit den vielen Kreisen sehen. Ja, diese ›rasche‹ und dann ›sofort erkaltete Explosion‹, die sich unendlich ausdehnte, erkennt Ihr auch in diesem Symbol. Ja, die winzige Kugel am Anfang, ›der innerste‹ Kreis explodierte aus lauter ›Kreativität‹ und erschuf so dieses Raster! Dieses Muster des Symbols! – Eure Erde! Das ganze Sonnensystem, ja das ganze Universum!«

Nach diesen Worten der Stimme verschwand augenblicklich die Animation des gesamten Universums im Raum und es erschien ein wunderschönes goldenes 3D Modell des Symbols mit den Kreisen. Es begann, sich zu drehen und dazu erklang eine sehr schöne sanfte und helle Melodie, die an einen wundervollen Morgen bei aufgehender Sonne erinnerte. Eine zarte Panflöte erklang untermalt von den sanften Klängen eines Streichorchesters. Die drei Männer sahen, aufgrund des gerade selbst erlebten neuen Wissens und dieser wunderbaren Melodie, voller Faszination auf das Modell und waren gebannt von dem Gefühl, das sie überkam.

»Abschließend ist zu den einzelnen Kreisen dieses Symbols noch zu sagen …«, sagte die Stimme leise um die Männer nicht zu sehr zu stören: »im Grunde genommen ist jeder dieser Kreise eine Kugel. Doch durch Eure beschränkte zweidimensionale Darstellungsmöglichkeit erscheinen Euch die Kugeln im Symbol als Kreise! Denn überlegt einmal, wie zeichnet Ihr denn eine Kugel und wie einen Kreis?« fragte die Stimme lachend und etwas spitzfindig.

»Genau, *beides* als Kreis! – Und …«, führte die Stimme weiter aus: »das ganze Symbol ist eigentlich in dreidimensionaler Form zu sehen, also nicht flach, als Scheibe, sondern als 3D Körper, bei dem sich fast unendlich viele Kugeln um *eine* Kugel scharen, ähnlich einer Traube. Jedoch, im Gegensatz zu einer Traube, besitzen alle Kugeln absolut genau die gleiche Größe und jede befindet sich immer exakt an der Position, wie im Symbol abgebildet und jede Kugel ›ragt‹ absolut gleich

in die anderen benachbarten Kugeln hinein. Was etwas schwerer vorstellbar ist, als eine Überschneidung von Kreisen.«

Die Männer waren fasziniert von diesen weiteren Informationen und versuchten, sich dies räumlich vorzustellen. Also, jeden Kreis als Kugel und alles als eine Art Traube angeordnet.

»Seht, so!«, rief die Stimme und das im Raum schwebende ›flache‹ Modell des Symbols bestehend aus Kreisen, verwandelte sich in ein dreidimensionales Modell aus unzähligen Kugeln. Im ersten Moment sah es aus wie eine Kugel mit halbrunden erhabenen, ›Beulen‹, dachten die drei Männer. Sprich eine Art unförmige Traube oder ähnlich einem Massageball, doch das 3D-Modell wurde stets transparenter, sodass man mehr und mehr jede einzelne Kugel wunderbar erkennen konnte. Eine Kugel strahlte sehr hell. Sie war zwar ebenfalls transparent, aber leuchtete weiß, sodass sie trotz der Vielzahl an Kugeln eindeutig als die Mitte auszumachen war.

Das Symbol ist
unter Euch

»Dieses Symbol mit den vielen Kreisen ist übrigens ein sehr altes Symbol!«, merkte die Stimme an, »und Ihr findet es überall auf der ganzen Welt! In sehr vielen Kulturen und bereits lange vor all Euren Religionen. Ob gemalt, geschnitzt, gemeißelt oder modelliert, überall auf der Welt findet sich dieses Symbol.

Seht her, hier seht Ihr eines der wohl bekanntesten Bilder des Symbols«. Und genau in dem Moment, als die Stimme dies sagte, verschwand plötzlich das große dreidimensionale Modell und an dessen Stelle tauchte ein Bild auf. Es schwebte mitten im Raum und zeigte eine Art Gravur auf einem Felsblock. Die Stimme erzählte voller Begeisterung: »Hier seht Ihr eine Wand Eures fast 6000 Jahre alten Osiris Tempels Abydos in Ägypten mit einer Abbildung dieses Symbols!« Plötzlich erschienen weitere Bilder verstreut im ganzen Raum und ordneten sich von selbst um das erste Bild herum an. »Und seht her, auch all diese Bilder stammen aus Ägypten! Sowie hier, dieses aus der Kuppel Eures Paulusklosters in der Wüste Ägyptens, aber auch in Indien findet sich das Symbol.« In dem Moment tauchten weitere Bilder an verschie-

denen Stellen im Raum auf und die Stimme erzählte freudig weiter: »Seht hier, in diesen Tempeln, dem Tempel Hazara Rama in Hampi und auch hier, im Goldenen Tempel von Amritsar, aber auch hier in Indien, an diesen eher ›unspektakulären‹ Orten findet Ihr überall dieses wunderbare Symbol«. Und in jedem Moment, in dem die Stimme weitere Orte erwähnte, tauchten stets die entsprechenden Bilder dazu auf. Und die Stimme fuhr fort, mit jedem weiteren Bild, mit noch mehr Begeisterung, zu erwähnen, wo überall das Symbol zu sehen sei. Und zwar schon lange! Jedes mal tauchte irgendwo im Raum, das passende Bild auf und Rayhan, John und Andreas versuchten, mit ihren Blicken der Flut an Bildern, die in rascher Abfolge, mal links, mal rechts mal oben, mal unten auftauchten, zu folgen. »Aber eben nicht nur in Indien und Ägypten, nein, wie bereits erwähnt, an sehr vielen Plätzen, fast überall auf Eurer Erde könnt Ihr es finden!«, rief die Stimme voller Überschwang. »So findet Ihr es auch in Europa, wie zum Beispiel in Griechenland, auf der Insel Kreta, im Kloster Preveli, oder hier Andreas, schau doch bitte mal dort hin, hier siehst Du Bilder aus Deiner Heimat – aus Süddeutschland. Auf zahlreichen Balken von Fachwerkhäusern in der Altstadt von Straßburg findet sich das Symbol in Form von Verzierungen, aber auch im Norden von Deutschland, auf Rügen, in der Pfarrkirche von Altenkirchen, seht Ihr das Symbol! Dort wurde es als Ornament in die Kuppel gemalt. Oder seht her, auch hier, auf der schwedischen Insel Gotland, und hier seht Ihr noch zahlreiche Bilder mit dem Symbol aus Spanien. – Und hier aus Norwegen und aus Dänemark und hier noch ein paar Bilder aus England sowie aus Irland«, rief die Stimme weiter voller Euphorie.

Immer mehr und mehr Bilder erstrahlten im ganzen Raum, denn jedes Bild blieb an Ort und Stelle sichtbar und immer mehr kamen hinzu. »Und seht, auch hier in Asien, in Peking, am Eingang zur verbotenen Stadt, unter der Pranke eines Wächterlöwen befindet sich eine Kugel, auf der ebenfalls dieses Symbol zu sehen ist. Und hier seht Ihr noch Bilder aus Japan, aus der Türkei, aus der Schweiz und aus Australien! Und sieh mal dort John, da siehst Du sogar Bilder aus Amerika mit dem Kreissymbol und hier, seht her, sogar auf der Halbinsel Yucatán! Und hier ein paar Bilder aus Lappland und Island. Hier seht Ihr eine

Abbildung aus Israel, aus Masada auf dem Berg Sinai und hier ein Bild aus Armenien. Und seht her, hier noch Bilder aus den Ruinen von Kabile und aus Weliki Preslaw, in Bulgarien. Auch hier in Cusco, in Peru und hier in einem Kloster in Tibet findet sich das Symbol. Und hier im Tempel von ... und hier in der Kirche ... und hier und hier ...«, zeigte die Stimme den drei Männern voller Begeisterung die unzähligen Orte und erklärte die jeweilige Darstellung des Symbols. Ob als Ornamente, Malereien, Schnitzereien oder Zeichnungen – es schien gar kein Ende mehr zu nehmen. Immer mehr und mehr Bilder füllten den ganzen Raum, der schon fast überquoll von Abbildungen des Kreissymbols. Die drei Männer hatten große Mühe, der raschen, stets richtungswechselnden Abfolge der immer weiter neu auftauchenden Bilder, an den unterschiedlichsten Stellen im Raum zu folgen. Hastig und ruckartig bewegten sie ihre Köpfe mal von links nach unten, dann schnell wieder nach oben und nach rechts, um in der nächsten Sekunde wieder blitzschnell nach links zu schwenken ..., um mit dem hohen Tempo, das die Stimme vorlegte, so gut wie möglich Schritt halten zu können.

Nach einer ganzen Weile, nachdem die Stimme sehr lange, sehr motiviert, versucht hatte, alle Plätze der Welt aufzuzeigen, stoppte sie plötzlich: »Nun, das sollte jetzt reichen, um zu sehen, *wie weit* verbreitet dieses Symbol auf der Erde im Grunde bereits ist!«

Rayhan, John und Andreas sahen sich fasziniert um. Der ganze Raum war nun mit großen und kleineren Bildern ausgefüllt. Alle schillerten in den verschiedensten Farben und jedes Bild zeigte immer wieder das Symbol aus Kreisen. Es war wunderschön und wieder ein ganz besonderer Moment für die drei Männer. Fasziniert und sehr überrascht von der Vielzahl an Orten, an denen das Symbol auf der Welt bereits vorhanden war, sahen sie sich um und wunderten sich, dass sie noch nie eines dieser Bilder schon längst irgendwo einmal gesehen hatten oder davon berichtet wurde: in keinem Religionsbuch, in keiner Zeitung ... Sie fragten sich, warum es so wenig bekannt war und warum es nicht schon längst von den Schulen aufgegriffen und im Unterricht gelehrt wurde.

John dachte bei sich, dass dieses Symbol lediglich mehr und mehr in »Esoläden« auftauchte, wie er Edelsteingeschäfte und spirituelle Läden mit Räucherwaren, Klangschalen, spirituellem Schmuck und Kleidung nannte. Solche Ladengeschäfte, in denen seine Freundin Lizz gerne shoppen ging und von denen er nicht besonders angetan war, da Lizz immer irgendwelche, für sein Geruchsempfinden, meist sehr ›außerge-wöhnliche‹ Räucherstäbchen dort kaufte. Er musste dann wohl oder übel die ›tollen‹ neu erworbenen Düfte unbedingt mit ausprobieren. Auch versuchte seine Freundin jedes mal, ihn davon zu überzeugen, dass er sich auch einmal einen Edelstein kaufen sollte. Sie meinte: »Höre einfach auf Dein Bauchgefühl und Du wirst den Richtigen fin-den«, doch John hatte in dem Moment überhaupt kein Gefühl, ge-schweige denn ein Bauchgefühl. Denn wie er hier an diesem Ort ja herausgefunden hatte, hatte sein Vater ihm das unbewusst ›ausgetrie-ben‹. Doch damals als er mit Lizz immer wieder in Edelsteingeschäf-ten stand, dachte er einfach: Ich, John, halte nichts von alledem! Die Steine sind zwar ganz schön, doch das ist doch alles nur fauler Zauber! Als er sich nun an diese Momente erinnerte, spürte er noch einmal ganz tief, dass er sogar dieselben Worte wie sein Vater verwendete: ›fauler Zauber!‹ Ja, so hatte es Vater genannt und nun, hier ›oben‹ wie John dachte, ließ er sich nochmals, ohne jegliche ›einprogrammierte‹, fest ›eingebrannte‹, Aussagen seines Vaters auf das bereits Erlebte ein. Zunächst war es nicht ganz einfach, da er immer wieder verschiedene Aussagen seines Vaters ›hörte‹ und ihm auch die entsprechende Bilder dazu durch den Kopf huschten, von denen er, wie auch seine Mutter, immer wieder unglaublich geschickt ›manipuliert‹ wurde. Denn Johns Vater war verbal sehr geschickt und zudem unterstrich er dies noch durch seine Mimik, mit der er ausstrahlte: Das ist DIE Wahrheit! – Und wenn Ihr etwas anderes glaubt, seid Ihr einfach nur dumm und habt keine Ahnung von der Realität! John versuchte, einfach nur seinem Gefühl, seinem Herzen zu vertrauen, wie er es ›hier oben‹ nun gelernt hatte, und ›spürte‹ tatsächlich, dass sich jeder Stein irgendwie anders ›anfühlt‹. Für ihn als ›Kopfmensch‹, wie er sich selbst bezeichnete, war dies sehr schwer zu erklären, denn die Steine waren zum einen ja nicht wirklich hier vor Ort, und zudem war es nur eine Szene aus seiner

Vergangenheit, sozusagen ›doppelt unmöglich‹ laut seinem Verstand. Aber er war sich sicher und hatte allein durch diese Vorstellung und die Erinnerung die Bilder des Edelsteinladens vor Augen. Er sah sich in Gedanken um und hatte bereits einen Favoriten – ja, einen blauen Stein hätte er jetzt ausgewählt.

»Unglaublich, wie kann ...«, setzte Johns Verstand gerade an, das eben Erlebte zu ›zerpflücken‹, da hallte ein: »Bravo! – Bravo John!«, durch seinen Kopf. »Vertraue mehr und mehr Deinem Herzen«, und John erkannte die Stimme in seinem Kopf, die begeistert weitersprach: »Es wird Dir helfen, das zu finden, was richtig für Dich ist und Dir beispielsweise bei Edelsteinen, stets den aufzeigen, der Dir im Moment am besten weiter helfen kann, vertraue Dir selbst! – Deinem Herzen und nicht ›nur‹ dem, was Du gelernt hast!«, führte die Stimme freudig weiter aus und wandte sich dann wieder dem Symbol zu.

Im ganzen Raum schwebten noch immer die Bilder des Symbols, von den unterschiedlichsten Orten der Welt. »Übrigens, das Symbol wird von Euch ›Die Blume des Lebens‹ genannt. Ein sehr schöner Name, wie ich finde. – Ja, da hat wohl jemand seiner inneren Stimme, seinem ›Gefühl‹ vertraut und intuitiv das wahrgenommen, was ich vielleicht mit Absicht zu laut dachte«, fügte die Stimme scherzend hinzu.

Die drei Männer betrachteten, mit diesem neuen Wissen von dem sehr schönen Namen ›Die Blume des Lebens‹ im Kopf, erneut fasziniert die Bilder und fanden, dass der Name wirklich sehr passend war. Erst recht vor dem Hintergrund der weltweiten Verbreitung in verschiedensten Kulturen und Ländern und den vielfältigsten Ausführungen der Darstellung, als Schnitzereien, Malereien, Mosaiken und vielem mehr. Ja, es war ihnen, als zeige sich durch die immense Zahl von Bildern aus zahlreichen Religionen und Kulturen das ganze Leben - Ja, irgendwie die ganze Welt! Denn egal, wo auf der Welt das Symbol zu sehen war und egal, mit welchen unterschiedlichsten Farben und Materialien es dargestellt wurde, es war immer das selbe Symbol. Gerade dadurch wurde den dreien klar, dass Menschen aus jeder Kultur und aus den verschiedensten Religionen, doch alle immer das gleiche Symbol darstellten, – die Menschen also doch irgendwie alle *sooo* gleich sind.

Andreas, John und Rayhan standen noch lange, ohne ein Wort zu sagen und völlig gebannt auf die unzähligen Bilder blickend, da und waren berührt von dem Gedanken dieser ›einen Welt‹.

Nach einer Weile bewegten sich die Bilder aus der Mitte des Raumes langsam zur Seite hin und bildeten dort einen bunten Rahmen. In dem dadurch entstandenen Leerraum erschien dann allmählich wieder das wunderschöne, goldfarbene, sich drehende 3D Modell von zuvor, und es erklang erneut diese bezaubernde Melodie. Andreas, John und Rayhan waren abermals absolut begeistert von der so simplen und doch genialen Symbolik und riefen zeitgleich: »Die Blume des Lebens! – Ja, die Blume des Lebens! Wie alles *in* sich, so absolut schlüssig und logisch ist. Wie ›nahe‹ wir im Leben oftmals dran sind, ohne es wirklich zu wissen, welch wunderbarer ›Schatz‹ dieses Symbol für uns Menschen ist. Ein Symbol, das *alles* für uns bereithält, was wir wissen müssen!«

Doch im nächsten Moment, gerade als sich die drei Männer das Symbol aus dieser großen Erkenntnis heraus erneut betrachteten, und ihre Blicke auf die hell strahlende Kugel im Zentrum wanderten, fiel ihnen etwas auf. Besser gesagt, fiel ihnen etwas ein, etwas, das sie bisher ›übersehen‹ hatten. Sie bemerkten, dass sie gar nicht wussten, wer oder was denn eigentlich der Kreis im Zentrum sei und dass die Stimme dazu bisher gar nichts gesagt hatte. Und Sie fragten zeitgleich ganz aufgeregt: »Liebe Stimme, ›wer‹ ist denn der Kreis im Zentrum? – Wer oder was ist das? – Welcher Mensch ist das? Welcher von uns Menschen steht denn da im Zentrum? – Oder ›was‹ steht da im Zentrum?«

Die Stimme freute sich sehr darüber, dass die drei Männer, ihre drei ›Kinder‹, sie das gefragt hatten, denn dadurch erkannte sie, dass sie ihr wirklich aufmerksam zugehört hatten und ihr folgen konnten.

Natürlich hatte die Stimme schon vorher gewusst, dass die drei Männer stets aufmerksam all ihren Ausführungen folgten, doch auch die Stimme freute sich immer wieder aufs Neue, wenn die drei ›Jungs‹ ihr tatsächlich immer weiter zuhörten und ihr die volle Aufmerksamkeit schenkten!

Denn müssen tut hier niemand was, liebe Leser! Hier geschieht alles ohne Zwang! Doch dazu gleich mehr. Hören wir an dieser wichtigen Passage, lieber erst einmal wie es weiter geht! – Pssst! ...

Die Stimme antwortete voller Freude und Präsenz: »Das bin *ich* meine lieben Kinder! – Ja, das in der Mitte bin *ich!* – Ich, ›Gott‹, wie Ihr mich nennt! Ja, ich Euer ›Gott‹! – Der Allmächtige, der Schöpfer, die Höhere Energie, das Universum ..., oder wie Ihr mich auch sonst noch nennt.

Eigentlich hatten Rayhan, John und Andreas dies irgendwie schon ›geahnt‹, dies irgendwie bereits gefühlt, doch als es die Stimme aussprach, war die Gewissheit da und es war ein großer, besonderer und bedeutender Moment für die drei!

»Ja, richtig, Gott steht im Mittelpunkt unseres Lebens. Zwar vergessen wir das oft, doch all unser Handeln, alles, was wir in der Welt sehen und erleben, ist von dieser einen zentralen Kugel, von Gott erschaffen worden. Ja, Gott ist der Mittelpunkt! Der Mittelpunkt von allem!«, erkannten die drei Männer zeitgleich.

Und plötzlich, von einem starken Gedanken erfasst, einer Frage, die sich fast alle Menschen im Leben irgendwann stellen, besonders dann, wenn es ihnen nicht so gut geht, fragten sie zugleich: »Gott, wenn Du alles erschaffen hast, warum gibt es dann so viel Leid auf der Erde? – Warum hast Du Leid erschaffen oder warum lässt Du es zu? – Du könntest doch einschreiten! Du hast doch alles in Deiner Hand!?«

»Ja, meine Lieben! In der Tat, das könnte ich«, antwortete die Stimme sehr betont, aber trotzdem unglaublich sanft, »doch ich habe Euch allen vor langer, langer Zeit aus Liebe ›versprochen‹, dass Ihr frei seid! – Das gehört zur Liebe, zur gesamten Schöpfung! Die gesamte Schöpfung ist Liebe und der freie Wille ist Liebe. Ja, der freie Wille, *Eure Freiheit* ist ›meine Liebe‹ zu Euch. Ich bin Liebe, ich kann nur Liebe geben und auch der freie Wille ist Liebe. Es ist die höchste Form der Liebe zu Euch: die bedingungslose Liebe! Ich bin bedingungslose Liebe und bedingungslose Liebe kann nur in bedingungsloser Liebe handeln!

Euch Euren freien Willen zu nehmen, verstößt gegen die Liebe und Euch Leid abzunehmen, heißt in Euren freien Willen einzugreifen. Ihr wisst nun, dass jede Aktion eine Reaktion nach sich zieht. Und auf der Erde gibt es nun mal die absolute Freiheit für Euch und die kann leider auch zu Leiden führen, besonders dann, wenn Ihr eben nicht nach dem Symbol der ›Blume des Lebens‹ lebt – also nicht versteht, dass alles verbunden ist, alles irgendwie EINS ist. Ihr somit nicht die bedingungslose Liebe zu Jedem und Allem lebt. Denn die bedingungslose Liebe bewirkt, dass ihr alles ›ernten‹ dürft, was Ihr je einmal ›gesät‹ habt. Und wenn Ihr Leid sät, ›dürft‹ Ihr Leid ernten, doch wenn Ihr Leid ›erntet‹, wisst Ihr meist gar nicht, wann Ihr das dazugehörige Leid gesät habt!

Und zu dem, was Ihr in *Eurem Leben* unbewusst oder bewusst alles an Leid ›sät‹, habt Ihr *alle* ›zu Beginn‹ bereits ›Leid gesät‹. Mancher von Euch auf Erden nennt es die ›Ur-Sünde‹ oder die ›Vertreibung aus dem Paradies‹. Doch keiner hat Euch ›vertrieben‹, Ihr allein habt Euch aus freien Stücken dazu entschieden! Ihr selbst habt Euch vom ›Paradies‹ getrennt. Ihr habt nicht ›gesündigt‹, wie Ihr das nennt, sondern Euch freiwillig von Allem, vom ›Paradies‹, getrennt und Euch dabei selbst ›verloren‹ ...

Doch dazu später noch etwas mehr. Für den Moment ist es erst einmal wichtig, dass Ihr versteht: Ihr alle habt Euch von *Euch* selbst, von *Eurem Selbst*, von dem, was Ihr ›wirklich‹ seid, und dem, was auch ich bin, der bedingungslosen Liebe, entfernt und deswegen ›erntet‹ Ihr das, was Euch helfen soll wieder zur Liebe zurückzufinden. Ihr ›erntet Leid‹, da es euch helfen soll, zu *Euch selbst* zurückzufinden! Ihr dürft dadurch erkennen, dass Ihr irgendwo etwas übersehen habt, irgendwo gegen ›Euch selbst‹ oder gegen Andere, die auch nur so sind, wie Ihr seid, gehandelt habt. *So* könnt Ihr den Weg zurück zur bedingungslosen Liebe finden!

Und bedingungslose Liebe ermöglicht alles, was Ihr Euch nur vorstellen könnt und ganz besonders das, was Ihr, besser gesagt Euer Verstand, sich auf Erden überhaupt nicht vorstellen kann – nämlich Wunder! Denn es gibt in Wahrheit keine Wunder!

In der Liebe ist alles möglich - auch Eure sogenannten Wunder! Ein Wunder ist nur das, was Ihr für unmöglich haltet, doch in der Liebe

seid Ihr alles und wenn Ihr alles seid, dann kann alles geschehen, versteht Ihr das?

Denn, wie Ihr nun wisst und in der ›Blume des Lebens‹ gesehen habt, seid Ihr immer mit allem verbunden. Mit Allem! Mit Allem und Jedem, jedem Atom und jedem Wesen. Jederzeit! Jede Sekunde – immer! Und Ihr seid alle gleich, eigentlich sogar *so* wie ich, ich, der in der ›Mitte‹!

Überlegt einmal, wenn *Ihr* genauso seid wie ›alles‹ und ›jeder‹, kann doch nichts mehr unmöglich sein, oder? Denn ›alles‹ und ›jeder‹ kann dann das Selbe. ›Alles‹ ist sozusagen der ›selbe Stoff‹ und somit ist alles beeinflussbar.

Doch nur in der bedingungslosen Liebe spürt Ihr diese Verbindung und nehmt wahr, dass Ihr alles wissen könnt. Ja, Ihr versteht dann, dass es völlig normal ist, dass Ihr ›alles‹ wisst, da Ihr mit allem verbunden seid.

So normal, wie es Euch erscheint, wenn Ihr mobil telefoniert und Ihr einfach ›verbunden‹ werdet und dann den anderen ›hört‹. Ihr nehmt gar nicht mehr bewusst wahr, dass Ihr, erst wenn Ihr ›verbunden‹ seid, den anderen ›hören‹ könnt. Es ist für Euch völlig normal, absolut selbstverständlich. Und so selbstverständlich ist auch die ›Verbundenheit‹ in der bedingungslosen Liebe.

In der wahren, absolut bedingungslosen Liebe verbindet Ihr Euch mit *Allem* und dann ist Alles möglich. Dann ist es absolut logisch, dass Ihr ›hellsichtig‹ seid, Ahnungen habt und alles beeinflussen könnt.

Es ist für Euch verlockend, dann die Weichen zu Euren Gunsten zu stellen, doch in der absoluten Verbundenheit mit der Liebe, ist es für Euch selbstverständlich, dass Ihr niemandem mehr etwas antut, Ihr nichts mehr tut, was Ihr selbst nicht erleben wollt, Ihr diese ›Macht‹ also nicht missbraucht, denn das verstieße gegen die Liebe! Das wäre Handeln ohne bedingungslose Liebe und ohne Liebe seid Ihr nicht mit allem ›verbunden‹, verliert also somit diese ›Macht‹ wieder. Nur wenn Ihr absolut bedingungslose Liebe lebt, könnt Ihr alles ›beeinflussen‹, doch in der absoluten Verbundenheit mit allem, wollt Ihr überhaupt nichts mehr ›beeinflussen‹.

Wenn Ihr in der absolut bedingungslosen Liebe seid und danach lebt, dann seid Ihr das was ›Alles‹ ist. Denn ›Alles‹ ist eigentlich ›nur‹ das Gleiche wie ich: reine, absolut bedingungslose Liebe!

Nicht ich, Gott, bin die Liebe, sondern ich, die Liebe, bin Euer ›Gott‹!

Und Ihr alle ›wisst‹, dass es so ist, denn wenn Ihr einen tiefen Moment der Liebe, der Freude oder der Glückseligkeit erlebt, dann erlebt Ihr einen ganz kurzen Moment, was Ihr *seid*. Dann habt Ihr das Gefühl, ›die Welt umarmen zu wollen‹, ›fliegen‹ zu können, oder es scheint Euch, als würde die Zeit ›verschwinden‹ oder als bliebe sie ›stehen‹! In diesem Moment gibt es dann nichts mehr außer Euch – die Liebe! Die absolute Freude ohne jegliche Grenzen! – Oder?

Probiert es doch einfach mal selbst aus. Besser gesagt, Ihr habt es schon oft selbst erfahren … Nehmt ›einfach‹ mal einen Menschen, in tiefster Liebe, ohne jegliche Bedingung, in den Arm. Beobachtet dabei, wie *Ihr* Euch fühlt. – Ich sage Euch, *Ihr* ›löst‹ Euch in dem Moment auf – Ihr ›löst‹ Euch auf, in das, was Ihr wirklich seid, ›einfach‹ nur Liebe!

Warum sehnt sich denn jeder Mensch so sehr nach einer Umarmung, nach Liebe? – Ich sage es Euch: Weil Ihr in dem Moment DAS spürt, was Ihr alle seid – Liebe! Reine, absolut bedingungslose – Liebe!«

Ein liebender Vater

»Doch lasst mich dazu noch eine kleine Geschichte erzählen«, fuhr die Stimme fort. »Es war einmal ein sehr, sehr liebevoller ›Vater‹. Der hatte unzählige liebe ›kleine‹ Kinder und alle miteinander waren sehr, sehr glücklich und zufrieden und das war schon ewig so gewesen. Da wurde irgendwann einem seiner Kinder ›langweilig‹. Ja, so in der absolut ewigen Ewigkeit, langweilte sich eines seiner Kinder irgendwann und als es ihm wirklich lang genug langweilig war, ging es zu seinem Vater und sagte: ›Gott, lieber Vater, mir ist langweilig, ich *bin* einfach nur, doch wer bin ich? Wer oder was ist dieses *einfach nur SEIN*?‹

Gott, der Vater, sah sein Kind an und sagte: ›Du bist pure Liebe, meine Liebe! – Was willst Du denn anderes *SEIN* als Liebe?‹ und in diesem Moment hörten all die anderen Kinder, was ihr Vater gerade gesagt hatte, und sie waren darüber einfach nur glücklich. Sie waren immer schon glücklich gewesen, doch in dem Moment waren sie noch glücklicher, da sie erfuhren, *was* sie waren: ›Sie waren Liebe!‹ Wie

schön es war, Liebe zu sein. Sie freuten sich sehr darüber, dass das, was sie sind, Liebe ist und wie schön es ist, einfach ›nur‹ Liebe zu sein.

Doch das Kind, dem es langweilig geworden war, erwiderte Gott, seinem Vater: »Ja, gut, jetzt weiß ich, dass ich Liebe bin, doch was ist ›die Liebe‹? Ich will erfahren, was ›die Liebe‹ ist‹…

Gott sah sein liebes Kind, das da vor ihm stand, eine ganze Weile nachdenklich und voller Güte an und sagte dann mit sanfter Stimme: ›Du bist doch schon die Liebe, was willst Du denn mehr erfahren, als das, was Du bist? – Doch da ich Dich liebe, werde ich Dir diesen Wunsch natürlich erfüllen. Komm her mein geliebtes Kind, ›Luzifer, ich erschaffe für Dich eine Welt, in der Du erfahren kannst, *was die Liebe ist*. In der Du erfahren kannst, wer und was *Du* also bist und damit Du überhaupt erfahren kannst, was Du bereits bist, lasse ich Dich, sobald Du auf dieser ›Welt‹ bist, vergessen, was Du bist. Denn nur so kannst Du Dich ›neu‹ entdecken, aber ich gebe Dir ein ›Herz‹ mit auf Deine Reise, damit Du Dich an mich erinnerst. Und wenn Du ›heimkommen‹ willst, dann folge einfach ›Deinem Herzen‹, diesem ›inneren Wegweiser‹, Deinem ›inneren Kompass‹. Er wird Dir den Weg zur Liebe weisen. Und damit Du Dich auf Deiner ›Reise zu Dir selbst‹, nicht zu sehr verlierst, begrenze ich Deine Reise auf eine gewisse ›Zeit‹. So beginnt Deine Reise mit dem ›Leben‹ und endet mit dem ›Tod‹. Und zu guter Letzt, damit Du auch weißt, dass Du die Liebe, nach der Du suchst, gefunden hast, also DICH, wirst Du Dich immer sehr glücklich und zufrieden fühlen, wenn Du Liebe erlebst oder ›sehr nahe dran bist‹. Ebenso wird es Dir ergehen, wenn Du in der richtigen ›Richtung‹ suchst. So weißt Du, ›wo‹ Du weiter nach der Liebe suchen sollst‹.

›Prima, das hört sich spannend an! – Wann geht es los!?‹, rief Luzifer ganz aufgeregt und voller Begeisterung. ›Jetzt!‹, antwortete der Vater – und mit einem lauten Knall war alles da! Ja, für Luzifer erschuf der liebe Gott, die große Liebe selbst, in einem Augenblick die Welt!

Und Luzifer sprang voller Vorfreude aus dem ›Himmel‹, der EINheit, sich von allem ›trennend‹, von seinem Vater und all seinen Brüdern und Schwestern, ›hinunter‹ auf die ›Erde‹. Denn so nannte Gott die Welt, die er für Luzifer erschaffen hatte.

126

›Luzifer! Mein Engel! – Luzifer! Mein Engel! – Mein geliebtes Kind, vergiss mich bitte nicht, ich liebe Dich! – Und vergiss bitte nicht, immer auf Dein Herz zu hören!‹, rief Gott ihm nach. Und Luzifer, der ganz aufgeregt und voller Vorfreude auf das Erleben dieser Welt war, rief, während er nach ›unten‹ fiel und fast schon auf der Erde angekommen war, noch schnell zurück: ›Ja, habe ich verstanden, ich werde darauf hören!‹ Gott beobachtete noch Luzifers ›Fall‹ nach ›unten‹ und sagte vor sich hin: ›So, Luzifer nun wünsche ich Dir viel Freude und viel Erfolg dabei, zu erfahren, was Du *bereits* bist.‹

Die anderen Engel, Luzifers ›Brüder und Schwestern‹, hatten natürlich alles mitbekommen und einige von Ihnen gingen zu Gott und sagten: »Vater, das klingt sehr interessant, was Du da für Luzifer erschaffen hast. Dürfen wir auch dort hingehen?« Gott antwortete sehr liebevoll und etwas besorgt: ›Liebend gerne meine geliebten Kinder, meine ›kleinen‹ Engel, doch auch Euch, sage ich, Ihr werdet dort doch nur das erfahren, was Ihr bereits seid!?‹ ›Ja Vater, doch wir wollen Luzifer folgen, denn es klingt so spannend!‹, antwortete eine ganze Schar seiner Kinder. ›Nun gut, meine Lieben, ich halte Euch nicht auf. Aus Liebe zu Euch, lass ich Euch natürlich stets den freien Willen. Ihr könnt frei entscheiden, was Ihr tun wollt, und wenn Ihr wollt, könnt Ihr jetzt ebenfalls auf die Erde zu Luzifer ›hinunterfallen‹‹, sagte Gott sehr liebevoll.

Und so folgten noch unzählige Kinder Gottes Luzifer auf die Erde, und es zeigte sich recht bald, was Gott Sorgen machte, weil er es vorher gewusst hatte, doch aus der Liebe zu seinen Kindern in ›Kauf‹ nehmen ›musste‹.

Je länger und intensiver seine Kinder auf der Erde lebten, desto mehr vergaßen sie, auf ihr Herz zu hören. Dadurch ›erinnerten‹ sie sich auch nicht mehr daran, woher die Welt kam und dass sie eigentlich alle Geschwister waren ... Zudem hatte Gott sie zunächst vieles vergessen lassen müssen, damit sie überhaupt erst das suchen konnten, was sie bereits waren. Doch durch ihr Herz, durch das ›Hören‹ auf ihr Herz, ihrem inneren Wegweiser, hätten sie sich jederzeit wieder an alles ›erinnern‹ können.

So hatte er es Luzifer und all seinen anderen geliebten Kindern mitgegeben, doch durch ihr Leben in der faszinierenden und wunderschönen Welt, vergaßen sie mehr und mehr, auf ihr Herz zu hören. Sie begannen, die Welt zu entdecken, und erforschten alles bis ins Detail. Ihr ›Verstand‹ wurde dadurch immer größer und stärker und ihr Herz, ihr ›innerer Kompass‹, wurde immer ›leiser‹. Es wurde mehr und mehr vom Verstand ›verdrängt‹. So sehr, dass sie irgendwann gar nicht mehr auf ihre Herzen hörten. Für den Verstand gab es auch keinen logischen Grund, dass ein Herz etwas ›sagen‹ kann, oder dass man damit etwas ›wissen‹ oder ›hören‹ kann.

Und so kam es, dass sie vieles einfach nicht mehr ›fühlten‹, auch nicht dann, wenn sie einem ihrer Brüder oder Schwestern etwas wegnahmen, etwas vorenthielten oder nicht die Wahrheit sagten. Auch fanden sie somit Gefallen an Besitz und erkannten, dass Besitz Macht verschaffte und dass Besitz und Macht sie ›glücklich‹ machten. Wenn auch in Wahrheit nur für einen kurzen Moment, doch da sie von ihren Herzen ›getrennt‹ waren, bemerkten sie dies und vieles andere, was sie am Anfang auf der Erde noch ›spürten‹, nicht mehr.

So steigerte sich ihr ›herzloses‹ Verhalten mehr und mehr und sie fingen sogar an, sich für Besitz und Macht gegenseitig Dinge wegzunehmen. Ja, dafür andere zu unterdrücken, zu benachteiligen und sogar dafür zu kämpfen. Und das irgendwann auch mit Gewalt. Das Ganze ging sogar so weit, dass sie sich dafür gegenseitig bekriegten.

So verloren sich die kleinen Engel Gottes immer mehr in ›der Welt‹. *Die Liebe,* die sie einst alle waren, ›verstummte‹ in ihnen und sie wurden zu ›Suchenden‹, die sich gar nicht mehr bewusst waren, wer sie waren, was sie eigentlich suchten und dass sie überhaupt etwas suchten. Die nur noch in Momenten der Trauer oder des Leides, innehielten, um dann irgendetwas zu suchen, das ihnen helfen konnte.

Ihr Vater, Gott, hatte von dieser Gefahr gewusst und seinen kleinen Engeln deswegen ein Herz mitgegeben, damit sie die Möglichkeit hatten, ihrer ›inneren Stimme‹ zu lauschen. Das war alles, was er hatte tun können, denn aus Liebe zu seinen Kindern, ließ er jedem von ihnen seinen freien Willen und der freie Wille *jedes* seiner Kinder war es nun mal gewesen, in diese Welt zu gehen.

Alle seine Engel, jedes seiner Kinder, darf sich stets absolut frei entscheiden: ein Leben mit der Liebe oder ohne, oder eine Mischform, mit Liebe nur zu bestimmten Dingen ... Ja, seine kleinen Engel können jeden Tag absolut frei aufs Neue entscheiden, wie sie leben wollen. Sogar, ob sie überhaupt noch nach der Liebe suchen, also *sich selbst* finden, wollen oder nicht. Der freie Wille erlaubt ihnen alles, denn das ist wahre bedingungslose Liebe!

Gott wusste, dass eines Tages, jedes seiner Kinder, *sich* wieder finden und somit auch wieder zu ihm zurückkehren wird. Denn keiner seiner kleinen Engel kann wirklich verloren gehen. Es kann lediglich nur sehr, sehr lange dauern, bis der eine oder andere Engel den Weg zurückfindet.

Denn je mehr sie ›gegen die Liebe‹, also gegen sich und die Anderen leben, desto mehr ›entfernen‹ sie sich von ihrem ursprünglichen Ziel, *sich* zu erfahren und müssen sich dann erst einmal wiederfinden. Und je mehr Leid der Einzelne erschafft, desto mehr leidet er eigentlich selbst, denn dadurch entfernt er sich noch mehr von *sich selbst*. Er kommt dadurch immer noch weiter von sich weg und der Weg zurück, zum Ursprung der Liebe, wird dadurch stets länger und länger und immer schwerer und schwerer.

Der Vater sah jeden Tag nach seinen auf der Erde verweilenden Kindern und dachte: ›Aus einem Wunsch wurde ein Traum, und aus dem Traum ein ›Albtraum‹. Denn für viele von Euch wandelte sich der Traum aus Liebe, unbemerkt zum ›Albtraum‹ und aus einem ursprünglich ›kurzen‹ wunderschönen ›Ausflug‹ wurde eine lange, lange zum Teil sehr beschwerliche, Reise: die Reise zu Euch selbst. Eine Reise zurück zu den anderen, ›zuhause‹ gebliebenen, Engeln und den wenigen von Euch bereits Heimgekehrten, zurück zu mir – zu uns allen.

Gott sah weiter zu all seinen Kindern auf der Erde. So wie er es jeden ›Tag‹, ja eigentlich rund um die Uhr tat. Und er ›sprach‹ zu ihnen, was er fast täglich tat, besser gesagt ›sprach‹ er über ihre Herzen zu ihnen: ›Meine lieben Kinder, wenn Ihr nun wieder nach Hause wollt, dann hört einfach auf Euer Herz und folgt der Liebe! Und wenn Ihr

das gut beherrscht, werdet Ihr sogar ›hören‹, was Euch Eure zuhause-gebliebenen Brüder und Schwestern, Eure Geschwister-Engel raten, um nach Hause zu finden!

Und er fuhr fort: »Mach doch auch Du, lieber kleiner Engel, ja DU, der gerade dieses Büchlein liest, Dich auf den Weg nach Hause! Lange genug warst Du nun schon unterwegs, um das zu ›erleben‹, zu erfahren, was Du schon immer warst und ewig bist! Genieße Dein Leben, die Welt und folge dem Pfad der Liebe! Ich warte auf Dich! Genieße das Leben, doch halte nichts davon fest. Denn nichts davon kannst Du mit zu mir nach Hause nehmen. Wirklich gar nichts und Du brauchst auch gar nichts davon mitnehmen, denn das Einzige, was Du bei mir ›zuhause‹ brauchst, ist das, was Du immer schon bist –die Liebe! Also lasse alles los und bring die Liebe ›mit‹! Lebe Dich, die Liebe, und ›bring‹ sie dadurch mit! Lebe die bedingungslose Liebe, die Du bist und Du wirst sehen, dass das, das *Einzige* ist, was Dich *wirklich* ›erfüllen‹ kann. Was Dich mit *Dir selbst* wieder ›auffüllen‹ und Dich an *Dich selbst* erinnern kann. Denn dann ›spürst‹ Du das, was *Du* bist!

Und damit Du wieder ganz die Liebe ›wirst‹, gebe ich Dir in jedem weiteren Leben erneut die Chance, Dich wieder für die Liebe zu entscheiden. Wieder bedingungslose Liebe zu jedem und allem zu leben und so selbst zur Liebe zu ›werden‹!

Denn nur als bedingungslose Liebe, reine, pure Liebe, könnt Ihr zu mir nach Hause zurückkehren. Nur, wenn Ihr nur ›noch‹ *das* seid, reine pure Liebe. – Nicht mehr und nicht weniger.

Wenn Ihr also nicht noch ›irgendetwas von der Erde‹ seid, nicht noch irgendetwas von der Erde an Euch ›hängt‹ sozusagen. Wenn Ihr zu hundert Prozent, nur die Liebe seid, also wirklich, bedingungslose Liebe, dann könnt ihr heimkehren zu Euren Brüdern und Schwestern – zu mir!

Doch aufgrund meiner Liebe zu Euch, seid Ihr in Eurer Entscheidung völlig frei! Ihr könnt so lange in der ›Erdenschleife‹, dem Kreislauf aus Tod und Wiedergeburt verweilen, wie Ihr möchtet. So oft Ihr wollt, könnt Ihr auf Erden leben und dort voller Freude und Liebe die wunderbaren Dinge genießen und mit den Anderen teilen. Ein Paradies, wenn Ihr im Miteinander, in der Liebe und Freude lebt!

Liebe erschafft Liebe und Ihr könnt in der Liebe Euch alles erschaffen, was Ihr wollt, *alles*, was der Liebe entspricht. *Ohne* Liebe jedoch erschafft ihr Leid, denn jede Eurer Handlungen erschafft etwas und ohne Liebe erschafft Ihr Leid. Ihr hinterlasst also eine ›Spur‹, bei den Anderen, jedoch in erster Linie bei Euch selbst. Und um am Ende heimzukehren, müsst Ihr auch diese ›Spuren‹ zurücklassen, wieder auflösen, ›heilen‹, wie Ihr es nennt, indem Ihr wieder vollkommen in Liebe zu Allem und Jedem gelebt habt. Denn von uns hier ›oben‹ trägt keiner irgendwelche ›Spuren‹ von der Erde, und schon gar keine lieblosen Spuren.‹

Nachdem der Vater dies gesprochen hatte, beobachtete er, wie jeden Tag, seine Kinder und wie viele seinen ›Ruf‹ wahrgenommen hatten. Er sah, dass es wieder nur Einzelne ›Neue‹ und die ihm bereits ›Bekannten‹ erreicht hatte. Denn die meisten seiner kleinen Engel wollen überhaupt nicht nach Hause, beziehungsweise hatten ›einfach‹ den ›Draht nach innen‹ verloren. Und diejenigen, die den ›Draht‹ wiederentdeckt haben und ihr Leben mehr und mehr danach ausrichten, werden von den ›Von-sich-selbst-getrennten‹ meist nur belächelt.

Das macht es für *beide* nicht leichter, denn diejenigen, die wieder an *sich,* die Liebe glauben, werden von den ›Ungläubigen‹ verunsichert, da sie belächelt und als ›falsch‹ bezeichnet werden. Somit reduziert sich auch immer wieder die Anzahl der ›Erwachten‹, da viele von ihnen sich wieder ›einschläfern‹ lassen, da sie nicht ›anders‹, nicht ausgeschlossen, sein möchten. Selbst wenn die ›Ungläubigen‹, die ›Sich-selbst-verlorenen‹, um die Hilfe der ›Erwachten‹ bitten, kommt es immer wieder vor, dass der ›Ungläubige‹, durch seine festgefahrenen Gedanken, so sehr an die Unmöglichkeit glaubt, dass der ›Erwachte‹ dann wieder an sich zweifelt.

Der Vater wusste aber, dass es nun eben so ist, da es so trotz allem in ›der Ordnung‹, der bedingungslosen Liebe ist. Ja, es ist weder gut so, noch schlecht. *Es ›ist‹ einfach.* Und jeder Einzelne ist frei und entscheidet selbst, was er möchte. Er lässt jedem seiner kleinen geliebten Engel stets die freie Wahl, zu tun, was er tun will. Sowohl auf der Erde als auch nach dem Leben. Denn nach dem Tod bekommt jeder einen Einblick in das Ganze und viele seiner kleinen Engel nehmen sich dann für das nächste Leben erneut vor, Liebe zu leben, um es diesmal zu schaffen, nach Hause zurückkehren zu können. Leider ist es meist jedoch so, dass sich viele seiner Engel schon nach kurzem Aufenthalt auf der Erde wieder in den Strukturen und Verlockungen der Welt verlieren.

»Ihr denkt dann wieder sehr schnell, dass auf der Erde alles *so* ist, wie es die meisten Eurer Mitmenschen denken. Ihr denkt, die Erde, die Welt, ist die Wahrheit und vergesst so leider wieder sehr schnell Eure *wirkliche* Wahrheit!

Einzig Euer Leid, Euer Schmerz, kann Euch ›erinnern‹, dass Ihr tatsächlich leidet, und zwar an dem Fehlen bedingungsloser Liebe. Doch auch für dieses wichtige Signal des Leids, habt Ihr eine eigene ›Erklärung‹ gefunden: ›Leid ist unangenehm und muss schnell weg! Leid, Schmerz hat keinen Sinn!‹ Und so seid ihr ›planlos‹ auf der Welt unterwegs. ›Ohne‹ Herzen und am liebsten ›ohne‹ Schmerzen‹«, sprach Gott etwas wehmütig zu seinen ›verlorenen‹ Kindern auf der Erde.

Er saß nachdenklich da und überlegte sich, was er in Liebe tun könnte. Seine kleinen Engel – die Menschen – am Anfang eines neuen Lebens, sich noch an alles aus einem vorherigen Leben erinnern zu lassen, würde wohl eher ein Chaos auslösen. Denn seine Engel hatten sich selbst vergessen und diejenigen, denen als Mensch großes Leid angetan worden war, würden sich bestimmt nicht einfach so für die Liebe entscheiden, sondern für Rache! Oder zumindest für ›Verbannung‹ des Anderen aus ihrem Leben. Die Erinnerung an die Leben davor würde die Sache also eher noch erschweren als erleichtern. Und jeden Engel, nach seinem Leben, einfach ›zuhause‹ zu lassen, geht auch nicht, da er eben diese ›lieblosen Spuren‹ in sich tragen und so nicht zu allen Anderen und zu ihm selbst passen würde. Da er im Grunde zwar *immer* die Liebe ist, doch sich selbst von *sich*, von der Liebe, ›getrennt‹ hat.

Ohne die bedingungslose Liebe würde mein geliebtes Kind seine Brüder- und Schwesternengel nicht erkennen und in seiner Wahrnehmung so beispielsweise ewig neben seinem gehassten Kollegen oder Vater oder Bruder oder Sohn ... sitzen müssen, grübelte der Vater.

Auf einmal hatte er die Idee, seine zurückgekehrten Engel – die sogenannten ›aufgestiegenen Meister‹, wie sie von einzelnen Menschen benannt wurden – und seine zuhausegebliebenen Engel zu fragen: ›Liebe Engel, wären ein paar von Euch bereit, auf die Erde zu gehen, um dort Euren ›verlorenen‹ Brüdern und Schwestern zu ›predigen‹, wie sie wieder nach Hause finden?‹ Die Engel sahen sich gegenseitig an und waren zunächst nicht sonderlich davon angetan, auf die Erde zu gehen. Die ›zuhausegebliebenen Engel‹, die noch nie auf die Erde ›gefallen‹ waren, hatten ja inzwischen gesehen, welche Gefahr dort auf sie lauerte. Und die zurückgekehrten Engel, die ›aufgestiegenen‹, besser gesagt, ›ausgestiegenen‹ Meister, waren froh, dass sie es geschafft hatten, ›auszusteigen‹ und wieder heimzukehren. Sie wollten sich nicht erneut der Gefahr ausliefen, sich selbst wieder zu vergessen und ›ewig‹ in der ›Erdenschleife‹, aus Tod und Wiedergeburt, ›gefangen‹ zu sein.

Zwar bot das Erdenleben sehr viele schöne Dinge, doch sie kannten auch das ganze mögliche Leid und die zahllosen Irrwege und sie wussten, wie sehr man sich bemühen musste, um wieder ›rein‹ zu werden.

Schließlich war es die tiefe Liebe zu ihren Brüdern und Schwestern auf der Erde, die ein paar von ihnen sich bereit erklären ließ, noch einmal auf die Erde zurückzukehren. »Ja, ich möchte den anderen helfen! – Ich auch! – Ja, und ich bin auch bereit, aus Liebe zu helfen!«, tönten ein paar Stimmen aus der Gruppe der Engel. »Das freut mich, meine Lieben, das freut mich wirklich sehr! Das ist wahre bedingungslose Liebe! – Ich werde Euch unterstützen und damit Ihr nicht ganz so sehr den Gefahren der Verlockungen und den ›Angriffen‹ der ›Sich-selbstverlorenen‹ ausgeliefert seid, werdet Ihr Euch an Euer wahres Zuhause und die Liebe erinnern können. Und Ihr werdet in Familien geboren, die mit diesem ›Wissen‹ gut umzugehen verstehen. Familien, die Euch, so gut sie können, darin unterstützen werden«, sprach Gott, der Vater. »Danke, lieber Vater! Das ist sehr lieb von Dir! Doch ich wäre auch so bereit gewesen, auf die Erde zu gehen, um alle ›von ihrer Schuld‹ zu erlösen, Ihnen zu zeigen, wie sie sich selbst ›erlösen‹ können.« »Danke Dir, Jesus! Danke für Deine große Liebe zu mir, Deinem Vater, und all Deinen Brüdern und Schwestern!«, sprach Gott voller Ehrfurcht und

Liebe zu seinem Sohn. »Ja, ich möchte meinen Brüdern und Schwestern auch helfen, die Welt als das, was sie ist, zu erkennen und ihnen den Weg nach Hause aufzuzeigen«, sagte dann einer der anderen kleinen Engel, die sich bereit erklärt hatten, zu helfen. »Danke Gautama! Vielen Dank für Deinen Mut und Deine Liebe!« Und auch die weiteren Engel ›erhielten‹ einen Namen und waren bereit, in verschiedensten Epochen und den unterschiedlichsten Kulturen zu inkarnieren, wie es der Vater inzwischen genannt hatte.

Hier endet nun die Geschichte, denn was Jesus und Gautama, später Buddha genannt, und all die anderen Euch sehr bekannten ›Heiligen‹, ›sich-ihres Selbst-bewussten‹ kleinen Engel, dann auf der Erde taten und wie es jeweils endete, ist Euch ja bestens bekannt, oder ihr Lieben?« sagte die Stimme mit einer Prise Ironie und gab selbst gleich die Antwort: »Diejenigen, die sich von Jesus, durch seine bedingungslose Liebe, ›bedroht‹ fühlten, die ihre Macht in Gefahr sahen, liessen ihn töten und auch den anderen großartigen Engeln erging es nicht besonders gut. Die Gefahren, die die Engel in Kauf nahmen, um Euch zu helfen, um Euch ihre Botschaft zu übermitteln, zeugen von bedingungsloser Liebe, trotzdem wurden sie als Gefahr, Widersacher oder ›Geschichtenerzähler‹ abgetan. Es ist eigentlich traurig, und doch gleichzeitig faszinierend, dass Ihr diejenigen, die Euch die Wahrheit predigen verachtet, verfolgt oder gar tötet, nur weil Ihr Euch komplett vergessen habt.«

Ein blaues Wunder

»Ihr habt Euch, trotz dieser Botschaften, dieser ›Warnungen‹, Eurer ›Geschwister-Engel‹, mehr und mehr in der wunderbaren Schöpfung für Euch verloren. Verloren im Paradies. Nicht ›Lost in space!‹ oder ›Lost in hell!‹ sondern ›Lost in paradise!‹«, fuhr die Stimme nach einer kleinen Pause fort.

Rayhan, John und Andreas schauten sich nachdenklich an und John sagte darauf, vor sich hin: »Lost in space? ... Ja, lost in space! Ja, wir Menschen suchen nach der Wahrheit im All und verlieren uns auf dieser Suche im All! Wir suchen im Weltraum, was wir nur in *uns* finden können!«, und Andreas entgegnete darauf: »Lost in hell! Ja, wir Menschen verlieren uns im Gedanken an eine Hölle nach unserem irdischen Leben und erkennen gar nicht die endlose ›Hölle‹, die ›Erdenschleife‹!« Rayhan fügten noch hinzu: »Lost in paradise! Ja, wir leben im Paradies und sind verloren in demselben, weil wir es zur ›Hölle‹ machen, weil wir uns selbst ›vergessen‹ haben!«

Nachdem etwas Zeit verstrichen war, in der absolute Stille herrschte, um diese Erkenntnis, die sie gerade selbst, schneller als sie denken konnten, in Worte gefasst hatten, auf sich wirken zu lassen, fingen sie einfach, an zu lachen. Ja, sie mussten, aus dem Gedanken heraus, wie ›blind‹ sie gewesen waren, plötzlich einfach lachen! Sie klopften sich dabei immer wieder gegenseitig liebevoll auf die Schulter und lachten dabei immer mehr.

Ja sie konnten einfach nicht mehr anders. Sie konnten es sich selbst nicht erklären, denn genau genommen war das alles andere als zum Lachen. Doch irgendwie konnten sie nun einfach nur noch absolut herzhaft und lautstark lachen und das Lachen wurde immer mehr! Denn sie dachten: Wie waren sie doch so ›dumm‹ gewesen, was sie und fast alle Menschen auf Erden immer über ›Gott‹ und über ›die Welt‹ gedacht hatten! Sie fanden es einfach nur noch absolut komisch, wie einfach und doch verborgen die Wahrheit war! Wie einfach alles war und wie blind sie gewesen waren. Sie lachten aus vollem Halse über ›sich selbst‹, über ihre ›menschliche Unwissenheit‹ und freuten sich innigst, dass sie nun endlich erkannt hatten, warum die Dinge in ihrem Leben so waren, wie sie waren, was so alles ›schief‹ lief und warum und wieso sie ›am Ende‹ eigentlich nie so richtig frei und glücklich sein konnten! Ja, sie hatten das Unschuldige, das Kindliche verloren, bei dem man Jedem und Allem mit bedingungsloser Liebe begegnet und dann genau in dem Moment spürt, oder besser gesagt gar nichts mehr spürt, außer den Moment und *sich* selbst!

Rayhan, John und Andreas mussten von Minute zu Minute immer mehr und immer lauter lachen und bogen sich schon mit Tränen in den Augen. Da lachte selbst die Stimme – die Liebe – voller Freude mit, da sie sehr glücklich war, dass die drei nun vieles *wirklich* erkannt hatten.

Nach einer Weile unterbrach die Stimme das heitere Gelächter: »Übrigens, ich erklärte Euch vor der Geschichte, es gäbe keine Wunder, erinnert Ihr Euch noch? Doch es gibt tatsächlich ein ›Wunder‹!

John, Rayhan und Andreas stockten augenblicklich, hörten abrupt auf, zu lachen, und schauten sich sehr verwundert an. »Doch ein Wunder!?«, fragten sie sehr überrascht. »Aber …, äh, Du sagtest doch, es gäbe keine Wunder. Und …, und auch durch die Geschichte erkennt man doch, dass es in Wahrheit keine Wunder gibt!?«, fügten sie in großer Erwartungshaltung noch schnell hinzu.

»Ja, Ihr Lieben, es gibt eigentlich keine Wunder. Doch es ›gibt‹ ein großes ›Wunder‹! Ein wahres ›Wunder‹! Ein ›blaues‹ Wunder! – Eure Erde! – Ja, Euer Leben auf der Erde, das ist ein wahres ›Wunder‹ – ein Wunder aus Liebe!«

Rayhan, John und Andreas schauten sich erst einige Sekunden entgeistert an, überlegten kurz, was genau die Stimme da gerade gesagt hatte und mussten dann wieder herzhaft lachen. Denn sie hatten erkannt, dass die Stimme sie damit ganz schön ›schockiert‹ und reingelegt hatte. Sie freuten sich über die humorvolle Art, die die Stimme immer wieder zeigte und waren froh, dass es doch kein ›Wunder‹ in dem Sinne wahr. Die Stimme – die Liebe – lachte herzhaft mit und war sehr zufrieden darüber, dass ihre drei ›Kinder‹ so glücklich waren und so viel verstanden hatten.

»Ja ..., ein Wunder aus Liebe!«, sagte die Stimme erst ganz sanft, dann jedoch wieder etwas ernster: »Doch eins will ich Euch noch sagen, meine Lieben. Wie Ihr in der Geschichte erfahren habt, habt Ihr auf der Erde Strukturen, geschaffen, durch die Ihr die bedingungslose Liebe nicht mehr lebt, sie einfach übersehst, und die durch Eure Einteilungen ›geschaffene‹ Welt lässt Euch selbst nur noch alles als zwei voneinander getrennte Seiten erkennen. Ihr ›seht‹ somit nur noch sehr schwer ›das Ganze‹, die Wahrheit: Dass alles doch immer ›Eins‹ ist, egal, wie weit es durch den ›Urknall‹, die ›Ausdehnung‹, voneinander ›entfernt‹, ›getrennt‹, wurde! Völlig egal, wie augenscheinlich unterschiedlich auch anmutend, alles gehört zusammen, wie Ihr gesehen habt! Ihr erlebt es nur als ›getrennt‹ voneinander und denkt und lebt deshalb immer nur eine Seite des Ganzen. Für Euch ist es entweder Tag oder Nacht – es regnet oder es regnet nicht, aber niemals beides! Da beides, also der ursprüngliche und immer noch vorhandene ›Zusammenhang‹ für Euch nicht mehr ›sichtbar‹ ist. Ihr könnt es Euch einfach nicht mehr vorstellen. Es ist Euch nicht mehr *wirklich* bewusst, dass es zusammengehört und somit ›trennt‹ Ihr es und vergesst das ›Eine‹!

Ich weiß, Ihr könntet es ›fühlen‹, dass es doch so ist, dass trotz fehlender ›Logik‹, der Tag zur Nacht gehört, wie der Schatten zum Licht, also alles ›Eins‹ ist. Doch leider vertraut ihr Euren ›Herzen‹, Euren ›Gefühlen‹, Eurer Intuition, nicht mehr. Versteht Ihr das? – Ihr denkt sehr logisch, vertraut nur noch Eurer ›Logik‹, Eurem ›rationellen Verstand‹, und ›teilt‹ dann alles in ›gut‹ und ›böse‹, in ›gut, weil für Euch sinnvoll, weil ... ‹ oder ›schlecht, weil für Euch unangenehm ...‹. Dadurch vergesst ihr ganz, dass alles ursprünglich EINS war und immer noch ist!

Nicht, dass es hell und dunkel gleichzeitig geben kann, nein dass nicht. Nur, dass es eben ›zusammengehört‹, dazugehört. So wie bei Eurem Regen: Er versorgt Eure Bäche und Flüsse mit Wasser und tränkt Euch, Eure Pflanzen und Tiere. Der Regen, das Wasser ist ein ›Kreislauf‹. Doch Ihr ›trennt‹ den Regen unbewusst, da Ihr vergesst, dass er als Wasser Euch und die ganze Erde tränkt. Ihr trennt den untrennbaren Kreis des Wassers ›einfach‹ in die ›Teile‹ Eures Bedarfs, wie beispielsweise Trinken, Waschen, Blumen gießen ... und Regen. Ihr ›trennt‹ es, weil Ihr es nach Nutzen und Annehmlichkeit sortiert, aber vergesst, dass der Regen untrennbar zur Erde gehört wie der Mond und die Sonne und wie die Nacht zum Tag. Denn der Regen ist Euch meist ›unangenehm‹ und somit oft eher störend und ›überflüssig‹: ›Wasser ja – Regen nein!‹. Denn dann könnt Ihr nicht baden gehen, spazieren, grillen ... und wenn Ihr im Regen steht dann werdet Ihr nass und Ihr könnt nun einmal nicht im Regen stehen, ohne nass zu werden!«

»Doch! – Mit einem Schirm!«, rief John nach einer kurzen Phase der Stille, in der die drei versuchten, das nun Gehörte zu verarbeiten, und alle drei krümmten sich erneut vor lachten. »Ja, ja ...«, sagte die Stimme und wiederholte lachend: »Ja, mit einem Schirm, da hast Du recht, John! – Das war jetzt vielleicht ein nicht ganz so klares Beispiel mit dem Regen, doch ich fühle, Ihr habt es nun verstanden«.

»Ja, wir haben nun wirklich viel erkannt«, erwiderten alle drei zeitgleich, »doch es wird noch eine Weile dauern, bis wir das alles wirklich verinnerlicht haben, denn das ›sprengt‹ vorerst so ziemlich jede Gehirnzelle unseres Körpers, ›in dem wir uns befinden‹«, scherzten die drei und sie selbst und die Stimme mussten erneut herzhaft darüber lachen.

Daraufhin versuchte Rayhan, noch etwas zu sagen, das ihm gerade einfiel, was ihm aber nur schwer gelang, da er über seinen Einfall selbst schon so lachen musste, dass er kaum noch reden konnte: »Ich ..., ha, ha, ha, ha ... wüsste noch ... hi, hi, hi, hi ..., wie ich doch im Regen stehen könnte .... hoh, hoh, hoh, ha, ha, ha ..., ohne nass zu werden! – Ha, ha, ho, ho ..., wenn ..., ha, ha, ha ..., wenn ich jemandem im Regen *liebe*!! – Bedingungslos Liebe! Ha, ha, ha, ha ...« John und Andreas sahen sich einen Moment verwirrt an und begannen dann erneut, zu lachen. So sehr, dass sie sich bogen vor lachen und sogar Freudentränen aus den Augen wischen mussten. Und die Stimme fügte schmunzelnd hinzu: »Ja, ja Rayhan, wenn Du jemanden im Regen lieben würdest ...«, und auch sie musste über Rayhans Humor herzhaft lachen. Denn aufgrund dieser, im ersten Moment eher sinnlos erscheinenden und veralbernden Worte Rayhans über die bedingungslose Liebe ›im Regen‹, und des herzhaften Lachens der drei Männer, wusste die Stimme, dass sie es wirklich verstanden hatten. Sie hatten verstanden, dass sich in der bedingungslosen Liebe vieles ›auflöst‹, dass sich durch die bedingungslose Liebe die Sicht soweit verändern kann, dass ›Wunder‹ geschehen können.

»Das war wirklich ein urkomischer Einfall von Rayhan, aber zugleich doch sehr wahr. Ja, ein sehr treffender und wunderbarere Vergleich«, sammelte sich die Stimme, »denn genau das ›erlebt‹ Ihr Menschen immer wieder, ohne es bewusst wahrzunehmen. Wenn Ihr tiefe Freude in Euch tragt oder frisch verliebt seid oder eine Sache sehr liebt, ›vergesst‹ Ihr den ›Regen‹! Es ist dann für Euch, als schiene gerade unablässig die Sonne, völlig unabhängig davon, welche Sorgen oder Ängste Euch sonst so in Eurem Leben plagen. Es scheint, als seien sie einfach ›verschwunden‹, als würden sich die ›Regenwolken‹ einfach in ›Nichts‹ auflösen! Als gäbe es nur noch Euch und die wohlig strahlende, und alles vergessen lassende Sonne! – Und genau so ist es! Ja, es ›scheint‹ wirklich eine ›Sonne‹ in dem Moment: Es strahlt die ›Sonne‹, die in jedem von Euch vorhanden ist, es ›scheint‹ Euer *wahres Selbst*, die Liebe! In diesem warmen, strahlenden, alles einhüllenden bedingungslosen Licht der Liebe ›wird‹ alles zu dem, ›was es wirklich ist‹. Und so erscheint alles in einem ›neuen‹ Licht! Aus ›Regen‹ wird in dem Moment ›einfach‹ nur Regen, einfach nur das, was es ist. Dinge werden in ihrem ganzen Zusammenhang erkannt und dadurch als *das* erkannt, was sie in Wahrheit sind! Und in Rayhans Beispiel wird durch die Liebe aus dem Regen sogar ein ›Tanz im Regen‹! Ja, durch die Liebe erkennt Ihr die Zusammenhänge und was *wirklich* ist! Probleme werden so zu überwindbaren Herausforderungen und zu lehrreichen Lernaufgaben, die mit tiefer Freude und bedingungsloser Liebe im Herzen, wie durch ein ›Wunder‹, klarer, neutraler und somit lösbar werden oder sich wie in ›Nichts‹ auflösen!

»Ja, ja Rayhan, wenn ich jemandem im Regen liebe! ...«, wiederholte die Stimme schmunzelnd die Worte Rayhans und die drei Männer mussten erneut herzhaft lachen. Gerade erst hatten sie sich bei den Ausführungen der Stimme über den Vergleich mit dem Regen etwas beruhigt, so konnten sie sich nun einfach nicht mehr zurückhalten und prusteten wieder drauf los.

Die Reise geht zu Ende

Während die drei so herzhaft und laut lachten, sich damit immer wieder gegenseitig ansteckten und dadurch immer noch mehr lachten, bemerkten die drei Männer gar nicht, dass sich der Raum veränderte. Die Wände wurden langsam immer durchsichtiger und auch der Boden begann, sich von der Mitte her langsam zu öffnen, indem er von der Mitte ausgehend mehr und mehr verschwand. Immer mehr dunkle Flächen wurden sichtbar, und bevor die drei dies so richtig bemerkten, wurden sie bereits von einem leichten Sog erfasst. Ganz sanft wurden sie nach unten, aus den Überresten des Raums, den weißen Schwaden, die sich sanft kräuselnd nun ganz aufgelöst hatten, gezogen. Jeder der drei wurde nicht nur nach unten, sondern gleichzeitig auch in eine andere Richtung gezogen, sodass sie mehr und mehr auseinanderdrifteten und sich schließlich komplett aus den Augen verloren. Der Sog wurde immer stärker und es war jetzt wie ein freier Fall – Sterne, Planeten, zischende Kometen – ganze Galaxien rasten im Eiltempo an ihnen vorbei. Allen Dreien schoss panisch durch den Kopf: Was geschieht hier denn gerade? Was soll das? Und im selben Moment hörten sie die Stimme sagen: »Es ist alles in der Ordnung, meine Lieben, entspannt Euch, lasst Euch fallen«. Und die drei Männer fühlten sich im nächsten Moment sicher und umsorgt. Einen kurzen Augenblick später tauchte ein kleiner Punkt vor ihren Augen auf und sie erkannten, dass sie genau zu diesem Punkt gezogen wurden, besser gesagt, gerade dorthin ›fielen‹. Je näher sie diesem Punkt kamen, desto mehr hatten sie das Gefühl, ihn zu kennen. Immer mehr Details waren erkennbar, eine Art Szene die sich da gerade abspielte, doch als sie die Szene fast erreicht hatten und bevor sie mehr darüber nachdenken konnten, verloren sie das Bewusstsein.

Als John wieder zu sich kam und seine Augen öffnen wollte, spürte er einen sehr heftigen, starken Schmerz in seinem Kopf und verzog dabei gequält sein Gesicht. Er öffnete nur ganz langsam seine Augen, um diesen Schmerz zu vermeiden. »John! John! ...«, rief eine zarte Frauenstimme voller Freude. »Ich wusste es! Ich wusste es, dass Du es schaffst!«. John erkannte, noch leicht verschwommen, seine liebe Freundin Lizz, die auf einem Stuhl neben ihm saß und seine Hand hielt. Er sah, dass er in einem Bett lag und um ihn herum einige Gerätschaften aufgebaut waren, die ›piepten‹ und ›schnauften‹. Dann sah er wie die Krankenschwester, die ebenfalls im Raum war, eiligst etwas an den Geräten einstellte. Als er wieder zu seiner Freundin blickte, durchfuhr ihn ein stechender Schmerz von Kopf bis Fuß, als hätte ihn der Blitz getroffen. Okay, dann ohne den Kopf zu drehen, dachte John bei sich und schielte zu Lizz. Er sah wie ihr Freudentränen über die Wange kullerten und dass sie in der anderen Hand einen silbernen Gegenstand fest zwischen Daumen und Zeigefinger gepresst hielt, über den sie immer wieder kreisend mit dem Daumen strich. »Ich kenne das Symbol, was Du da in Händen hältst Schatz! Und ich weiß sogar, was es bedeutet«, sagte John, so gut er konnte, denn auch das Sprechen schmerzte ungemein. »Woher weißt *Du* die Bedeutung der ›Blume des Lebens‹ John? Dich hat das doch noch nie groß interessiert?«, fragte Lizz verwundert und wischte sich dabei eine Träne aus dem Gesicht. »Bring mir bitte heute noch einen Edelstein vorbei, einen, der mich bei meiner Genesung unterstützt. Und bring bitte ein paar von Deinen, mir nicht so ›wohlgesonnenen‹ Räucherstäbchen mit, dann kann ich mich damit beim ›lieben Gott‹ bedanken, dass ich doch noch hier bleiben durfte und Dir dabei einen total verrückten Traum erzählen«, sagte John mit einem angestrengten Lächeln. In diesem Moment hörte John, ohne dass jemand, der im Raum anwesenden etwas sagte, eine Stimme flüstern, die ihm irgendwie sehr bekannt vorkam: »Danke John! Gern geschehen!« Ganz spontan fügte John daraufhin noch an: »Ein Traum, Schatz, der vielleicht gar keiner war!«, und versuchte, trotz der Schmerzen, dabei zu lächeln. Lizz blickte ihn verwundert an und als sie gerade nachfragen wollte, wie er das genau meinte, öffnete sich die Tür. Der Arzt kam herein und unterbrach sie mit ruhiger Stimme: »Sie müssen nun leider gehen, Miss Banks. Ihr Freund braucht nun absolute Ruhe. Es ist sowieso ein Wunder, dass er das überlebt hat. Bitte gehen Sie jetzt.«

Lizz blickte noch einmal zu John und sagte zu ihm: »Tschüss mein Schatz. Pass bitte auf Dich auf, ich brauch Dich doch«, und John antwortete: »Tschüss mein Schatz! Ich tue mein Bestes, aber bitte vergiss nicht, mir den Stein und die Räucherstäbchen mitzubringen!«. Als Lizz zur Tür ging, spürte John ein wunderschönes Gefühl in seinem Herzen. Er blickte aufgeregt in ihre Richtung und rief so gut er konnte: »Und Lizz, weißt Du, was ich Dich unbedingt noch fragen muss!? Lizz drehte sich überrascht um: »Was denn John?« »Würdest Du mich begleiten wollen, wenn ich hier wieder raus bin?«, antwortete John. Lizz fragte völlig verwundert: »Begleiten? Wohin soll ich dich begleiten?» »Nach Peruuuuu!«, rief John so gut er konnte voller innerer Freude, »Ja, nach Peru! Ich will noch einmal nach Peru reisen und dann endlich eine Ausbildung bei dem alten Schamanen machen!« Lizz war eigentlich sprachlos, da sie John so ›spirituell‹ gar nicht kannte, doch sie freute sich, dass John so anders, so ›verrückt‹ war. Und da Sie selbst ja sehr offen für spirituelle Wege und sehr erfreut darüber war, dass es John scheinbar schon so gut ging, dass er sogar schon Pläne schmiedet, und sogar spirituelle, antwortete sie rasch und mit einem Funkeln in den Augen: »Sehr gerne John! Sehr, sehr gerne!«, und eine dicke Freudenträne lief ihr über die Wange.

In dem selben Moment, als John zum ersten mal versuchte, die Augen zu öffnen, kam, einige tausend Kilometer von John entfernt, auch Andreas wieder zu Bewusstsein und öffnete die Augen. Er sah, wie ein Rettungssanitäter gerade den Raum verlassen wollte, zuvor noch einmal flüchtig in seine Richtung sah, sich aber dann abwandte. Andreas murmelte, völlig benebelt und voller Schmerzen am ganzen Körper: »Wo bin ich?« Der Sanitäter blieb abrupt stehen. Er dachte, gerade eine Stimme gehört zu haben, was aber doch gar nicht sein konnte. Doch trotzdem drehte er sich in die Richtung, aus der er glaubte, die Stimme gehört zu haben. Er drehte sich um und sah, dass Andreas die Augen geöffnet hatte und blinzelte. Der Sanitäter riss die Augen auf und rief: »Schnell, kommt rein, er lebt doch noch! Schnell! Schnell!!! Beeilt Euch!« Zwei weitere Rettungskräfte rannten in den Krankenwagen in dem Andreas auf einer Rettungstrage lag. Sie befestigten rasch erneut die Sonden und schlossen hastig die Geräte wieder an, die sie vor wenigen Sekunden bereits abgesteckt hatten. Einer der Rettungskräfte fragte dabei vor sich hin redend: »Wie ist das den möglich?! Er war doch schon tot!?« Und ein anderer antwortete: »Manchmal gibt es halt doch noch Wunder!« Es war der Notarzt, der dies sagte und als Andreas dies, noch sehr benebelt, hörte, blickte er zu dem Mann auf und sah eine Kette mit einem Anhänger an dessen Hals baumeln. Als er genauer hinsah, erkannte er ein Symbol, das er irgendwo schon einmal gesehen hatte. Ja, er war sich sicher, dass er es kannte!

Die Rettungskräfte hatten alles soweit startklar gemacht, und verließen mit Blaulicht und Martinshorn eiligst die Unfallstelle. Andreas versuchte, sich, trotz des benebelten Gefühls, seiner Schmerzen am ganzen Körper, und der ›ruckeligen‹ und somit noch schmerzhafteren Fahrt, zu erinnern, woher er das Symbol kannte. Irgendetwas hatte dieser Anhänger an sich, dass er ihn nicht mehr aus dem Kopf bekam. Und während er so vor sich ›hinschaukelte‹, blickte er immer wieder abwechselnd auf das Symbol am Hals des Arztes und dann wieder zur Beleuchtung an der Decke. Woher kenne ich nur dieses Symbol?, fragte er sich immer wieder. Da hörte er plötzlich eine Stimme, die von keinem der im Raum anwesenden kam: »Andreas, hör auf Dein Herz! Vertraue Deinem Herz!« Andreas war zunächst verwundert, doch auch diese Stimme war ihm irgendwie *so* bekannt. Und ohne darüber nachzudenken, tat Andreas, was die Stimme ihm sagte. Er lies alle Gedanken los und versuchte, einfach nur auf sein Herz zu hören. Er erinnerte sich daran, dass er dies ebenfalls schon einmal irgendwo, irgendwann gehört und getan hatte.

Da schoss ihm plötzlich ein ganz klarer Gedanke durch den Kopf! Aaah! Der Traum! – Ja, in meinem Traum!, plötzlich erinnerte sich Andreas wieder an alles, was er ›geträumt‹ hatte, bevor er sich hier auf der Trage wiederfand.

Ja, alles war jetzt wieder da, alles, und ganz klar! Und er erinnerte sich auch wieder an das Symbol. »Die Blume des Lebens!«, murmelte er begeistert vor sich hin, »Ja, die Blume des Lebens!« Und im selben Augenblick erinnerte er sich auch wieder an seinen Berufswunsch aus seiner Jugendzeit und er fühlte, wie sein Herz zu ›hüpfen‹ begann. »Ich möchte Tierheilpraktiker werden!«, murmelte er voller Begeisterung leise vor sich hin. »Ja, ich möchte Tierheilpraktiker werden!«, sagte er sich und fühlte eine ungewohnte Stärke in sich. Er ballte seine Hand zur Faust und dachte fest entschlossen: Ja, ich werde es tun, denn ich fühle, dass es mich glücklich macht. Und ja Vater, mir ist absolut egal, was *Du* davon hältst! *Ich* spüre in mir, dass *ich* das tun soll! Da hörte Andreas erneut die Stimme, die er vorher nicht gleich zuordnen konnte: »Ja, Andreas! Höre auf Dein Herz! – Du bist auf einem guten Weg Andreas! Auf einem sehr guten Weg!« Andreas schloss die Augen, bedankte sich geistig für die lieben Worte und den Beistand und schlief ruhig ein. Sein Körper war durch den Unfall so sehr verletzt und geschwächt, dass er sich nur im Schlaf am Leben halten konnte.

Als der Rettungswagen endlich das Krankenhaus erreichte, seufzte der Notarzt total erleichtert: »Gott sei Dank sind wir endlich da, er muss dringend operiert werden ...«

Und in dem selben Moment, ja zeitgleich, wie schon so oft, als auch John und Andreas zu Bewusstsein kamen und die Augen öffneten, öffnete auch Rayhan seine Augen. Sein Blick fiel auf eine Wand. Denn er lag am Boden mit dem Gesicht direkt zu einer Wand. Langsam drehte er seinen Kopf in die andere Richtung und sah dort sein Sturmgewehr liegen. Er blieb noch kurz regungslos am Boden liegen und versuchte, sich zu erinnern, was mit ihm geschehen war. Wo war er hier? Er drehte noch einmal vorsichtig den Kopf in Richtung seines Gewehres und starrte es an. Plötzlich erinnerte er sich wieder! Ja, er war mit seinen Kameraden im Kampf gewesen und der Feind hatte ihn überrascht. Er erinnerte sich auch noch daran, Schüsse gehört zu haben, doch an mehr konnte er sich nicht erinnern.

Absolute Stille herrschte um ihn herum und in dieser Ruhe fiel ihm plötzlich ein, was er wohl hier am Boden liegend, geträumt hatte. Er erinnerte sich jetzt ganz klar an seinen Traum und diese Bilder waren so präsent in seinem Kopf, dass er, noch immer am Boden liegend, seine Hand ausstreckte, sein Sturmgewehr packte und es davon schleuderte, ungeachtet dessen, dass sich der Feind noch unmittelbar in seiner Nähe befinden könnte. »Nie mehr!«, rief er dabei. »Nie mehr!«

»Ich bin stolz auf Dich Rayhan!«, sagte in diesem Augenblick eine ihm zunächst unbekannte Stimme, die er aber gleich kurz darauf, dem Traum zuordnen konnte.

»Niemand muss auf mich stolz sein! *Mir* tut es Leid!«, schrie er lauthals: »Mir tut das alles soooo leid!«, brüllte er noch einmal verzweifelt. »Nie mehr! Nie mehr!«, wiederholte er immer und immer wieder und versuchte, aufzustehen. Alle Knochen taten ihm weh, er war sehr verspannt und konnte anfangs kaum stehen, da er eine lange Zeit in einer gekrümmten und unnatürlichen Lage am Boden gelegen hatte. Seine Kameraden hatten ihn liegen lassen müssen, da sie ebenfalls in einen Hinterhalt geraten waren. Sie konnten zwar noch fliehen und kamen auf der Flucht an ihm vorbei, doch sie dachten, er sei tot. Zudem wäre es lebensgefährlich gewesen, ihn mitzuschleppen, denn so hätten sie kostbare Zeit verloren.

Als Rayhan es nach einer Weile geschafft hatte, sicher zu stehen, riss er sich seinen Schal, mit dem er sich vermummt hatte, vom Gesicht und warf ihn voller Wut von sich. Er zog seine Kampfweste aus und schleuderte diese zornig so weit er nur konnte. Dann ging er auf das Sturmgewehr zu, das er vorhin weggeschleudert hatte, hob es auf und lief damit zu der Wand vor der er gelegen hatte und schlug es voller Wucht dagegen. Dabei schrie er: »Nieeeeeeee meeeeeeeehr!!!!!!!!!!!!!!« Immer und immer wieder schlug er das Gewehr gegen die Wand, sodass mehr und mehr Stücke absplitterten und durch die Gegend flogen und es am Ende nur noch Schrottwert hatte. Dann schleuderte er dieses Stück Schrott, voller Kraft, so weit er konnte und schrie völlig außer sich: »Oh Gott, verzeih mir! Bitte verzeih mir! Was soll ich nur tun!!!? ...« Er hielt sich die Hände vor's Gesicht, schüttelte fassungslos den Kopf und brach flehend zusammen: »Oh Gott, verzeih mir!!! Oh Gott, was soll ich nur tun!?« Er kauerte kniend am Boden und weinte und wimmerte. Plötzlich hörte er wieder diese Stimme, die jetzt zu ihm sagte: »Rayhan ich bin stolz auf Dich! Ich wusste, dass Du es schaffen kannst! Hör auf Dein Herz! Du weißt, was du tun musst!« Und als Rayhan dies gehört hatte, wusste er genau, was er tun musste. Ja, er stand zielbewusst auf, klopfte sich den Staub von der Hose und stapfte los. Er nahm sich vor, das Land zu verlassen und seinen gerade geträumten ›Traum‹, seine Geschichte, niederzuschreiben, um so dafür zu sorgen, dass möglichst viele Menschen diese Geschichte lesen würden, und so ihr Herz wieder mit Liebe füllen könnten. Die Stimme wusste natürlich um Rayhans Absichten und sprach: »Rayhan, ich verneige mich vor Deinem Mut! – Und Rayhan, ich liebe Dich und danke Dir!«

Als Rayhan zielstrebig nach Hause stapfte, erinnerte er sich ganz intensiv an den Moment, als die Stimme in seinem Traum erzählt hatte: ›Die bedingungslose Liebe ermöglicht alles, was ihr Euch nur vorstellen könnt und ganz besonders das, was Ihr oder Euer Verstand sich auf Erden überhaupt nicht vorstellen könnt! Nämlich Wunder! – Es gibt keine Wunder! In der Liebe ist alles möglich! Auch Eure sogenannten Wunder!‹ und er entsann sich, dass er, John und Andreas ›damals‹ plötzlich einfach nur noch lauthals gelacht hatten. Ja, sie alle drei konnten es sich nicht erklären, doch sie mussten einfach nur absolut herzhaft und laut lachen. Rayhan wusste noch genau, dass das Lachen immer mehr wurde, einfach immer mehr und mehr und sie zu dritt erkannt hatten: ›Sie waren so ›dumm‹ gewesen, mit dem, was sie auf Erden immer über ›Gott‹ und über ›die Welt‹ gedacht hatten und dass sie es einfach nur noch absolut komisch fanden, wie einfach und doch verborgen die Wahrheit war‹. Er lachte damals, wie auch die Anderen einfach über sich selbst aus vollem Halse und sie freuten sich, dass sie endlich erkannt hatten, was in ihrem Leben so alles schief lief und warum sie eigentlich nie so richtig frei und glücklich waren!

Rayhan musste nun plötzlich einfach laut lachen. Ja, er vernahm in sich das Lachen aus seinem ›Traum‹ und sich an das Lachen der drei erinnernd, steckte er sich selbst damit an und lief lachend den Weg entlang.

Und wenn Sie, liebe Leserin, lieber Leser, ganz leise sind und zur Ruhe kommen, dann können auch Sie dieses Lachen ›in Ihnen‹ ganz leise hören! Und wenn Sie anfangen, bedingungslose Liebe Jedem und Allem gegenüber zu leben, wird dieses ›innere Lachen‹ von Tag zu Tag immer lauter werden! Und am Ende, wenn wir alle dieses ›innere Lachen‹, diese bedingungslose Liebe, leben werden, dann kann auch ›Gott‹, die große Liebe, ›endlich wieder lachen‹!

Viel Erfolg und alles, alles Gute auf Ihrem Weg zu sich selbst und zu einem Leben, voller Liebe und ›innerer‹ Freude!

Ich bedanke mich nochmals von ganzem Herzen beim ›Lieben Gott‹ – der großen Liebe, und bei all meinen Brüdern und Schwestern, den Engeln und meinen Geistführern, für die Eingebungen zu diesem Büchlein und hoffe, dass dieses kleine Büchlein es schaffen wird, über die ganze Welt hinaus, so viele Menschen, wie möglich, zu erreichen!

Vielleicht kann es allen dabei helfen, ›endlich‹ wieder ›zu lachen‹! Bedingungslose Liebe zu leben, zu jeder Sekunde und allen und jedem Menschen gegenüber! Alle Menschen zusammen! Erst dann werden wir den Himmel auf die Erde holen! Dann ›muss‹ keiner mehr, erst immer wieder in den Himmel kommen, sich ›updaten‹ und immer wieder zurückkehren, sondern dann erschaffen wir schon hier den ›Himmel auf Erden‹! Dann wird die Erde zum Himmel und der Himmel zur Erde und es gibt keine Trennung mehr von Himmel und Erde! Wir werden erkennen, dass wir eigentlich jeden Moment im ›Himmel‹ sind und nie woanders waren! Und das Leben wird das, was es schon einmal war oder sein sollte, ein Fest der Liebe! Ein Fest der Freude! – Liebe, Freude, und Fülle für alle!

Ich denke, die Zeit ist gekommen, dass wir endlich das ›sich ewig drehende Rad‹ der ›Erdenschleife‹ durchbrechen. Es gibt viele Zeichen, die ebenfalls darauf hindeuten, dass die Zeit dafür gekommen ist. So gibt es mehr und mehr spirituelle Literatur, zahlreiche Heilpraktiker, Heiler, Schamanen, Meditationen, die Kraft der Kräuter und die der Edelsteine wird wiederentdeckt und vieles mehr!

Aber es gibt vor allem eins: mehr und mehr ›Suchende‹! Suchende – so wie Sie! Und das ist die größte Kraft, denn eines Tages wird aus dem Suchenden der ›Findende‹! Suchen Sie einfach immer weiter – und Sie werden finden!

Danke für Ihre Aufmerksamkeit.
Danke für Eure Aufmerksamkeit, meine lieben ›Brüder und Schwestern‹!

In bedingungsloser Liebe ›Euer Bruder‹ Christian.

Hier an dieser Stelle können Sie nun das Büchlein schließen und über alles in Ruhe noch einmal nachdenken oder und noch besser: ›nachfühlen‹. Oder wenn Sie gerne mehr über mich, den Autor, erfahren möchten und wie es zu diesem Buch eigentlich kam, dann können Sie dazu die beiden Kapitel: ›über den Autor‹ und das ›Nachwort‹ lesen.

»Pssst! – Hallo Sie! – Ja, Sie liebe Leserin, lieber Leser! Ich bin's die Stimme!

Sie denken jetzt, das kann doch gar nicht sein, dass die Stimme nun zu *mir* spricht!? – Doch das kann sein!

Und ja, ich will Ihnen nun noch etwas wichtiges mit auf Ihren Weg geben, doch dazu möchte ich erst von Ihnen wissen, ob Sie das alles nun auch *wirklich* verstanden haben? – Mir ist es wichtig, dass Sie die Geschichte ›im Kern‹ verstanden haben. So wie es vorhin meine drei Gäste Andreas, Rayhan und John auch verstanden haben. Nämlich die *Tatsache*, dass Sie, wie auch alle anderen Menschen, in Wahrheit ›einfach ›nur‹ einer meiner kleinen geliebten Engel sind!

Um Ihnen dies ganz einfach und sehr eingehend zu erklären wäre es prima, wenn Sie mir erlauben würden, Sie, als einen meiner Engel, wie alle meine Engel, mit Du anzureden. – Ist das okay für Sie?

Es würde mir sehr dabei helfen, Ihnen mein Anliegen mit der liebevollen ›Nähe‹ zu vermitteln, die den sehr ehrlichen und wahrhaftigen Rahmen schafft, Sie noch tiefer verstehen zu lassen, was ich Ihnen von ganzem Herzen gerne mitteilen, gerne aufzeigen möchte.

Die ›Du-Ansprache‹ lässt zudem die augenscheinlichen großen Unterschiede der Menschen, verschwinden, so wie es auch die drei Männer bei den zahlreichen Bildern der Frauen erkennen durften. Das ›Du‹, schafft ein stärkeres Gefühl eines ›WIR's‹, es schafft mehr ›Nähe‹, da es die Herzen der Menschen mehr öffnet, als ein ›Sie‹ es vermag. Und auch wir hier ›oben‹ pflegen nur das ›Du‹ untereinander, wie Sie wissen. Oder haben Sie schon einmal zu Ihrem Schutzengel gesagt: ›Sie mein lieber Schutzengel, bitte helfen Sie mir ...‹ oder ›Danke, dass Sie heute auf mich aufgepasst haben ...‹ Und schlussendlich beten Sie sogar in Form des ›Du's‹: ›Vater unser im Himmel, ... *Dein* Reich ..., *Dein* Wille geschehe ...‹ und ›Gegrüßet seist *Du*, Maria ...‹, oder nicht?

Also, für mich war es schon immer in Ordnung, wenn Sie mich duzten. Ist es auch für Sie nun in Ordnung wenn auch ich Sie duze, beziehungsweise in der ›2. Form Plural‹, wie Sie das als Mensch korrekt bezeichnen, ansprechen werde?

Ebenso wie Sie in der Geschichte schon mehrfach gesehen haben, ist leider nun auch für Sie, wie bei den drei Männern, der Moment gekommen, in dem es kein ›Entrinnen‹ mehr gibt. Ja, ich werde Sie nun duzen, da es für Sie das Beste ist. Ich bitte Sie höflichst um Entschuldigung, dass ich Ihnen als ›Vater‹ nun keine andere Wahl lasse. – Nein, stimmt ja gar nicht, ich lasse Ihnen natürlich auch hier Ihren freien Willen, denn Sie könnten nun auch aufhören, zu lesen. Doch es wäre sehr, sehr schade, denn das nun Folgende ist wirklich sehr, sehr wichtig, es kommt von ganzem Herzen und erreicht Ihr Herz in dieser Form am besten. – Ich danke Ihnen!

So, genug geredet …, jetzt geht's weiter, schließlich erreicht schon bald der nächste Leser oder die nächste Leserin, diese Stelle des Buches, und auch denen möchte ich natürlich noch gerne, das nun Folgende mit auf den Weg geben. Ich muss mich jetzt also wirklich ›beeilen‹!

Und lieben Dank, dass Ihr weiter bereit seid, mir zu folgen, das freut mich wirklich sehr! Also, wir waren vorhin stehen geblieben, das Sie in Wahrheit ein Engel sind. Äh …, stopp, dass IHR, also Ihr alle, Engel seid. Man jetzt komm ich hier selbst noch ganz durcheinander.

Also Ihr alle seid in Wahrheit alle Engel. Ja, so ist es – und wenn Ihr eines Tages einmal einen Engel seht oder wenn Euch plötzlich das Gefühl beschleicht, dass ›da‹ irgendjemand mit Euch im Raum ist, obwohl Ihr sicher seid, dass da niemand ist oder niemand sein kann, dann ist das einfach nur einer Eurer Brüder oder Schwestern! Ja, ›einfach‹ nur ein Engel, wie Ihr auch, der Euch helfen möchte, Euch etwas aufzeigen möchte und der Euch wieder daran erinnern möchte, dass Ihr in Wahrheit ebenfalls ein Engel seid. Lediglich ein ›verlorener Engel‹. Ein ›gefallener Engel‹, wie Ihr das nennt. Doch in Wahrheit, ›einfach‹ nur ein ›verloren gegangener‹ Engel, da er sein wahres Wesen ›vergessen‹ hat. Ein Engel der ›sich selbst‹ vergessen hat und glaubt er sei ein Mensch!

Ja, Ihr und all Eure Mitmenschen, habt einfach nur vergessen, dass Ihr Engel seid und wenn ein Mensch einem Engel begegnet oder mit Engeln ›kommuniziert‹, dann ist das nichts Außergewöhnliches, da sich lediglich zwei Engel treffen und sich austauschen. Wenn jedoch einer von den beiden Engeln denkt, er sei ein Mensch und es gebe gar keine Engel, dann ist er völlig überrascht, wenn er einem Engel begegnet! Doch in Wahrheit begegnet lediglich ein ›verloren gegangener‹ Engel einem zurückgekehrten oder zuhausgebliebenen Engel. Nicht mehr und nicht weniger. Das ›Natürlichste‹ überhaupt, wie Ihr es nennen würdet, versteht Ihr das? – Versteht Ihr das wirklich? – Versteht Ihr das in der ganzen Tiefe, in der ganzen Bandbreite?

Versteht Ihr diese große Wahrheit, meine lieben kleinen Engel?

Menschsein ist eine Illusion. Eine ›verdammt‹ realistische und sehr glaubwürdige, doch trotz allem Schein in Wahrheit einfach nur eine Illusion!

Warum glaubt Ihr nicht an Engel, oder warum ist für Euch ein Engel etwas Außergewöhnliches? Etwas ›Unnahbares‹? – Ganz einfach, weil Ihr denkt, dass es keine Engel gibt! So wie man es Euch erzählt hat und weil Ihr denkt, dass Engel ›höhere‹ Wesen sind als Ihr selbst. Doch das ist ein weitverbreiteter Irrtum. Engel sind wie Ihr! Das Einzige was Engel ›mehr‹ haben als Ihr, ist, dass Engel sich ihres Engeldaseins vollkommen bewusst sind!

Es ist so unglaublich: Als Engel in einem menschlichen Körper ›vergesst‹ Ihr wirklich komplett, was Ihr wirklich seid und seht das, was Ihr alle *selbst* seid, nämlich ein Engel, dann auch noch als etwas ›Außergewöhnliches‹, Unerreichbares an! Das ist doch wirklich ›verrückt‹, oder?

In den frühen Jahren Eurer Kindheit, können viele von Euch noch ihre Engelsgeschwister sehen und wahrnehmen. Diese ›Gabe‹ verlernt, vergesst und verdrängt Ihr dann später in Eurem Leben. In Eurer frühen Kindheit, seht Ihr Euch noch nicht als ›Mensch‹, sondern nur als ›(Da)-Sein‹ und Ihr habt noch nicht ›gelernt‹, was Eure Umwelt Euch vorgibt und vorlebt, nämlich, dass es keine Engel gibt. Deshalb könnt Ihr Eure Geschwisterengel noch sehen. Ihr glaubt noch nicht, dass man Engel nicht ›sehen‹ kann oder dass es gar keine Engel gibt, und könnt sie deswegen sehen! Völlig unbeeinflusst seht Ihr sowohl Eure Geschwisterengel ›ohne Körper‹ als auch Eure Geschwisterengel mit Körper! Für Euch macht das kaum einen Unterschied! Ihr seht dann beispielsweise nicht Eure verstorbene Oma als ›Engel‹, wie Ihr es in Büchern darstellt, sondern Ihr seht Eure Oma einfach als das, was sie in Wahrheit ist und immer schon war und immer und ewig sein wird: ein Engel! Ein Engel ohne einen irdischen Körper!

Ihr habt komplett vergessen, dass Ihr Engel seid und somit auch, dass Engel lediglich Eure Geschwister sind!

Ihr habt ›vergessen‹, dass Ihr selbst, lediglich ein Engel in einem Körper seid! In einem Körper, den Ihr Mensch nennt und von dem Ihr ›irgendwann‹, so ungefähr mit drei Jahren, wirklich überzeugt wart, dass Ihr *das* seid! – Dass Ihr der Körper seid!

Zu Beginn Eures Lebens, spricht man Euch, mit einem Euch gegeben Namen an und Ihr übernehmt diesen, im Laufe der Zeit. Doch Ihr selbst, sagt am Anfang stets: ›*Christian* hat Hunger!‹ oder ›*Laura* will …!‹ Ihr sagt noch nicht: ›*Ich* habe Hunger!‹ oder ›*Ich* will …!‹ Nein, Ihr sagt es so, wie es eigentlich ist, Ihr beschreibt es aus der Sicht eines ›Dritten‹! Aus der Sicht eines Engels in einem Körper, denn Ihr wisst noch, dass Ihr nicht *der* Körper, sondern nur *in* dem Körper seid und Ihr merkt, dass *nur* Euer Körper angesprochen wird.

Ihr müsst erst lernen, *diesen* Körper zu ›steuern‹, ihn zu beherrschen. Ja, Ihr lernt als Engel, den Körper zu bedienen. Ihr lernt, wie Ihr Euch über den Körper verständigen könnt und wie Ihr Euch mit dem Körper durch die Welt bewegen könnt. Ihr lernt, wie Ihr den Körper dazu bringt, die Lippen so zu bewegen, dass er sprechen kann, wie er laufen, sich anziehen und waschen kann, sich selbst ernähren und alles, was der ›Mensch‹ so können muss.

Mehr und mehr, ›werdet‹ Ihr so Euer Körper. Mehr und mehr vergesst Ihr, dass Ihr in Wahrheit Engel *in* einem Körper seid. In einem Körper, den Ihr *Mensch* nennt und irgendwann denkt Ihr, so wie alle um Euch herum, dass *Ihr* dieser Körper seid, *dieser* ›Mensch‹. Nein, Ihr ›denkt‹ es nicht, dass Ihr Menschen seid, sondern es ist für Euch selbstverständlich geworden!

Denn würdet Ihr es bewusst ›denken‹, würdet Ihr Euch fragen: Wer oder was ist dieser Mensch, wer oder was bin ich eigentlich? Wer oder was bringt diesen ›Körper‹ dazu, dieses Buch in seinen Händen zu halten und dies hier zu lesen, dies zu verstehen? Wer oder was liest und versteht eigentlich dieses Buch? Wer sieht diese Worte und verarbeitet sie?

Doch weil fast alle so denken, denkt Ihr ›einfach‹: Ich bin ›dieser‹ Mensch – Punkt. Wer oder was dieser Mensch eigentlich ist, oder warum …, das fragt Ihr Euch nicht oder irgendwann nicht mehr, da es Euch eh keiner sagen kann.

Habt Ihr das *so* schon einmal betrachtet? Verrückt oder? – Findet Ihr das nicht auch wirklich ›verrückt‹? – Ist das nicht absolut faszinierend und verrückt zugleich?

Glaubt, was Ihr wollt, doch so ist es. Und nur weil es so ist, gibt es immer wieder ›Menschen‹ unter Euch, die Engel abbilden, darstellen, und auch der ›hartnäckige‹ Glaube an Engel bleibt, obwohl die Meisten nicht an Engel glauben. Auch die Darstellungen, der Verstorbenen in Form eines Engels der ›heimgekehrt‹ ist oder der Glaube an einen Schutzengel hält sich unter Euch, da Ihr tief in Euch von dieser Wahrheit wisst. Ja, auch der oft gewählte Kosename, für Eure Babys: ›Mein kleiner Engel‹, oder ›Du bist ein Engel!‹, wenn Euch jemand große Hilfe leistet, gründet auf der Wahrheit, dass Ihr alle Engel seid! – Sich selbst ›vergessene‹ Engel in einem Körper.

Ich gebe zu, dass es wirklich nicht leicht ist, sich dieses Bewusstsein des Kindes zu bewahren und oder sich dieses Bewusstsein wieder zu erarbeiten, doch genau das ist eine Eurer ›Aufgaben‹, die Euch sehr weit voranbringen kann. Mit diesem ›Euch – Eures – wahren – Wesens – selbst – bewusst – sein‹, dem wahren Selbstbewusstsein, wird sich vieles in Eurem Leben auf wundersame Art und Weise verändern. Und vieles wird sich lösen.

Also nicht ›Eure‹ Engel sind ein ›großes Wunder‹, sondern das große Wunder ist, dass Ihr alle vergessen konntet, dass Ihr Engel seid! Dass Ihr keine Menschen seid und auch nie sein werdet! Ihr könnt lediglich ›herunter - gefallene‹ Engel in einem irdischen ›menschlichen‹ Körper sein!

Doch weil alle ›Menschen‹, die Engel um Euch herum, denken, dass sie Menschen sind und dass es keine Engel gibt, ist es für den Einzelnen fast unmöglich, nicht ebenso ›falsch‹ zu denken. Ihr denkt, Ihr seid Mensch und davon seid Ihr absolut überzeugt. Denn so habt Ihr es von den anderen gelernt und es wurde zu Eurer ›Wahrheit‹. Aus einem Irrtum wurde eine falsche Wahrheit und so wie fast jeder andere, steht auch Ihr zu diesem Irrtum und denkt: Das ist die Wahrheit. Und diejenigen unter Euch, die sich ›erinnern‹ und ›plötzlich‹ mit Engeln kommunizieren können, bezeichnet Ihr als ›Spinner‹ und Lügner.

Aus Eurem einem Irrtum wurde eine Lüge und daraus ›die Wahrheit‹! – Ist das nicht wirklich verrückt? Ihr seid wirklich ›lustig‹! Diejenigen, die Euch Eure Lüge aufzeigen, bezeichnet Ihr als Lügner und glaubt dabei an Euren eigenen Irrtum.

Doch egal, wie viele sich auch irren, niemals wird aus einem Irrtum die Wahrheit. Das ist unmöglich! Das funktioniert nur in Euren Gedanken. Seht Ihr, wie ›verrückt‹ Ihr seid? Ihr ›denkt‹ Euch einen Irrtum aus und dann verfallt Ihr Eurem eigenen Irrtum. Ihr glaubt das, was Ihr Euch selbst ausgedacht habt: Ihr denkt, Ihr seid Menschen! Ihr denkt, Ihr seid Eure Körper!

Und so unterliegt Ihr gleich noch einem Irrtum! Ihr denkt: ›So wie *wir* aussehen, *so* sehen Menschen aus, deswegen *müssen* Engel *anders* aussehen, da Engel ja keine Menschen sind! Engel sehen also niemals aus wie Menschen!

Und unser Körper ist kein Ebenbild Gottes, denn Gott sieht nicht aus wie ein Mensch! Denn Gott ist Gott und kein Mensch!‹

Das ist zwar richtig schlussgefolgert, aber trotzdem falsch, denn am Anfang Eurer Schlussfolgerung liegt eben Euer Irrtum!

Denn nicht Gott sieht aus wie ein Mensch, sondern der Mensch sieht aus wie Gott! – So einfach ist das und schon stimmt alles, ohne dass sich an sich etwas ändern muss! Schon könnt Ihr, die Engel und Gott, alle ›gleich‹ sein, ohne dass es ›Gedankenkonflikte‹ gibt! Verrückt oder? – Nur eine kleine Sache ›ver–rücken‹ und schon passt alles zusammen!

Versteht Ihr das, Liebe Leserin, lieber Leser? – Ich weiß, dass das, sehr schwierig zu verstehen ist, doch lasst mich Euch das anhand eines ›verrückten‹ Beispiels nochmals etwas näher erläutern: Stellt Euch doch bitte einfach mal vor, Gott würde die Form eines Elefanten besitzen. Ich weiß, dass das für Euch jetzt wahrscheinlich etwas außergewöhnlich ist, doch stellt es Euch bitte einfach einmal vor. Ja, Gott hätte den Körper eines Elefanten. Stellt Euch dazu einfach die Form des bekannten indischen Elefantengottes ›Ganesha‹ vor. Solltet Ihr noch nie eine Darstellung dieses Elefantengottes gesehen haben, reicht auch die Vorstellung eines gewöhnlichen Elefanten aus.

Gott hätte also einen Rüssel und die großen Ohren eines Elefanten. Und Gott erschafft dann, nach seinem eigenen Abbild Euch und all Eure Mitmenschen als? – Ja, natürlich als Elefanten! Alle ›Menschen‹ wären statt dessen Elefanten! Ja, Ihr und all Eure Engelsgeschwister inkarnieren also als Elefanten. Und Ihr alle vergesst auch bei dieser Inkarnation als Elefant, woher Ihr kommt. So würdet Ihr irgendwann ebenfalls nach einem Gott fragen. Ihr würdet Euch fragen: »Woher kommen wir und wohin ›gehen‹ wir, wenn wir sterben?« – Oder?

Ja, Ihr würdet Euch das eines Tages fragen, so wie Ihr Euch als Mensch dies auch eines Tages gefragt habt. Und stellt Euch vor, eines Tages käme ein besonderer Elefant zu Euch auf die Erde, der Euch lehren würde, wer Ihr seid und wohin Ihr geht. Ihr würdet seine Worte aufzeichnen und so würdet Ihr erfahren, dass Ihr nach dem Ebenbild Gottes erschaffen wurdet.

Und jetzt kommt das ›Verrückte‹! – Ihr würdet ihm nicht glauben! – Und warum nicht? Ich sage es Euch: Weil es zu ›einfach‹ ist! Ja, weil Ihr so überzeugt seid, dass *Ihr* Elefanten seid, Ihr würdet Euch in einem Spiegel betrachten und sagen: »Solch einen Rüssel und solch große Ohren kann Gott nicht haben, denn Gott ist Gott und kein Elefant. Wir sind Elefanten und nicht Gott! – Gott ist ›höher‹ als wir, deswegen kann er nicht aussehen wie wir!«

Und Ihr würdet Euch irren! So wie Ihr Euch als Menschen irrt, denn der Mensch sieht *nicht* aus wie ein Mensch, sondern der Mensch sieht aus wie Gott! Gottes Engel sehen aus wie er! Warum denn nicht?

So einfach ist das! Nicht die Engel sehen sonderbar aus, sondern sie sehen so aus, wie sie aussehen. So wie Ihr auch, eben nur ohne diesen irdischen Körper!

Ihr alle seid Engel! Ihr habt es Euch lediglich ›selbst ausgeredet‹ und »vergessen‹. Ihr denkt, Ihr seid Menschen, doch eigentlich gibt es keine Menschen! Es gibt nur unbewusste, ›schlafende‹ Engel in irdischen, materialisierten, Körpern. In jedem dieser irdischen Menschenkörper ›wohnt‹ einer von Euch! Einer von Euch, meiner geliebten Engel!

Versteht Ihr das? – Es freut mich sehr, dass Ihr mir hier noch weiter zuhört, denn das ist für Euch Menschen wirklich nicht leicht zu ›verstehen‹. Ich weiß, es klingt sehr unglaublich, doch vielleicht versucht Ihr, das nun Gesagte einfach einmal auf Euch wirken zu lassen, ohne es wirklich zu verstehen. Euer Verstand kann dies nur schwer einordnen, denn dazu fehlen ihm noch ausreichend ›Verknüpfungen‹. Doch mit der Zeit wird er es einordnen können und sich ein eigenes Bild davon machen. Denn Euer ›Herz‹ wird es sofort ›verstehen‹, und sich ›berührt‹ fühlen! Es wird sich erinnern und Eurem Verstand helfen, dies zu ›verstehen‹!

Auch Euer Fest des ›Lichtes‹, das Fest der ›Liebe‹ – Euer Weihnachtsfest, wie Ihr es nennt, soll Euch jedes Jahr daran erinnern, dass es so ist. Der immergrüne Baum, mit ›Licht‹ geschmückt, soll Euch aufzeigen, dass das Leben unendlich ist und das Euer Bruderengel Jesus, Euch helfen wollte, Euch an Euer wahres Wesen zu erinnern. Er kam zu Euch, um aufzuzeigen, dass Euer Leben auf der Erde nicht das wahre ›Leben‹ ist! Und nein, er ist an ›Ostern‹ nicht ›auferstanden‹, sondern er ließ lediglich seinen Körper zurück und ›wurde‹ so ›wieder‹ das, was er war – ein Engel, wie Ihr alle!

So, nun habe ich Euren Verstand aber wirklich sehr stark strapaziert, oder? – Glaubt mir, ich weiß wirklich, wie schwer es für Euch ist, das zu verstehen, und ich habe aller größten Respekt vor jedem von Euch, der probiert, dies zu verstehen. Und es freut mich wirklich ›riesig‹, wie Ihr das nennt, wenn Ihr Euch daran macht, dies zu verstehen.

Ja, ich bin sehr glücklich, dass Ihr dies hier gerade lest und ja, Euer unerschütterlicher Weg, auf der Suche nach dem Sinn des Lebens, nach dem ›Glück‹, hat Euch dieses Büchlein Eures Engelsbruders Christian finden lassen, und Euch angetrieben und durchhalten lassen, es auch bis hier her zu lesen. Vielen Dank für Eure Ausdauer. Vielen Dank für Eure Suche. Ich bin sehr stolz auf Euch.

Sehr stolz auf Dich, mein lieber kleiner Engel!

Nun bin ich fast am Ende mit dem, was ich Euch noch unbedingt sagen wollte, doch es folgt noch eine Kleinigkeit. Ja, ich weiß, Ihr kommt an Eure Grenzen, das gerade eben Gesagte zu ›verdauen‹. Doch es gibt noch etwas, das mir wirklich sehr, sehr wichtig ist und ich einmal sagen will, damit es gesagt wurde. Ja, es muss hier einfach einmal ›raus‹, es muss einfach unbedingt noch hier zu Papier gebracht werden.

Wenn es Euch nun zu viel ist, dann lest es einfach später, doch ich will Euch dies hier, unbedingt einmal so, in dieser Form sagen. Denn dann ist es einfach mal ›raus‹ und ich weiß, dass ich es endlich mal auch auf der Erde ›sagen‹ konnte, damit Ihr es im Laufe Eures Erdenlebens so wieder erfahren könnt:

Ihr alle müsst als ›Menschen‹, erst einmal vieles ›vergessen‹, um *es* so selbst ›wieder‹-finden zu können, und somit Euch ›wiederzufinden‹.

Es ist eigentlich ganz einfach, Ihr müsst lediglich ein erfülltes Leben leben. Ein Leben, in dem Ihr Dinge tut und Ziele erreicht, die Euch ›erfüllen‹. Ja, die Euch wieder mit Euch *selbst* ›erfüllen‹, also Euch wieder mit Euch selbst ›auffüllen‹. Dann ›spürt‹ Ihr Euch wieder selbst, dann spürt Ihr wieder Euer ›Selbst‹, Euer ›wahres Selbst‹. Dann seid Ihr ›er – füllt‹, dann seid Ihr ›zu – frieden‹, dann seid Ihr ›vollkommen‹

158

glücklich - ›voll – er‹ Freude, *voll* von Freude, ›wunschlos‹ glücklich. Versteht Ihr das?

Ihr seid dann ›voll‹ mit allem! Ihr braucht dann all das von ›Außen‹ nicht mehr, Ihr seid dann ›erfüllt‹! Ihr tragt dann all das in Euch selbst.

Ihr kennt das bereits, wenn Ihr einen besonders schönen Moment erlebt, Ihr Euch freut oder etwas erreicht habt, worauf Ihr sehr stolz seid – Momente, wie sie in der Geschichte vorher bereits erwähnt wurden. Momente, in denen Ihr so erfüllt seid, so voller Freude, dass Ihr eigentlich gar nichts mehr braucht. Nichts mehr ersehnt. Ihr ›erfüllt‹ Euch in dem Moment selbst so, dass Ihr nichts mehr vom Außen braucht, um Euch zu erfüllen, versteht Ihr das? – Nur wenn Ihr vollkommen aus Euch heraus ›erfüllt‹ seid, wenn Ihr Euch also selbst spürt, erspürt, ›er – spürt‹, Euer wahres Wesen spürt, Euer wahres Selbst, Ihr Euch an Euer wahres SEIN erinnert habt und so bereit seid alles im Außen ›loszulassen‹, da Ihr es seid, was IST, da Ihr selbst *Alles* seid und somit nichts mehr ›braucht‹, dann seid Ihr wirklich frei, dann seid Ihr bedingungslos!

Ihr genießt dann alles sogar um so mehr und in der ganzen Tiefe, obwohl Ihr es gar nicht mehr braucht. Das ist die wahre Entsagung! – Das ist ›nicht verhaftet sein‹. Nicht mit ›Gewalt‹ auf etwas verzichten, was Ihr noch braucht, sondern es in *sich* finden, bereits ›in sich tragen‹, sodass es im Außen nicht mehr benötigt wird.

So lange Ihr noch etwas ›braucht‹, also etwas nur entsagt, darauf verzichtet, ist es nicht der richtige Weg, sondern der Sinn ist, es in *sich* zu finden, *sich* ›damit‹ selbst zu ›füllen‹ und es so ›loszulassen‹!

Dieses *sich* selbst ›Erfüllen‹, ist eigentlich ›nur‹ ein ›*Erinnern*‹. Ihr erinnert Euch in dem Moment an Euch selbst. Ihr erinnert Euch daran, dass Ihr selbst Freude seid – Liebe seid! Glücklichsein seid! Und nur durch bestimmte Situationen im Außen ›er – spürt‹ Ihr Euch selbst. Ihr denkt, die Freude kommt von außen, die Liebe kommt von außen …, durch dies oder jenes …, doch *alles* ›erinnert‹ Euch nur an *Euch*. Ihr spürt *Euch*, durch eine an Euch erinnernde Situation. Die Freude, die

Ihr seid, spürt Ihr durch eine Situation, die mit Eurer Freude resoniert[2] und Euch zu Euch selbst – der Freude ›bringt‹!

Und wenn Ihr ›selbsterfüllt‹ lebt und handelt, dann seid Ihr ›er – leuchtet‹! Ja, Ihr seid dann nicht etwa ›heller‹ als Eure Mitmenschen oder anders als sie, so wie Ihr immer denkt, sondern lediglich *wieder* ›erleuchtet‹. Ihr ›strahlt‹ *wieder* das Licht aus, das jeder in sich trägt, jeder von Euch *ist*. Ihr habt dann Euer Licht wieder erkannt und seid somit wieder ›voller Licht‹. Voller Bewusstheit über Euer wahres Sein! Der ›Schatten‹ der ›Illusion‹, Eurer polaren Welt, die ich für Euch schuf, ist dann dem ›Licht‹ der Erkenntnis, der ganzen Wahrheit ge- wichen, also von Euch gewichen. Der Erkenntnis, sich seines wahren Seins bewusst zu sein!

Bewusstsein ist ›Licht‹, Unbewusst sein ist ›Schatten‹. Erleuchtung ist ›lediglich‹ die Verdrängung des Schattens, des Schattens der Un- bewusstheit. Der Schatten weicht und das Licht kommt wieder zum Vorschein. Erleuchtung ist, dass *wieder* ›leuchten‹ als ›reines‹ SEIN. Ein SEIN ohne Bewertung, ohne Bedürfnisse, ohne Bedingungen. Ein bedingungsloses SEIN! Einfach ›nur‹ SEIN. Bedingungslose Liebe ge- genüber allem, was ist! Bedingungslose Liebe sein!

Einfach nur Liebe sein – Das sein, was jeder ist, nicht mehr und nicht weniger: Liebe! Reine bedingungslose Liebe!

Und wenn Ihr wieder vollkommen ›nur‹ die Liebe seid, das, was Ihr alle in Wahrheit seid, und zu *allem* und *jedem* in Liebe leben könnt, dann seid Ihr vollkommen ›erleuchtet‹. Dann strahlt Ihr das in die Welt, was Ihr seid und was jeden anderen sich ebenfalls wieder an ›sich‹ erinnern lassen wird.

Die Liebe zu Allem und Jedem bedeutet nicht, dass Ihr *alles* tun könnt, also negative Dinge als genauso gut wie positive oder gar gleichgültig betrachten sollt, sondern dass Ihr in *Allem* den göttlichen Ursprung, den ›Urknall‹, wie Ihr es beschreibt, erkennt und Euer wah- res Wesen lebt: Euer Engelsdasein!

Und mit diesem ›Bewusstsein‹ erkennt Ihr, dass negative Dinge Euch von allem trennen und Euch mehr und mehr von Euch selbst und allem

›entfernen‹. Somit ist im Grunde alles weder ›negativ‹ noch ›positiv‹, doch Handlungen und Taten, die Euch von *Euch selbst* und Euren Geschwisterengeln trennen, erschweren und verzögern Eure Heimkehr zu mir nach Hause.

Denn wie soll denn der derjenige, der sich von den Anderen trennt, mit den Selben eines Tages wieder Eins sein können?

Alles, was Euch von den anderen trennt, ist das wirklich ›Negative‹ und das sind nicht nur die sehr schlimmen Dinge wie Kriege, Mord und Hass, sondern auch die alltäglichen, ›üblichen‹ Dinge wie: ›Ich bin besser als …, niemals verzeihe ich …‹ oder den freien Willen eines Menschen nicht zu respektieren. Und auch, Konflikte, Ängste und ›Verletzungen‹ nur zu ›verdrängen‹, statt zu lösen, statt zu ›heilen‹, ist ›negativ‹.

Bewertungen, Verurteilungen, Zweifel …, all das sind Eure Herausforderungen, die Ihr mit der Liebe lösen könnt, versteht Ihr das? EINSsein ist mit *Allem* im Reinen sein – entweder alles oder nichts! Einssein erlaubt keine Trennung! Von nichts! Denn sonst ist es nicht EINS, sondern ›zwei‹!

Wenn Ihr wieder *jede Sekunde* Eures Lebens *Euch selbst* bewusst seid, dann seid Ihr wirklich bewusst! Und in dieser Bewusstheit könnt Ihr die Welt und meine gesamte Schöpfung als *das,* was sie ist und *so,* wie sie wirklich ist erkennen. Ihr werdet dann von *selbst,* von Eurem Selbst aus, als ›Selbst‹, einfach wissen, was es heißt, in Liebe zu *Jedem* und *Allem* zu leben. Ihr werdet verstehen, dass es eigentlich immer ›nur‹ um Trennung oder Nicht-Trennung von der Liebe geht. Um die Trennung von Euch selbst von den vielen ›unbekannten‹ Anderen, Euren Geschwistern, und somit der Liebe zu ihnen und dadurch gleichzeitig um die ›Trennung‹ von mir, der Liebe und somit von *Allem*!

Ihr selbst trennt das Eine in ›zwei‹: in ›Licht‹ und ›Schatten‹.

Ich musste für Euch das EINE in ›zwei‹ trennen, teilen, damit Ihr das EINE, die Liebe zu Euch selbst, erfahren konntet. Denn nur, wer erlebt zu sterben, kann erfahren, was die Ewigkeit ist. Nur, wer die Nicht-Liebe erfährt, Dinge erlebt, die nicht der Liebe entsprechen, weiß wirklich, was die Liebe ist. Nur wer Trennung, Trauer und Endlichkeit erlebt, weiß was Einssein, Glückseligkeit und Ewigkeit ist. <u>Nur wer erlebt, was die Liebe *nicht* ist, erfährt, *was* die Liebe *ist*!</u>

Nur wer sich von *sich* und *Allem* getrennt hat und sich somit alleine in der Welt verloren fühlt, sein ›Licht‹ verloren hat und sich dann wieder von selbst auf den Weg macht, sich wieder zu finden, *sich* dann wieder findet und sich aus purer Liebe, aus sich heraus, wieder mit *Allem* ›verbindet‹, weiß wirklich, was bedingungslose Liebe - das ewige Leben und EINSsein sind!

Ihr *alle* seid Lichtarbeiter! – Denn Ihr alle arbeitet an Eurem eigenen ›Licht‹!

Also, meine lieben ›kleinen‹ Lichtarbeiter, macht Euch auf den Weg zurück ins Licht. Zu *Eurem* Licht!

Es ist eigentlich ganz leicht, Ihr müsst nur diesen ›Schleier‹ der Materie über der Wahrheit erkennen, und dann könnt Ihr *selbsterfüllt,* und somit bedingungslos, leben. Ihr müsst ›einfach‹ nur ein Leben in Liebe, Friede, Wahrhaftigkeit, Gewaltlosigkeit und Rechtschaffenheit leben. Ihr werdet dadurch automatisch ›Licht‹ und ›Schatten‹ wieder mehr und mehr verbinden und *Euch selbst* und die Wahrheit erkennen.

Und das Schöne ist, Ihr ›müsst‹ das gar nicht, sondern, wenn Ihr Euch *selbst erfüllt* habt, dann werdet Ihr gar nicht mehr anders leben wollen. Ihr könnt dann gar nichts anderes leben, als das, was Ihr in Wahrheit seid, denn ja, Ihr alle seid einfach ›nur‹ Liebe, Freude und Glückseligkeit! Ihr seid keine Menschen, eigentlich nicht mal Engel, denn das EngelSEIN ist eigentlich nur *SEIN.* Es ist einfach ›nur‹ Liebe, Freude und Glückseligkeit *sein.* Und auch ich bin dies. Ich bin *SEIN,* Ihr seid *SEIN* und *SEIN* ist Liebe, Freude und Glückseligkeit und das in Ewigkeit!

Ja, in Ewigkeit und wenn Ihr sehr, sehr glücklich seid, spürt Ihr die ›Ewigkeit‹, dann spürt Ihr, wie ›die Zeit stehen bleibt‹, wie die Zeit ›verschwindet‹ und die dahinter ›verborgene‹ Ewigkeit zum Vorschein kommt!

Versteht Ihr das? – Ich wünsche mir von ganzem Herzen, für *jeden* von Euch meiner lieben kleinen Engel, dass Ihr Euch eines Tages wieder daran erinnert und dann endlich wieder *das* ›werdet‹ was Ihr *immer schon seid* und wir alle dann so ›wieder‹ EINS›werden‹. Ich warte auf Euch!«

In tiefer Liebe, Eure Stimme

PS: »Und für alle unter Euch, die einen Hass auf irgendjemanden pflegen, sei es weil Ihr betrogen wurdet, jemand Euch etwas gestohlen hat, Ihr schlecht behandelt wurdet oder Ihr Euch wegen sonstigen Ungerechtigkeiten von Anderen ärgert, wie zum Beispiel Euer Verdruss über ungerechte Kollegen, unfaire Eltern, Freunde ... oder ungerechte Steuerabgaben oder deren Verschwendung ... – Lehnt Euch einfach zurück und ›segnet‹ diese Dinge mit Liebe! Denn all diejenigen, die unrecht handeln, werden die Verantwortung für Ihre Taten übernehmen müssen. So wie es Rayhan auch tun musste. Denn die Liebe bedingt Liebe!

Wer betrügt, egal, ob er es vertuscht, für sich ›legalisiert‹ oder er ›davonkommt‹, wie Ihr es nennt – er hat es getan! *Er* hat betrogen und *er* hat gegen die Liebe gehandelt. Er hat es unwiderruflich getan.

Lüge, Betrug, Unrecht, Unterdrückung ..., all das passt nicht zur Liebe.

Eine ›Ehrenrunde‹ ist unumgänglich ..., eine ›extra‹ Runde, bei der er es ›bereuen‹ und wieder ›gutmachen‹ darf.

Handelt stets in der Liebe und wahrhaftig und lasst Euren Hass, Eure Wut, los. Denn bestraft hat sich derjenige bereits selbst im Moment seines unrechten Handelns. Er trennt *sich* noch mehr, noch weiter von *sich* ›selbst‹ und somit von der Liebe. Er ›trennt‹ sich selbst von *sich*, von Euch, von mir, von allen und *Allem*!

Für Euch als Leidtragende ist nur wichtig, dass Ihr *Eure* ›Lernaufgabe‹, aus dieser ungerechten Situation erkennt und löst. Ja, fragt Euch einfach: Was ist *mein* Anteil, den ich in diesem Konflikt zu erfahren, zu ›lernen‹ habe? Den anderen Teil darf der, der die Ungerechtigkeit ausführte, selbst erkennen und für sich tragen.

Wenn Ihr *Euren* Teil der Lektion erkannt *und* erfüllt habt, dann könnt Ihr loslassen. Es ist nicht notwendig, den Anderen zu beurteilen oder zu verurteilen, denn das hat er durch sein Handeln bereits *selbst* getan!«

Anhang

Anmerkungen

1) Im süddeutschen Raum wird ›zusammenwachsen‹ umgangssprachlich auch im Sinne von ›aneinandergeraten‹ verwendet. Also in einen Konflikt, Streit geraten oder gar ein Handgemenge anzufangen. Es wird als verbale Warnung oder Drohung verwendet, um das Gegenüber letztmalig darauf hinzuweisen nicht weiter die Grenzen zu überschreiten, nicht weiterhin etwas zu tun, was einem sehr missfällt: »Pass auf, sonst wachsen wir zwei noch zusammen!« (»Pass bloß auf, sonst wachsa mir zwoi no zamm!‹)

2) Mit etwas in ›Resonanz stehen‹, resonieren, ist ein in der Spiritualität sehr gebräuchlicher Begriff dafür, mit etwas gleich zu ›schwingen‹. Es wird davon ausgegangen, dass alles in der Welt schwingt, also ständig eine Frequenz aussendet, wie ein vibrierender Körper. Ähnlich einer Saite einer Gitarre oder einem durch Reibung zum ›Singen‹ gebrachten Weinglas. Jedoch schwingt nach dem Resonanzgesetz Alles und Jeder <u>ständig</u>, ohne erneut in Schwingung versetzt zu werden. Je nachdem, ob ein Gegenstand schneller oder langsamer oder, wie aus der Musik bekannt, höher oder tiefer schwingt, ›sendet‹ er unterschiedliche Frequenzen aus. Diese Frequenzen stehen bzw. ›gehen‹ mit gleich schwingenden Frequenzen, sozusagen in Resonanz, schwingen also ›gemeinsam‹. Man kann dies sehr schön erleben, wenn mehrere Menschen gemeinsam in der gleichen Tonlage singen. Es entsteht ein harmonischer Gesang, fast wie ›eine‹ Stimme. Ebenso erlebt man auch wunderbar das Gegenteil, wenn jemand einen anderen Ton singt.

Beim Resonanzgesetz wird davon ausgegangen, dass Gleiches Gleiches anzieht, sich also gleiche Frequenzen gegenseitig anziehen. So schafft dann zum Beispiel die Schwingung der Freude, ausgelöst durch das Gefühl der Freude eines Menschen, eine Resonanz mit Dingen, deren Schwingung der, der Freude entsprechen wie Glück, Fülle und positive Zufälle. Und die Schwingung von Angst schafft eine Resonanz mit Sorgen, Pech und Negativem.

Somit ist der sogenannte ›Glückspilz‹ oder der vermeintliche ›Pechvogel‹, lediglich ein Produkt des Resonanzgesetzes und gleichzeitig ein sehr gutes Beispiel dafür. Denn wer einen Glückspilz danach befragt, welche seine überwiegende, aber vor allem wahrhaftige, Lebenseinstellung ist, wird von ihm hören, dass er meist optimistisch, gut gelaunt und voller Lebensfreude ist.

Nachwort

Dieses Buch wurde nicht von mir geschrieben, es wurde ›durch mich‹ geschrieben. Die Grundidee war, ein paar Zeilen zu schreiben, damit die Menschen sich gegenseitig mehr respektieren, schätzen und im Alltag liebevoller miteinander umgehen.

Doch als ich zu schreiben begann, war da plötzlich der Anfang einer Geschichte – und wie aus dem Nichts war ›Andreas‹ geboren und dieser fuhr auf der Straße ...

Ab diesem Moment kam es mir vor, als ob ich die Geschichte selber höre, und ich sie ›einfach‹ nur niederschreiben muss. Ja, ich bin kein ›Schreiberling‹ und auch kein besonders großes Genie im Formulieren, doch ›die Stimme‹ in mir sagte: »Schreib einfach! Schreib! Es ist wichtig!« Und ich hatte ein wunderbares Gefühl von Liebe in mir und die Empfindung, geführt zu werden.

Aus ein paar Zeilen, wurden immer mehr Zeilen – und aus den vielen Zeilen, wurden Seiten und aus den Seiten erwuchs ein Buch! Ich beabsichtigte niemals, ein Buch zu schreiben, ganz im Gegenteil, da aufgrund meiner Arbeit mein Bedürfnis nach Erholung und Freizeit, sowieso schon meist zu kurz kommt. Doch ›die Stimme drängte‹ mich sanft und liebevoll, weiter zu schreiben.

Anfangs dachte ich noch: Wenn ich jetzt hier anfange, eine Geschichte zu schreiben, dann müssen das mindestens 150 Seiten werden, damit es eine richtige Geschichte ist! So viel fällt mir doch niemals ein!? Mir war klar, dass ich mit meinen ›Einfinger-Suchsystem-Tipp-Fähigkeiten‹ nicht besonders schnell und fehlerfrei schreiben werde, doch die innere Stimme sagte, ich solle mir darüber keine Gedanken machen und ebenso wenig über ein vernünftiges Lektorat.

Und so war es auch. Ungefähr zwei Monate lang, hatte ich in regelmäßigen Abständen, einen ›starken Drang‹, einfach zu schreiben und immer weiter zu schreiben, damit ›der Faden nicht abreißt‹, »weil genau jetzt ›die Zeit‹ dafür wäre«, meinte die Stimme.

Während dieser Zeit zweifelte ich immer wieder daran, ob die Geschichte wirklich von mir zu Ende gebracht werden kann und auch, ob es wirklich richtig ist, mich von ›der Stimme‹ führen zu lassen und alles so niederzuschreiben. Doch immer, wenn ich dazu neigte, das Projekt liegen zu lassen, oder Zweifel hatte, schickte mir die Stimme ein Zeichen. Bei meiner Tätigkeit als Edelsteinberater hatte ich dann plötzlich mehrere Kundenanfragen nach der ›Blume des Lebens‹! Entweder wollten zahlreiche Kunden nacheinander ein Produkt mit oder über dieses Symbol, oder sie fragten mich einfach nach der Wirkung oder der Symbolik. Eines war jedoch immer gleich – sobald ich von der Geschichte ablassen wollte, verstärkte sich die Präsenz der ›Blume des Lebens‹ in meinem Leben.

Und so, wie ›die Stimme‹ dafür sorgte, dass ich mich an mein Projekt ›erinnerte‹ und weiter schrieb, so ›kümmerte‹ sich die Stimme auch darum, dass sich die Geschichte um die ›Blume des Lebens‹ drehte. Denn am Anfang hatte ich nicht im geringsten vor, ein Buch über dieses Symbol zu schreiben.

Nachdem das Skript geschrieben war, sorgte ›die Stimme‹, wie ›versprochen‹, weiter für ›ihr‹ Projekt und so traf ich durch ›Zufall‹ eine ehemalige Arbeitskollegin. Niemals wäre ich auf die Idee gekommen, ihr so etwas ›Intimes‹, wie mein durch die Stimme geführtes Schreiben einer Geschichte, sofort anzuvertrauen, da wir uns Jahre nicht gesehen hatten, und ich sie damals auch nicht näher, außer unter Arbeitskollegen halt üblich, gekannt hatte. Doch ›die Stimme‹ drängte mich, es ihr zu erzählen! Meine innere Stimme, sagte zu mir: »Erzähl ihr von Deiner Geschichte und der Idee, sie als Buch zu veröffentlichen. Sie wird Dir weiterhelfen!« Nach einem inneren ›Hin und Her‹, von Bedenken und Gedanken wie: Das geht doch nicht, so gut kennt Ihr Euch nicht, Du kannst sie doch damit nicht überfallen … und dem: Wieso denn nicht? Was hast Du denn zu verlieren? Die Stimme wird schon wissen, was sie tut, sie hatte bisher immer recht …, schlich sich auf einmal ein ›überwältigendes‹, warmes Gefühl ein, sodass ich, wie in einer Art ›Rausch‹, alle negativen Gedanken über Bord warf und ihr alles erzählte.

Und genau wie die Stimme mir gesagt hatte, stellte sich heraus, diese Frau war genau die Richtige für den Feinschliff und die ›Reparatur‹ der ›Großbaustellen‹, meiner ›Schreibkunst‹. Der Sinn, die Handlung, der Verlauf …, alles war mir ›durchgegeben‹ worden, oftmals auch mitten in der Nacht, aber die Umformulierungen, sodass Sie, lieber Leser, nicht spätestens nach den ersten zehn Zeilen voller: ›Und …, und …, und …‹ oder: ›sagte er …, sagte …, er sagte …‹, das Buch in die Ecke werfen, weil es einfach keine Freude macht, es zu lesen, dafür zeichnet sich meine ehemaligen Kollegin Martina Maichen aus. ›Die Stimme‹ und ich sind ihr für diese wunderbare Arbeit von ganzem Herzen dankbar!

Auch dafür, dass das Büchlein doch noch den letzten Schliff eines professionellen Lektorates bekommt, hat die Stimme gesorgt. Denn durch einige ›Zufälle‹ hatte Martina, nachdem Sie ungefähr 60 Prozent des Skripts überarbeitet hatte, kaum noch Zeit für das Buch und ich war gezwungen, mir eine Alternative zu suchen.

Am Anfang hatte ich mich, aus finanziellen Gründen und auch aus Angst, für mein laienhaftes ›Geschreibsel‹ ausgelacht zu werden, ›gesträubt‹, auch noch professionelle Hilfe anzunehmen. Doch ich öffnete mich für eine Alternative und ›die Stimme‹ sagte: »Suche im Internet nach einem Lektorat!«

Genervt dachte ich mir nur: Na prima, denn das hatte ich mir schon ganz am Anfang, während des Schreibens schon einmal überlegt, doch nachdem ich gesehen hatte, welches Honorar in der Regel verlangt wurde, ließ ich den Gedanken schnell wieder los. Es ist absolut gerechtfertigt, jeder darf das verlangen, was seine Arbeit wert ist, doch mir war das leider zu viel.

Aber ›der Stimme‹ war das scheinbar egal, sie wiederholte lediglich ihre Aufforderung mit einer kleinen Ergänzung: »Suche im Internet nach einem *spirituellen* Lektorat!« Also machte ich mich auf die Suche. Nur eine Eingabe in der Suchmaske und siehe da, schon stieß ich, wie durch ›Zufall‹, auf eine Seite auf der auf ein spirituelles Lektorat verwiesen wurde. Nachdem ich den Link angeklickt hatte, wurde ich lediglich auf eine Seite mit zahlreiche Lektoren für die jeweiligen Bereiche weitergeleitet. Eine Lektorin fiel mir aber sofort ›ins Auge‹. Besser gesagt, ich fühlte mich dorthin gezogen. Bei ihren Angaben stand zwar nichts von spiritueller Lektorenarbeit, aber meiner Intuition nach, war sie die Richtige. Auch direkt auf ihrer Seite wirkte nichts spirituell, eher ganz im Gegenteil – alles war sehr sachlich und akkurat, rational und verstandesorientiert. Alles schien, als würde sie nur Diplomarbeiten, Dissertationen und andere wissenschaftliche Arbeiten lektorieren. Aber da, da stand auch ein Hinweis auf das Lektorat von Büchern. Ob das wohl auch solche Bücher, wie meins wären? Ein spiritueller Roman?

Mein Verstand suchte lieber weiter und fand dann noch eine Lektorin, die ihm geeigneter schien, da sie speziell auf die Korrekturarbeit an spirituellen Büchern verwies und selbst Kinderbücher schrieb. Doch mein Gefühl, meine innere Stimme, ›sagte‹ mir: »Nimm die ›sachliche‹, sie ist die Richtige!«

Und so war es! So erhielt das Büchlein auch noch sehr professionellen Rat! Es bekam den letzten Schliff durch die ›kompromisslose‹ Korrektur der Grammatik und durch weitere kleine, aber sehr wertvolle Umformulierungen, mit großer Wirkung, die das Ganze noch abrundeten und noch mehr Lesefluss schafften! Vereinzelt habe ich mich aber, zugunsten einer, meiner Meinung nach, besseren Lesbarkeit, gegen die Grammatik entschieden. Es sind also nicht etwaige Fehler von Frau Kossack, sondern es ist meiner Entscheidungsfreiheit als Autor geschuldet. Ich fand die korrekte Grammatik manchmal etwas zu ›sperrig‹. Meine sehr nette, verständnisvolle und vor allem sehr flexible Lektorin Frau Susanne Kossack brachte durch Ihre Sachlichkeit und akkurate Arbeit noch den zusätzlichen Gewinn, dass die Geschichte trotz der ›Spiritualität‹ an allen Stellen stets der Logik folgt! Und ganz nebenbei wurde auch noch dafür gesorgt, dass das Büchlein wegen des Nord-Süd Gefälles unserer Sprache, nicht nur im Süden verstanden wird, denn im Süden *war* ich mit meinem Buch auf dem Sofa gelegen und im Norden *hatte* ich damit auf dem Sofa gelegen.

Ich bin auch Frau Kossack sehr, sehr dankbar für Ihre wunderbare und sehr engagierte Arbeit! Es war eine sehr große Bereicherung für mein Buch! Und es war eine sehr schöne Begegnung, wenn auch leider nur telefonisch, und eine perfekte und sehr harmonische Zusammenarbeit!

Und ganz besonders überraschend und sehr erfreulich war, dass sich meine ehemalige Kollegin Martina Maichen meldete und mir mitteilte, dass Sie nun wieder Zeit finden würde! Kaum war der Kontakt mit Frau Kossack geknüpft und alles soweit besprochen und vereinbart, da teilte mir Martina mit: »Ich habe jetzt wieder Zeit! Lass es uns zu Ende bringen!« Zufall? Ich hatte schon daran gedacht, das Projekt zu begraben, denn die andere Hälfte mit einer anderen Person zu optimieren, würde mein Büchlein ›zweiteilen‹, da jeder doch so seinen eigenen Stil hat. Zudem hatte ich mich so gefreut über den Stil, den ich mit Martina gefunden hatte. Er war so wunderbar! Wer könnte das ersetzen? Und der Gedanke mit der zweiten Lektorin noch mal von vorne zu beginnen, um einen einheitlichen Stil zu bekommen, grauste mich, da ich bereits sehr, sehr viel Liebe, Arbeit und Zeit investiert hatte, um so weit zu kommen. Nein, aus diesen Gründen war ich wirklich kurz davor hinzuschmeißen. Ja, es wäre sehr traurig und enttäuschend für mich gewesen, doch ich war mir sicher: Noch mal von vorne!? –NEIN, auf keinen Fall! Diese Belastung für mein Privatleben kann ich nicht noch viel länger aushalten. Die Stimme riet mir, nichts zu überstürzen und abzuwarten doch ich dachte nur: Wie soll das jetzt weiter gehen, ohne Martina? Das ist einfach zu viel Zeit! Ich ›muss‹ auch noch leben und schlafen und meine Frau braucht mich auch noch! Hatte ich mich doch bis dahin sowieso schon fast ein Jahr in meinem Projekt ›verkrochen‹.
  An dieser Stelle auch noch ein ganz, ganz herzliches Dankeschön für ihre unglaubliche Geduld und ebenfalls großartige Unterstützung bei den ›großen Textbaustellen‹. Sowie die immer wieder sehr aufbauende Bestätigung, dass es ein wunderbares Buch sei! Ohne sie gäbe es dieses Buch ebenfalls nicht!

Ein weiterer, für mich fast unglaublicher Moment, ›Zufall‹, war, als ich den Text für die Buch-Rückseite in einem Café nochmals überarbeitet hatte. Beim Nachhausefahren ertönte aus dem Autoradio ein

Song mit dem Refrain: »Hör auf die Stimme, hör, was sie Dir sagt ...« Ich hatte keine Ahnung, dass jemand zur selben Zeit einen Song geschrieben hatte, der von der ›Stimme‹ handelt! – Zufall?

Auch ich dachte vor vielen Jahren noch, dass es solche ›Zu-fälle‹, solche ›verrückten‹ Dinge nicht gibt, doch weiß ich heute, *dass es so ist!!!* Das »Verrückte« daran ist aber nicht, dass es diese ›andere Welt‹ gibt, sondern das wirklich ›Verrückte‹ ist, dass wir in dieser ›anderen Welt‹ leben und sie gar nicht bemerken! Wir in ihr leben und trotzdem denken, dass es sie nicht gibt! Das wir sie ›leugnen‹, sie ausblenden!

Es klingt so unglaublich, wenn man solche Erlebnisse von anderen hört, oder davon in Berichten liest. Doch wenn man es selbst einmal ›erlebt‹ hat, dann ›fühlt‹ man einfach, dass es so ist! Man muss dann nicht erst nachdenken, oder überlegen, wie so etwas sein kann, sondern man ›weiß‹ einfach, dass es so ist! Man ›fühlt‹ es einfach!

Ein fast noch unglaublicherer ›Zufall‹ und für mich sehr bewegender Moment ereignete sich, als die Geschichte schon eine ganze Weile geschrieben war, und es nur noch darum ging, sie zu lektorieren und in Druckform zu bringen.

Zu dieser Zeit kamen zwei Frauen in den Laden und wollten Edelsteine für sich kaufen. Die richtigen Steine für ihre von ihnen geschilderten Leiden. Während ich mit einer von den beiden die passenden Steine ermittelte, hatte ich ein sehr starkes Gefühl: Frag sie, aus welchem Land sie stammt! Doch ich dachte gleich abweisend: Nein, das kann ich nicht tun, denn erstens, ist das sowieso ein sehr sensibles Thema und mich geht das überhaupt nichts an. Und zweitens, in dem Moment, in dem wir wegen der großen Konflikte im Nahen Osten sehr viele leidgeprüfte, geflohene Menschen in unserem Land aufgenommen haben, möchte ich diese Menschen nicht noch unnötig belasten und sie an ihre schlimmen Erlebnisse und ihre Flucht erinnern. Diese Frau sah für mich so aus, als ob sie aus solch einem Land kommen könnte. Für mich als Europäer ist es sowieso sehr schwer, ja sogar unmöglich, zu sagen, allein aufgrund des Aussehens Schlüsse zu ziehen, aus welchem Land ein arabisch oder asiatisch anmutender Mensch stammt, da die Unterschiede für mich viel zu ›fein‹ sind, und bestimmt ist es anders herum genauso. Da sagte

›die Stimme‹ in mir erneut, aber diesmal etwas nachdrücklicher: »Frag, woher sie stammt« und wieder dachte ich: Nein tue ich nicht! Doch ›die Stimme‹ forderte mich wiederholt auf: »Frag Sie!«

Als ich stur blieb und die Dame nicht nach ihrer Herkunft fragte, fühlte ich im nächsten Moment, bei dieser Frau ganz klar die beiden ›Anteile‹, die jeder von uns Menschen in sich trägt. Ich spürte einen sehr schönen, ›hellen‹, man könnte sagen, wunderbar ›glitzernden, leuchtenden‹* Anteil und einen rein verstandesorientierten, rationalen Anteil, der selbst gar nicht weiß, dass er nur so denkt und handelt, wie er es gelernt hat. Ein Anteil, der wie eine Art Programm automatisch nur nach seinem Repertoire an Wissen und seinen erlernten Verhaltensweisen handelt. Der deswegen nur das tun kann, was er denken kann. Und der selbst denkt, dass er immer weiß, wie die Dinge sind, und wie man sich richtig verhält. Es war wirklich absolut beeindruckend und ein fantastisches ›Erlebnis‹ für mich! Ich spürte ganz klar, wie normal und selbstverständlich es für diesen Anteil war, ohne dass er auch nur ahnen konnte, dass er nur das denken und verstehen kann, was er erlernt hat. Ganz intensiv durfte ich wahrnehmen, wie sich dieser Anteil fühlt, und dass er überhaupt nichts böse meint oder nicht nichts anderes wissen will, sondern aufgrund seiner Erfahrungen leider nicht anders sein kann. Es ist für ihn schlicht und einfach unmöglich, eine andere Sicht einzunehmen. Ich fühlte, wie der Verstandesanteil, gar nicht bemerkt, dass er bestimmte Dinge nicht weiß. Ich fühlte wie es ist, wenn man nicht weiß, dass man bestimmte Dinge einfach nicht denken kann! Als Mensch weiß man nur, was man gelernt hat und man wird nie erfahren, wie es ist, dass man keinen Zugriff auf das hat, was man nicht gelernt hat und es deshalb nicht vermisst. Klar weiß man, ¹was man sich alles noch an Wissen aneignen könnte, doch man hat keinen Zugriff auf das Gefühl der Begrenztheit. Man kann nicht fühlen, wie begrenzend es für einen ohne dieses Wissen ist. Man wird nie

---

*Wer intuitiv Botschaften wahrnimmt, versteht, dass es oftmals keine geeigneten Worte in unserer Sprache gibt für das, was man da manchmal ›fühlt‹. Es sind Gefühle, Bilder ..., die nicht mit Worten beschreibbar sind. Deswegen verwende ich hier ›hell‹ und ›glitzernd‹, da das dem am nächsten kommt, was ich da wahrnahm. ›Die Stimme‹ in mir meinte, es wäre richtig und wichtig, diesen Anteil so zu beschreiben ...

erkennen, welches große Wissen, welche zig Lösungsmöglichkeiten, es tatsächlich noch geben könnte, die einem fehlen.

Doch ich erlebte etwas, was eigentlich unmöglich ist! Ich spürte beides gleichzeitig! Ich fühlte zum einen das, was jeder kennt: Ich weiß (nur), was ich gelernt habe, und gleichzeitig wusste ich all das, was ich noch nicht gelernt hatte! Ich wusste, welch kleiner, begrenzten Radius an Handlungsmöglichkeiten mir, wegen meines begrenzten Wissens, nur zur Verfügung steht!

In etwa so, wie wenn man, als ein im Zoo geborener Elefant, plötzlich beide Seiten kennt: Man sieht sich in seinem ›normalen‹ Zoo-Elefanten-Alltag, mit dem man sich bisher abgab und dachte, dass das die Welt ist und gleichzeitig sieht man die Weiten Afrikas und die dort in Freiheit lebenden Artgenossen! Man erlebt dann gleichzeitig, wie es sich anfühlt, wenn man sich als Zooelefant, ohne es zu wissen, eigentlich nur mit seinem Zoodasein arrangiert, und dazu erfasst man, wie begrenzt dieses Dasein in Wahrheit ist. Welche Möglichkeiten es, im Vergleich, in einem Leben in freier Wildbahn gäbe! Man fühlt also beide Seiten gleichzeitig! Den ganz zufriedenen Zooelefant, der gar nichts weiß von seiner Begrenzung und gleichzeitig das Wissen über diese Begrenztheit!

Und genau das fühlte ich bei dem Verstandesanteil dieser Kundin. Ich spürte, wie man sich fühlt, ohne zu wissen, dass man Dinge nicht weiß. Und gleichzeitig spürte ich dieses gesamte Wissen, das man im Moment nicht weiß! Ich spürte, das der Verstandesanteil selbst eigentlich auch gerne anders handeln würde, wenn er den Zugriff auf das Wissen hätte!

Es war fast zum Verrücktwerden, da ich ganz genau fühlte, was ich, als Verstandesanteil, eigentlich tun sollte und wissen könnte, und somit wissen würde, was richtiger wäre, doch ich konnte ebenso spüren, wie ich in einer Art ›Raster‹ diese Dinge einfach nicht denken konnte und oder denken durfte! Nicht denken oder tun durfte, um eine Ausgrenzung zu vermeiden oder um eine schlechte Erfahrung nicht erneut zu erleben. Es war absolut faszinierend ›live‹ als Beobachter, selbst mitzuerleben, wie ein Mensch, ohne es selbst auch nur zu erahnen, absolut unbewusst, ›begrenzt‹ denkt! Zu erleben, wie dieser Anteil Dinge tut oder denkt, die er sonst niemals tun würde, wenn er Alternativen dazu kennen würde! Dies zu spüren, wie es ist, dass man nicht anders denken kann, das war ein unglaubliches Erlebnis und ich konnte ganz klar und eindrucksvoll wahrnehmen, wie ›eingesperrt‹ dieser Anteil dadurch ist. Da er selbst es ist, der für alles im Leben immer wieder nur auf seine Programme zurückgreift und somit ›Undenkbares‹ nicht denken kann, Undenkbares innerhalb weniger Sekunden als unmöglich einstuft und sich so auch neuen Gedanken und Lösungen von außen unbemerkt verschließt! Mich bewegte sehr, wie traurig dieser Anteil in dieser Frau ist, da er selbst gefangen ist, ohne es zu bemerken. Eigentlich kann der Verstandesanteil darüber gar nicht traurig sein, da er ja gar nicht merkt, dass er gefangen ist. Doch ich fühlte, dass dies kein Widerspruch ist, da ich zeitgleich wahrnahm, dass er doch irgendwie in sich spürt, dass etwas ›nicht stimmt‹. Was von vielen Menschen oftmals als innere Unruhe wahrgenommen wird.

Diese beiden Anteile konnte ich gleichzeitig bei dieser Kundin fühlen. Ja, ich spürte, wie der Verstandesanteil auf der einen Seite denkt, dass er alles richtig denkt und entscheidet, aber gleichzeitig nicht sieht, wie er sich dadurch neuem Wissen, neuen Gedanken verschließt, sich so selbst von dem unendlichen Wissen von Allem, trennt. – Und ich spürte gleichzeitig die andere Seite, die Intuition, die diesem Anteil gerne helfen würde, auch andere Dinge zu verstehen und zu sehen, außer denen, die er bereits kannte oder gelernt hatte. Die ihm den Zugriff auf das unendliche Wissen von Allem ermöglichen könnte! Den Zugriff auf völlig neue Sichtweisen und Möglichkeiten, die ihm helfen könnten, alle Probleme zu lösen!

So konnte ich sehr eindrucksvoll erleben, wie es ist, wenn man nur mit seinem Verstandesanteil in Verbindung steht und somit gleichzeitig von seinem Herzanteil getrennt ist. Es war sehr bewegend, aber traurig, da der Verstandesanteil es nicht mit böser Absicht tat, sondern weil er den Herzanteil nicht sah, beziehungsweise nicht verstand. Vor meinem inneren Auge sah ich genau, wie dem Verstand die Gedanken fehlten, um den Herzanteil zu verstehen und er sich so, ohne es zu bemerken, dem Herzanteil verschloss. Somit war dieser Anteil von seinem wahren ›Sein‹, das die Liebe spürt, das in wahrhaftigem Mitgefühl bedingungslos handelt, getrennt.

Diese Kundin, die da so vor mir stand, hatte jedoch einen sehr ›starken‹ Herzanteil in sich, der bereit war, weiter für mehr Gehör zu ›kämpfen‹. Sie hatte sich die Verbindung zu ihrer Intuition erhalten oder wieder erarbeitet und ich spürte, wie dieser, ›helle‹ Anteil mit seiner Sanftheit und Liebe immer wieder versuchte, den gleichwohl der Frau ›innewohnenden‹ Verstandesanteil dazu zu bewegen, auch auf das Herz, auf den liebevollen, intuitiven Anteil zu hören. Ja, es war wie ein Kampf zwischen beiden Anteilen, vergleichbar mit einem kleinen Jungen, der als Verstandesanteil aus Unwissenheit versucht, sich gegen die gewaltlose aber ›mächtige‹ Liebe des Herzanteils zu wehren und sich vor ihr zu verstecken, da er Angst hatte sich darin zu verlieren. Er hatte Angst, seine ›Kontrolle‹ zu verlieren und der liebevolle Herzanteil in ihm, versuchte immer wieder bedingungslos, ›den Jungen‹ sanft zu umarmen und ihm die Liebe zu zeigen. Die Liebe zu sich, zu seinem wahren Kern, seinem ebenfalls sehr liebevollen und sanften Wesen, das lediglich rational und begrenzt agiert. *Immer und immer wieder, pausenlos, versucht* der Herzanteil, absolut bedingungslos und voller Sanftmut, den Verstand dazu zu bewegen, sich der Intuition zu öffnen. Er ›klopft‹ immer wieder an und lässt sich nicht davon abbringen, egal wie ruppig und verletzend der Verstand auch reagiert! Nichts kann den Herzanteil wirklich verletzen! Nichts kann ihn abhalten, es weiter voller Sanftmut und bedingungsloser Liebe zu versuchen. Das ist wahre gelebte bedingungslose Liebe!

Nun meldete sich meine innere Stimme erneut: »Frag sie nach ihrer Herkunft! Frag Sie!« Noch ganz von dem Gefühl dieser unglaublich friedvollen, sanften und absolut bedingungslosen Liebe, ›gefangen‹, fragte ich, ohne weiter darüber nachzudenken, woher meine Kundin den ursprünglich stamme und erfuhr, dass sie im Irak geboren sei und vor einigen Jahren nach Deutschland gekommen war.

Leicht angesäuert, über diese indiskrete Frage, dachte ich bei mir: »Und, liebe Stimme, warum sollte ich das nun wissen?« Prompt kam die Antwort: »Warte ab!«

Auch für die zweite junge Frau ermittelten wir noch die richtigen Steine und ich spürte, dass sie einen ähnlichen, man könnte fast sagen, den gleichen, ›Konflikt‹ in sich trug. Auch bei ihr spürte ich den Verstandesanteil, der ebenfalls in seinem eigenen System gefangen war. Dieser war jedoch strenger als der Verstandesanteil der Kundin zuvor, und hier gab es zu bestimmten Themen keine ›Debatten‹. Also man bräuchte erst gar nicht sagen, was man will oder was man falsch findet. Wenn dieser Anteil das nicht auch so sieht, dann ist das kein Thema. Es existiert dann einfach nicht. Dieses Gefühl über diesen sehr dominanten Verstandesanteil ließ mich erneut an mein Buch denken, und zwar an den Moment, in dem John erkannte, dass sein Vater doch sehr dominant war und ich fühlte ganz klar, wie ein Mensch, der sich nur von seinem Verstandesanteil leiten lässt, denkt, und wie unbeirrbar er absolut von seiner Realität überzeugt ist. Wie er, wie ein Roboter, in seinem eigenen System, eigentlich nur ›funktioniert‹, sich diesem komplett anpasst und SICH somit den Zugang zu seinem Selbst, um sich wirklich ein neutrales Urteil bilden und eine neutrale Sicht finden zu können, komplett verloren ›verschüttet‹ hat! Zudem spürte ich ganz intensiv, wie es ist, bereit zu sein, für dieses ›Funktionieren‹, dieses automatische Verhalten, für dieses angelernte ›Rasterdenken‹ einzustehen und es nötigenfalls auch zu verteidigen, dass es eben DAS System ist! DAS einzig Richtige!

Dies so klar wahrzunehmen, war wirklich sehr erschreckend und traurig zugleich, da ich ganz klar spürte, dass dieser Anteil leider sehr, sehr verschlossen gegenüber allem war, was nicht seinem System entsprach, wobei er gleichzeitig aber überzeugt war, dass er sehr offen und tolerant sei.

Diese Anteile von uns Menschen in dieser Intensität live zu erleben, abwechselnd selbst einer dieser Anteile zu sein und gleichzeitig *das* zu spüren und fühlen, was man als dieser Anteil nicht sieht, war unbeschreiblich! Noch einmal ganz intensiv, ja, wie ›live‹, selbst eindrücklich zu ›erleben‹, zu fühlen, was ich in meinem Buch die drei Männer erfahren lies. Bei meinen Mitmenschen, meinen Kunden und mir fühlte ich dies immer wieder schon, deswegen konnte ich meine Protagonisten John, Rayhan und Andreas ins Leben rufen und sie dies in der Geschichte erleben lassen. Aber dies einmal in dieser Intensität, in dieser Klarheit, zu spüren, war unglaublich! Es gab mir eine sehr tiefe Einsicht und half mir so, noch mehr Verständnis für jeden Menschen zu haben, als ich bereits hatte, da ich sehr tief mitfühlen durfte, wie sehr jeder, der Eine mehr der Andere weniger, ohne die Verbindung zu seinem Herzanteil, ein ›Spielball‹ des eigenen Verstandesanteils ist. Es bestärkte mich in dem Moment auch sehr, weiter daran zu arbeiten, mein Buch zu verwirklichen, um gerade diese Tatsache, vielen Menschen bewusst zu machen.

Nachdem auch für die zweite Kundin die richtigen Steine ermittelt und erklärt waren, fiel mir, während des Bezahlvorgangs an der Kasse, anhand des Nachnamens auf der Bankkarte ›durch Zufall‹ auf, dass diese Kundin amerikanische Wurzeln haben könnte. Dies bestätigte sie mir auch, nachdem ich sie ganz spontan darauf ansprach. Nein, es wahr eigentlich kein Zufall, sondern während ich die Karte in den Händen hielt und sie in das Kartenlesegerät schieben wollte, meldete sich erneut ganz kurz mein Gefühl, meine innere Stimme, sodass ich es einfach tun ›musste‹, obwohl ich so etwas normal nicht tue! Ja, es war so als ob ›die Stimme‹ zu mir sagte: »Schau auf den Namen der Geldkarte!«

Warum soll ich das tun?, dachte ich sogleich rückfragend an die Stimme. »Schau auf den Namen!«, wiederholte meine innere Stimme lediglich und bevor ich den Gedanken, warum ich das tun sollte, zu Ende gedacht hatte, schoss es mir siedend heiß durch den Kopf: Jetzt verstehe ich es!!! Jetzt verstehe ich auch, warum ich erfahren sollte, woher die erste Kundin stammte! – Mensch! Eine Person aus dem Irak, eine aus Amerika und Du selbst! Du, ›der‹ Deutsche! … Da ging mir ein ganzer Kronleuchter auf und ich bekam ›Gänsehaut‹. – Das ist ja wie in meinem Buch! Das ist doch total verrückt! Das gibt's doch gar nicht!

Klar ist das nichts Außergewöhnliches, in dem Sinne, das kann täglich passieren, dass sich Menschen aus diesen Ländern treffen … Doch es war *dieses* verrückte Gefühl! Ja, es war, als ob *ich* als Andreas, mit

John und Rayhan HIER an der Kasse stehe und wir einfach nur lachten! Ich erlebte meine eigene Geschichte, als sei ich plötzlich mitten drin! Es war ein unglaubliches Gefühl!

Zwar standen da zwei Frauen, statt zwei Männer, aber es war für mich als ob ›wir‹, die drei Männer aus meiner Geschichte, hier stehen! Mein Einwand, der Gedanke, dass ich nicht Andreas, meine selbst erdachte Person und gleichzeitig hier an der Kasse und ›in‹ meinem Buch sein kann, löste sich in einem Gefühl auf, in dem Raum und Zeit und ›was sein kann und was nicht‹ einfach nicht wichtig sind, sondern dass das sein kann, was gerade ist! Ja, das was IST, ist, ›sagte‹ mir dieses Gefühl! Lass los, was sein kann oder nicht ..., einfach nur JETZT ist wichtig! Dieser Moment!

Und so genoss ich dieses verrückte Gefühl, gleichzeitig ich und Andreas zu sein, mitten in der Geschichte, und kostete jede Sekunde davon aus! Es war einfach nur absolut unglaublich und gleichzeitig sehr bewegend und einfach nur schön. Die Liebe und die Gemeinsamkeit zu spüren: ›Jeder ist in Wahrheit einfach nur ein liebevoller Mensch, so wie Du!‹ Als ob wir einfach nur, lachend aus Freude über diese große Wahrheit, alle feiern und uns innigst umarmen!

Ich weiß, es klingt stets so unglaublich, wenn man solche Erlebnisse von anderen hört, oder in Berichten liest. Man bezweifelt es meist sehr stark. So erging es mir auch, bevor ich durch Edelsteine und meiner unermüdlichen Suche nach dem Sinn des Lebens, der Suche nach unserem SEIN, immer mehr Dinge ›plötzlich fühlte‹! Doch seit Längerem ist ›Fühlen‹ und ›Spüren‹ für mich genauso normal geworden, wie reden, essen, oder schlafen. Für mich gehört es einfach zum Alltag, es ist für mich Alltag.

Doch diese wunderbare Begegnung war wieder so ein Moment, in dem auch ich einfach nur wieder staunen konnte, was ›alles‹ möglich ist! Ein Moment, der alles auflöst, aushebelt, was man für möglich hält und einem ein Gefühl schenkt, das unbeschreiblich ist! Ein Gefühl, in dem Realität und Traum verschmelzen und man tief in sich spürt, dass es wahrer ist als das, was wir als ›wahr‹ ansehen. Man weiß es einfach, und ich hoffe und wünsche mir, dass mein Buch auch Ihnen die Tür zu dieser wunderbaren Wahrheit einen Spalt weit öffnen kann!

Ich entlasse ›meine‹ Geschichte mit der Veröffentlichung, in Form dieses Buches, in die Welt. Mir wurde sie ›gegeben‹, doch sie ist nicht ›meine‹ Geschichte, sondern eine Geschichte für alle Menschen. Es ist ›Ihre‹ Geschichte, die Geschichte von uns allen. Mir wurde sie anvertraut, ich durfte sie ›empfangen‹ und schreiben, mich um sie kümmern, sie zur ›Welt‹ bringen. Jetzt ist die Zeit für die Geschichte gekommen, um selbst loszuziehen.

Ich wünsche mir, dass diese Geschichte möglichst viele Menschen in ihren ›Herzen‹ erreicht, so wie sie mich beim Schreiben ›berührt« hat und beim erneuten Lesen immer wieder berührt! Durch diese ›Geschichte‹ konnte auch ich noch sehr viele Dinge anders sehen und vieles noch ›tiefer‹ verstehen.

Ich danke ›der Stimme‹ für die Idee, die Kraft und das Vertrauen in mich. Und von ganzem Herzen danke an *alle Beteiligten*, die geholfen haben, dass diese Geschichte zur Welt kommen konnte!

Christian Rogg

Zu guter Letzt:

Alle Personen und Situationen sind frei von ›der Stimme‹ erfunden worden. Irgendwelche Übereinstimmungen mit Personen sind rein zufällig und nicht beabsichtigt.

Das Symbol, die ›Blume des Lebens‹ findet sich jedoch tatsächlich an den im Buch genannten Orten unserer Erde.

Ob der letzte Abschnitt, die kleine Geschichte über den liebenden Vater und seinen Engel ›Luzifer‹, also ob der ›Sinn des Lebens‹, auch für Sie *so* ›wahr‹ ist, dürfen Sie für sich selbst erfahren ... Es ist Ihnen absolut frei überlassen, was sie als ›richtig‹ oder ›falsch‹ empfinden. Hören Sie ›in ihr Herz‹, hören Sie, was Ihnen ›die Stimme‹ sagt, und entscheiden Sie selbst, wohin Ihre ›Reise des Lebens‹ Sie führen mag.

Vielleicht werden manche Menschen in diesem Büchlein noch Dinge ›vermissen‹ wie z. B. die Pyramiden, Thoth den Atlanter, Maria und Josef, das Höhere Selbst, die höhere Energie ...

Ja, all dies passt selbstverständlich auch ›hier mit rein‹, doch würde ich auch diese Themen aufgreifen, würde es den Rahmen meines Büchleins und alles anderen sprengen. Ja, alles! Denn zunächst würde es mich ›sprengen‹, da ich dann sehr wahrscheinlich ›bis zu meinem Tode schreiben müsste!‹ Vielleicht gibt es aber zu diesen Themen irgendwann einmal einen Band II.

Bitte fügen Sie diese fehlenden Dinge, ihre ›Philosophie‹, hier ganz so mit ein, wie Sie es als richtig empfinden oder ›fühlen‹.

Auch ich bin nur ein ›Mensch‹, ein Engel, wie Sie. Diese Geschichte ist mir lediglich so ›durchgegeben‹ worden. Ich beanspruche also nicht, ES, also ›die Wahrheit‹, zu wissen, *ich beanspruche gar nichts. Ich liebe alle Menschen – Jeden! Ich respektiere jeden Glauben und jede Religion. Jeder darf denken und glauben, was er will!* Doch bin ich für mich davon überzeugt.

Wenn Sie diese Geschichte oder Teile davon, für absoluten Schwachsinn halten, dann tun Sie das bitte. Werfen Sie einfach alle Ihnen nicht passenden Gedanken oder die ganze Geschichte, in eine ›geistige Mülltonne‹ und oder dieses Büchlein in eine reale Tonne. Aber besser wäre, Sie schenken es einfach jemand anderem. Vielleicht ist der Ihnen dann sogar dankbar dafür, und Sie haben so sogar noch etwas Gutes getan!

Und noch etwas in eigener Sache:

Ich freue mich über Anregungen, Lob und Kritik. Natürlich auch über Menschen, die mir anbieten, **dieses Büchlein in eine andere Sprache oder in ihre Muttersprache zu übersetzen!** Die diese Geschichte so schön finden, dass sie helfen wollen, so vielen Menschen wie möglich, die Chance zu geben, dieses Büchlein lesen zu können! Ja, das wäre wirklich großartig! Vielen Dank!

Schreiben Sie einfach an: *an-die-stimme@web.de*

Über den Autor:

Der Autor, Christian Rogg, beschäftigt sich im Rahmen seiner Tätigkeit als Edelsteinberater seit mehr als 20 Jahren mit der Wirkung von Edelsteinen. In dem Ladengeschäft ›TrommelStein‹ in Memmingen berät und verkauft er gemeinsam mit seiner Frau, seit fast 12 Jahren zahlreichen Kunden Edelsteine und vieles mehr.

»Eigentlich sind es ›Heilsteine‹. Doch da eine Wirkung von Heilsteinen nicht nachweisbar ist, werden diese ›wunderbaren Helfer‹«, wie der Autor sie nennt, »von einigen Menschen, leider immer noch, lediglich als wirkungslose hübsche Steine angesehen. Doch das ist egal«, meint er, denn er hat selbst schon viele Male erleben dürfen, dass Edelsteine durch ihre Schwingung/Frequenz den Menschen wieder auf den ›richtigen Weg‹ bringen können. Und sie dies tun, egal, ob wir sie Edelsteine oder Heilsteine nennen oder an sie ›glauben‹ oder auch nicht.

Mithilfe seiner über einige Jahre wiederentdeckten ›Hellfühligkeit‹ hilft der Autor Menschen, den richtigen Edelstein für ihre jeweiligen Probleme zu finden. In allen, inzwischen mehr als über 7000 Fällen, konnte er die passenden Edelsteine ermitteln. Und viele dieser Kunden berichteten, nach dem Tragen der für sie »richtigen« Edelsteinen, von positiven und für sie selbst unmöglich scheinenden, unglaublichen Veränderungen in ihrem Leben!

Der Autor ist absolut überzeugt, dass alles eine Sache der ›Schwingung‹, des Geistes ist. Und das alles geschehen kann: »Denn Wunder gibt es nur, weil wir Menschen erst Wunder ›erschaffen‹, indem wir bestimmte Dinge für unmöglich halten! Und wenn sich diese ›unmöglichen‹ Dinge, ab und an, ganz frech ›erlauben‹, doch zu geschehen, dann sprechen wir von einem Wunder! Doch in Wahrheit ist alles möglich!«, ist der Autor überzeugt und verweist an dieser Stelle auf sein Buch: ›Die Stimme und die Blume des Lebens‹ und ist der Meinung, dass jeder, der es gelesen hat, wissen, ja ›fühlen‹ wird, wie er das meint. Für ihn ist dies alles in diesem Sinne kein Glaube mehr, sondern seine alltägliche Erfahrung.

Christian Rogg trägt selbst seit Jahren stets den für ihn passendsten Edelstein, besser gesagt, die für ihn richtigen Edelsteine. Er ist überzeugt, dass er so viele Themen und Probleme in seinem Leben gelöst hat, die er sonst nicht hätte lösen können. Und dass ihm erst durch das Tragen der Edelsteine, noch einige Dinge bewusst wurden, die es zu lösen galt, die er sonst gar nicht als ungelöst erkannt hätte. Und dass nicht zuletzt auch dieses Buch erst so von ihm geschrieben werden konnte, da seine innere Stimme, seine Intuition, durch die Edelsteine über die Jahre so ›stark‹ wurde, dass er dem Impuls zu Schreiben einfach folgte. Ohne selbst zu wissen, was da alles geschrieben werden sollte, und wie das geschehen soll, da er selbst nie beabsichtigte jemals ein Buch zu schreiben, geschweige denn gerne schreibt.

Der Autor ist der Meinung, dass die Existenz der ›Schwingung‹ von Gedanken, Edelsteinen etc. noch nicht von allen angenommen wird, da sie (noch) nicht gemessen bzw. ›nachgeprüft‹ werden kann: »Es kann nur das gemessen werden, wofür die entsprechenden Messgeräte verfügbar sind. Und das, was, aufgrund noch nicht entwickeltem Messgerät, nicht gemessen werden kann, darf es somit nicht geben oder ›gibt es nicht‹. Doch eines Tages werden die Menschen erkennen, dass es sich hierbei nur genau so verhält, wie lange Zeit bei der Radioaktivität: Erst als man die entsprechenden Geräte hatte, um Radioaktivität zu messen, war sie ›existent‹! Doch nach der wissenschaftlichen Anerkennung der Quantenphysik sollten wir schon jetzt über alles neu nachdenken. Denn die Quantenphysik besagt: ›Dass es vielmehr gibt, als wir bisher für möglich hielten.‹«

Die ›Eingaben‹, die Dinge, die der Autor bei seinen Kunden intuitiv wahrnimmt, ›spürt‹ oder ›fühlt‹, können ebenfalls nicht gemessen werden. »Doch sie sind da!«, ist er sich sicher. Und wenn er, aufgrund eben seiner Wahrnehmung, entsprechende Edelsteine empfiehlt, kann er oft schon noch während des Beratungsgesprächs kleine ›Veränderungen‹ bei seinen Kunden erkennen. Und auch den Begleitpersonen fallen sehr häufig diese kleinen Veränderungen auf.

Der Autor ist absolut davon überzeugt, dass wir Menschen durch unser Verhalten und Denken, also durch unseren Geist alles beeinflussen: »Wenn unser Geist, also unsere Seele angehört wird, was sie uns zu unserem Problem zu ›sagen‹ hat, was sie, oft schon seit vielen, vielen Jahren versucht, dann kann sich vieles verändern! Dann kann endlich wieder der richtige Weg gefunden werden! Der Weg, der uns glücklich macht, erfolgreich macht, liebevolle Beziehungen schenkt …, also uns all das schenkt, wovon wir alle träumen. Und wenn wir das alles erreicht haben, dann kann auch Gesundheit eintreten. Aber nur als ›I-Tüpfelchen‹, als ›Krönung‹ sozusagen. Denn ein kranker Körper ist ein Zeichen für einen traurigen Geist. Und es gilt, den Geist zu fragen, was ihn traurig macht. Was wir nicht aufgearbeitet, erledigt, ›gelöst‹ haben. Und wenn wir das gelöst haben, dann erfreut sich unser Geist und mit ihm steigt wieder die Lebenskraft und somit die Kraft der Selbstheilung! Und das ist absolut nichts Neues, schon viele berühmte Schriftsteller, Dichter und Denker vermuteten, wussten bereits, dass Krankheit einen ›höheren Sinn‹ hat.«, so der Autor.

Trotzdem weist der Autor darauf hin, dass dies lediglich seine ganz persönliche Überzeugung ist und dass Edelsteine laut Gesetzgeber, der sich nur daran hält, das anzuerkennen, was man messen kann, keine nachweisbare Wirkung haben! **Dass Edelsteine keinen Arzt oder Heilpraktiker ersetzen können** und Sie deswegen bei körperlichen Problemen oder Leiden bitte Ihren Arzt oder HP konsultieren und nur in Absprache mit diesem, Medikamente oder Therapien absetzen, reduzieren etc.!

»Aber kein Arzt oder HP wird etwas dagegen haben, wenn sie, begleitend zu seiner Behandlung, … einen schönen bunten Stein vom ›lieben Gott‹, dem Universum, oder wie auch immer Sie das ›Mysterium Leben‹ nennen, tragen! Oder?

Mein Ziel ist es, Hand in Hand zu arbeiten: Schulmediziner mit Schamanen, Heilpraktikern, Meditationslehrern, Geistheilern; Schulmedizin mit Edelsteinen, Räucherwerk, ätherischen Ölen, ...

Denn wir sind doch nicht nur Körper, sondern auch Geist und Seele!?«, so der Autor.

»Jede Krankheit hat ihren besonderen Sinn, denn jede Krankheit ist eine Reinigung, man muss nur herausbekommen, wovon.«

Christian Morgenstern

1871 - 1914, deutscher Schriftsteller, Dramaturg, Journalist und Übersetzer

Gedanken, Zitate

Christian Rogg

Es gibt kein Leid, Trauer, Hass, Zorn, oder Jemanden
der Dich verlässt oder Dir Unrecht antut oder ...

Es gibt nur Situationen.

Alles ist ›lediglich‹ eine Situation.
Es ist da zwar etwas das geschieht aber es ist nur eine Situation.
Menschen tun Unrecht, verletzen andere und leben Leid,
Hass, Ungerechtigkeit ...

Aber erst wir Menschen machen aus einer Situation
durch die Verknüpfung mit Emotionen
und unseren Erfahrungen und durch Bewertung darüber,
was diese Situation für uns bedeutet ...
daraus dann Leid, Zorn, Hass, Trauer ...

Erst Deine Emotion erschafft DIE Situation.

Denn wenn Du wüsstest dass man nicht ›verschwindet‹,
also nicht stirbt wenn man stirbt, dann hättest Du keine Trauer
darüber. Und wenn Du zufrieden bist und Du wüsstest,
dass Dich niemand verletzen kann, sänke Dein Hass
in schwierigen Situationen.

Doch es gibt die Liebe!

Und die macht aus jeder Situation wieder das, was
sie in Wahrheit ist: Einfach nur eine Situation.
Eine Situation der Liebe.

Christian Rogg

Wir alle sind Lichtarbeiter –
Jeder arbeitet an seinem eigenen Licht!

Und je mehr Lichter es gibt desto heller wird es!
So wird es auch ›heller‹ und ›leichter‹ für alle.
Doch jeder ›darf‹ sein Licht, selbst erarbeiten.

Christian Rogg

Sein *ist*.

Sein lebt nicht und kann deswegen

niemals sterben.

Sein ist nicht oben oder unten,

nicht hell oder dunkel, nicht ...

Sein kann niemals nicht sein und nichts

anderes sein als Sein.

Denn dann wäre es kein Sein.

Denn Sein *ist*.

Christian Rogg

Ob deutsch, französisch, spanisch,

italienisch, schwedisch, oder norwegisch.

Ob griechisch, tschechisch, russisch, polnisch

oder arabisch. Ob ägyptisch, somalisch oder

kreolisch oder syrisch oder mexikanisch, ...

In Wahrheit sprechen wir alle eng *e* lisch!

Denn wir alle sind ENG *E* Länder!

Christian Rogg

Der Raum ist positive ›Leere‹,

Stille, Ruhe - absolute Freiheit.

Raum ohne Vorgabe.

Und jedes Wort, jeder Ton ... jedes Tun

ist eine ›Vorgabe‹. Eine Sache die

diesen Raum ›begrenzt‹.

Den eigenen Raum und den Deines

Mitmenschen.

Beachtet dies und seit darum stets achtsam

bei allem was Ihr sagt und tut.

Christian Rogg

Nicht Gott* ist die Liebe sondern
die Liebe ist Gott.

Und Liebe ist:
Frieden, Freude, Wahrhaftigkeit,
Glückseligkeit, Rechtschaffenheit,
Gewaltlosigkeit, Mitgefühl
und Bedingungslosigkeit.

Lebe also Liebe und Du wirst Liebe.
Du wirst EINS mit der Liebe.
Und so EINS mit Gott,
denn die Liebe ist Gott.

Christian Rogg

*(*Gott ist hier bitte so zu verstehen, wie Sie Gott sehen.
Ob als: Universum, Energie, Höheres Selbst, Ihr Glaube ...)*

Was ist ›die Liebe‹ ?

Denke an etwas, was Du sehr, sehr liebst.

Etwas, was Du von ganzem Herzen liebst.

Etwas, was Dich sehr, sehr glücklich macht, gemacht

hat. Etwas, was Dich so erfreut, dass Du

alles andere um Dich herum vergisst, dass Du die

›Welt umarmen‹ könntest ...

Beispielsweise das erste Treffen mit Deinen Traumpartner

das Bestehen einer Prüfung, die Freude über einen

Gewinn, ein erfüllendes Hobby, ein wunder-

schöner Urlaub, ein lieb gewonnener Vierbeiner ...

Hast Du jetzt solch einen Gedanken? Denkst Du jetzt

an etwas sehr Wunderbares, Glückseliges? – Ja?

Dann multipliziere dieses Gefühl mit einer

Milliarde! Stell Dir dieses Gefühl eine

milliardenfach vor! –

DAS IST DIE LIEBE!

Christian Rogg

Erleuchtung ist:

wenn der Schatten der Unwissenheit

dem Licht des Erkennens **weicht.**

Du trägst alles Wissen

in Dir, Du musst dich

lediglich daran erinnern.

Und den Einzigen, und das

Einzige was Du ändern musst,

bist Du selbst. Dann

ändert sich auch alles andere

wie von selbst.

Christian Rogg

Viele denken, dass Gott nicht aussehen

kann wie wir Menschen, da er

doch Gott ist?

Doch nicht Gott sieht aus

wie ein Mensch,

sondern der Mensch sieht

aus wie Gott.

(Warum soll Gott

denn anders aussehen als

wir, seine ›Kinder‹?

Bringt denn ein Elefant eine

Giraffe zur Welt?)

Christian Rogg

*(*Gott ist bitte wieder so
zu verstehen wie Sie Gott
sehen. Ob als: Uni-
versum, Energie, Vater ...)*

197

Wahres
Selbstbewusstsein ist:

Selbstbewusstsein

selbst bewusst sein

sich selbst bewusst sein

sich seines Selbst bewusst sein

sich selbst sein

selbst sein

sein.

Christian Rogg

Sei aus ganzem

Herzen dankbar für alles

was Du hast.

Und Du wirst so viel bekommen

wie Du brauchst.

Denn reich ist

wem es reicht.

Christian Rogg

Krieg ist:

Ein Kreis bekämpft
einen anderen Kreis.

Kampf ist:

Ein Kreis bekämpft
einen anderen Kreis.

Streit ist

Ein Kreis bekämpft
einen anderen Kreis.

Verrückt ist:

Ein Kreis bekämpft
einen anderen Kreis.

Alle sind die gleichen Kreise.
Alle gehören zum
›Großen Ganzen‹ Kreis!

Christian Rogg

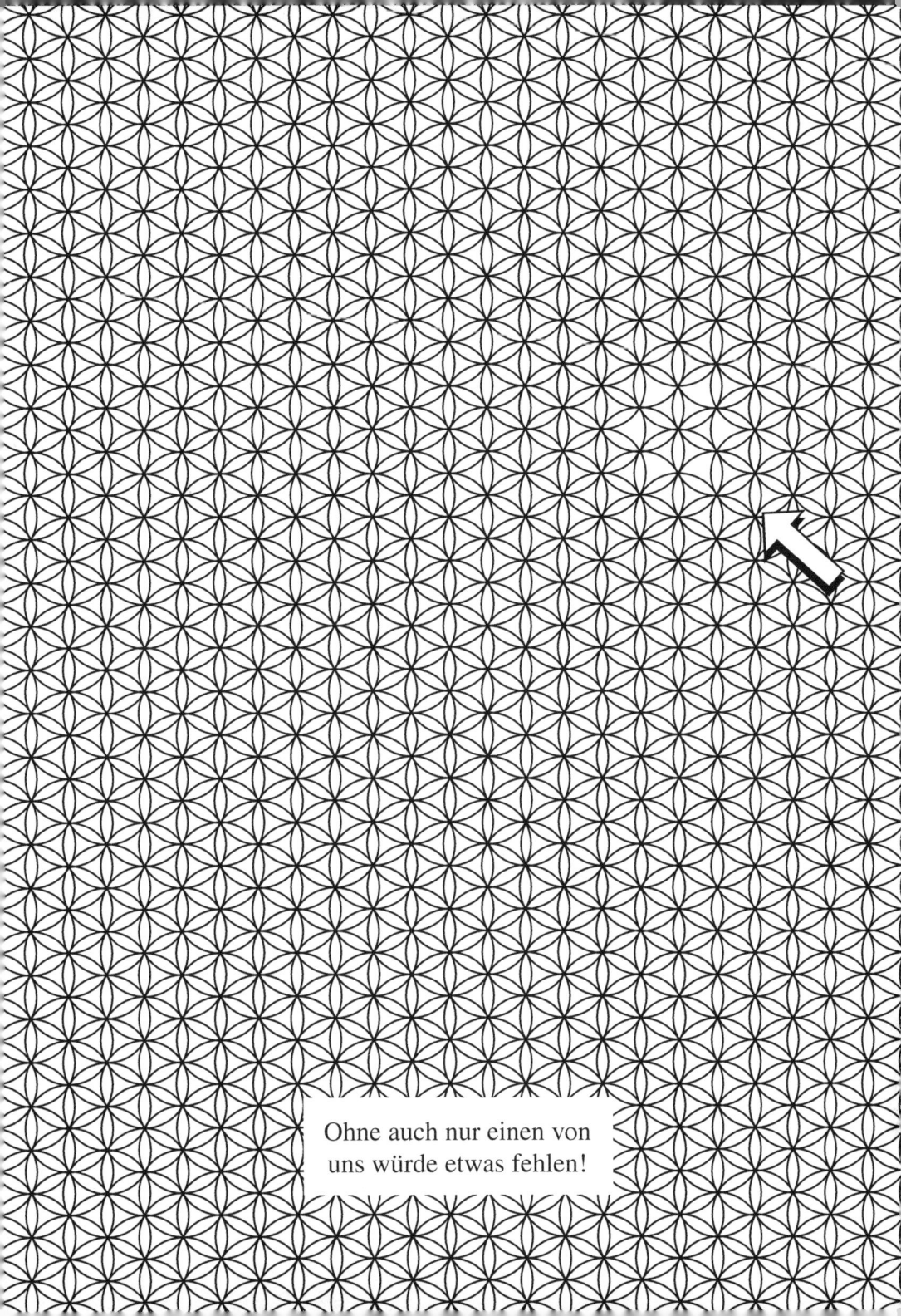

Ohne auch nur einen von
uns würde etwas fehlen!

Du bist!

Erst wenn Du niemand mehr bist,

wenn Du nicht mehr Vater oder Mutter bist, nicht mehr

Sohn oder Tochter, nicht mehr Bäcker oder Lehrer, nicht

mehr Meister oder Schüler, nicht mehr ...

Dann bist Du der, der Du wirklich bist.

Dann bist Du der, der Du schon immer warst.

Und Du erkennst, dass Du nie jemand anderes sein konntest,

als der, der Du wirklich bist.

Christian Rogg

»Es gibt keine

Trauer!

Es gibt keinen Tod! -

Es gibt nur

DIE LIEBE!«

*(Durchgabe der ›Stimme‹ an uns
Menschen, vom 12.06.2016)*

Es gibt keine Menschen,
keine Erde, keine Sonne, keine Bäume,
keine Luft, kein Wasser, kein All,
keine Freunde, keine Feinde … –
alles Illusion:
ES GIBT NUR DIE LIEBE!

Christian Rogg

Widmung & Dank!

Ich widme dieses Büchlein ›GOTT‹, dem EINEN GROSSEN, der uns nicht nur mit der Erde unendlich viel Liebe schenkt!

Und meiner lieben Frau Carola, ohne deren Geduld, Liebe und Zuspruch, dieses Büchlein wohl niemals hätte entstehen können! Danke! Ich danke Dir aus tiefstem Herzen!

Einen großen Dank an all meine Geistführer, Helfer, Engel ... die mir diese wunderbare Geschichte anvertraut haben!

Ein ganz besonderer Dank geht noch an meine beiden Lektorinnen Martina und Susanne für Ihren unermüdlichen Einsatz und ihre Geduld aus der Geschichte ein wahres Leseerlebnis zu zaubern!

Und ein herzliches Dankeschön an alle TrommelStein-Kunden, die offenen Herzens, gerne meine Hilfe annahmen.